U0455588

权威・前沿・原创

皮书系列为
"十二五""十三五""十四五"时期国家重点出版物出版专项规划项目

BLUE BOOK

智 库 成 果 出 版 与 传 播 平 台

法治蓝皮书

BLUE BOOK OF RULE OF LAW

中国卫生法治发展报告 *No.3*（2023）

ANNUAL REPORT ON RULE OF LAW ON HEALTH IN CHINA No.3 (2023)

主 编／陈 甦 田 禾

执行主编／吕艳滨

社会科学文献出版社

SOCIAL SCIENCES ACADEMIC PRESS（CHINA）

图书在版编目（CIP）数据

中国卫生法治发展报告. No.3, 2023 / 陈甦，田禾
主编；吕艳滨执行主编. --北京：社会科学文献出版
社，2024.4
（法治蓝皮书）
ISBN 978-7-5228-3164-0

Ⅰ.①中… Ⅱ.①陈… ②田… ③吕… Ⅲ.①卫生法
-研究报告-中国-2023 Ⅳ.①D922.164

中国国家版本馆 CIP 数据核字（2023）第 251005 号

法治蓝皮书
中国卫生法治发展报告 No.3（2023）

主　　编 / 陈　甦　田　禾
执行主编 / 吕艳滨

出 版 人 / 冀祥德
组稿编辑 / 曹长香
责任编辑 / 王玉敏
责任印制 / 王京美

出　　　版 / 社会科学文献出版社（010）59367162
　　　　　　地址：北京市北三环中路甲29号院华龙大厦　邮编：100029
　　　　　　网址：www.ssap.com.cn
发　　　行 / 社会科学文献出版社（010）59367028
印　　　装 / 天津千鹤文化传播有限公司

规　　　格 / 开　本：787mm×1092mm　1/16
　　　　　　印　张：19　字　数：280千字
版　　　次 / 2024年4月第1版　2024年4月第1次印刷
书　　　号 / ISBN 978-7-5228-3164-0
定　　　价 / 139.00元

读者服务电话：4008918866

法治蓝皮书·卫生法治
编 委 会

主要编撰者简介

主编　陈甦

中国社会科学院学部委员，法学研究所原所长、研究员，中国社会科学院大学法学院特聘教授。

主要研究领域：民商法、经济法。

主编　田禾

中国社会科学院国家法治指数研究中心主任、法学研究所研究员，中国社会科学院大学法学院特聘教授。

主要研究领域：刑法学、司法制度、法治指数。

执行主编　吕艳滨

中国社会科学院法学研究所法治国情调研室主任、研究员，中国社会科学院大学法学院行政法教研室主任、教授。

主要研究领域：行政法、信息法、法治指数。

摘　要

　　本卷卫生法治蓝皮书立足全面建设健康中国的大背景，从卫生健康保障体制机制建设，儿童青少年、老年人等特定人群健康保障，药事管理，医疗数字化，医疗活动规范化等方面，聚焦前沿热点与社会关切，全面总结了过去一年中国卫生法治建设的探索与经验。

　　总报告立足全国，对医疗卫生改革、卫生政务服务与执法监管、医疗健康保障、卫生反腐等领域的法治状况进行了总结分析，研讨卫生法治在立法、监管、服务、司法等方面的成效与问题，并就推进卫生法律规范体系完备化、完善公共卫生法治体系、推进基层卫生法治化、强化社会各界参与等提出了建议。

　　本卷蓝皮书汇集了医疗保障法治体系、卫生健康监督机构的职能落实、突发公共卫生事件管理、儿童健康法治与预防青少年吸烟、互联网医疗与AI算法医疗应用法律监督等领域的研究报告，并就国际卫生规则发展前沿、安宁疗护政策的法律问题、药品专利链接、超说明书用药、医疗反腐和医疗损害司法审判等议题进行了专门研讨。

　　关键词： 卫生法治　健康保障　卫生产业　中医药法

目　录 ⟋⟍

Ⅰ　总报告

Ⅱ　卫生健康保障体制机制建设

Ⅲ 特定人群健康保障

Ⅳ 药事管理的法律问题

Ⅴ 医疗数字化的法律监管

Ⅵ 医疗规范与医患关系

皮书数据库阅读**使用指南**

总 报 告
General Report

B.1

中国卫生法治的成效与展望（2023）

中国社会科学院国家法治指数研究中心项目组[*]

摘　要： 2023 年，国家把保障人民健康放在优先发展的战略位置，医药
卫生体制改革不断向纵深推进，医政服务持续优化，卫生执法监
管显著加强，健康促进与医疗保障水平稳步提升，医疗卫生反腐
快速推进。未来，应秉持健康优先理念，加速基本医疗保障、儿
童健康、罕见病和控烟、基层卫生等立法进程，建设卫生领域高
效的法治实施体系和强有力的法治监督体系，全方位全周期保障
人民健康。

关键词： 卫生法治　健康中国　卫生服务　综合监管　医疗保障

---

[*] 项目组负责人：田禾，中国社会科学院国家法治指数研究中心主任，法学研究所研究员、中
国社会科学院大学法学院特聘教授；吕艳滨，中国社会科学院法学研究所法治国情调研室主
任、研究员，中国社会科学院大学法学院教授。项目组成员：王小梅、王祎茗、刘雁鹏、栗
燕杰、常九如等（按姓氏笔画排序）。执笔人：栗燕杰，中国社会科学院法学研究所副研究
员；刘雁鹏，中国社会科学院法学研究所助理研究员；田禾、吕艳滨。中国社会科学院大学
法学院硕士研究生常九如提供了部分素材资料。

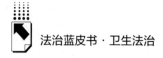

2023 年，中国卫生法治持续全面推进，在体制改革、医政服务、医疗保障、卫生执法、公共卫生等方面取得广泛成效。

一　医疗卫生改革深入推行

秉持"大卫生、大健康"理念，卫生机构改革持续深化。2023 年中共中央、国务院印发《党和国家机构改革方案》，进一步深化国务院机构改革。由此，国家卫生健康委承接科学技术部的组织拟订科技促进社会发展规划和政策部分职责，科学技术部所属中国生物技术发展中心划入国家卫生健康委。国家卫生健康委原组织拟订并协调落实应对人口老龄化政策措施、承担全国老龄工作委员会的具体工作等职责划入民政部。2023 年 12 月，《国务院办公厅关于推动疾病预防控制事业高质量发展的指导意见》（国办发〔2023〕46 号）出台，提出做强中国疾控中心，做优省级疾控中心，做好市、县级疾控中心重新组建工作，稳妥有序推进与同级卫生监督机构整合，强化疫情防控和卫生健康行政执法职能，确保疾控和卫生监督工作全覆盖、无死角。优化完善疾控机构职能设置，规范面向社会提供的公共卫生技术服务。中国疾控中心和省级疾控中心加挂预防医学科学院牌子，强化科研支撑和技术保障能力。由此，疾控机构改革进入快车道，疾控机构与卫生监督机构整合，更好地发挥应急监测和响应功能，提升应对重大突发公共卫生事件的能力。

推广地方经验，推进体制机制改革创新。2023 年 7 月 24 日，国家卫生健康委等六部门联合印发《关于深化医药卫生体制改革 2023 年下半年重点工作任务的通知》，明确要求"以体制机制改革创新为动力，进一步推广福建省三明市等地医改经验，促进医保、医疗、医药协同发展和治理，以健康中国建设的新成效增强人民群众获得感、幸福感、安全感"。

优质医疗资源扩容和区域均衡布局。近年来，国家着力推动优质医疗资源扩容和区域均衡布局，促进卫生健康事业高质量发展，推动"大病重病在本省就能解决，一般的病在市县解决，头疼脑热在乡镇、村里解决"。

2023 年，国家区域医疗中心和省级区域医疗中心建设加快推进，推动优质医疗资源向群众身边延伸。国家区域医疗中心持续迈向各省份全覆盖。全国已设置 13 个专业类别国家医学中心，同时在医疗资源薄弱的地区设置 76 个国家区域医疗中心，国家区域医疗中心总数达到 125 个。同时，公立医院高质量发展加快推进，加强以业财融合为核心的公立医院运营管理，持续开展公立医院、妇幼保健机构绩效考核工作。另外，基层医疗卫生建设得到稳步推进。基层医疗卫生机构是维护群众健康的重要屏障，2023 年，国家持续推进城乡基层医疗卫生服务网络强化。首先，推进乡镇卫生院和社区卫生服务中心规范化建设，发展社区医院，强化临床科室设置和设备配备。其次，国家加强县级医院（含中医医院，下同）临床专科和管理能力建设，强化县级医院公共卫生服务职能。最后，有关部门还统筹推进医疗人才组团式帮扶国家乡村振兴重点帮扶县医院工作，加强三级公立医院对口支援县级医院建设。经过持续推进，基层医疗卫生服务网络建设已初见成效，医疗资源总量不足的问题有所缓解。但是，卫生院、社区卫生服务中心能力不足、资源闲置、人才匮乏等问题，需在今后改革中完善配套政策，予以针对性破解。

推进医务人员薪酬制度改革。2023 年，中共中央办公厅、国务院办公厅印发《关于进一步完善医疗卫生服务体系的意见》，将医务人员人事薪酬改革作为重点，允许医疗卫生机构突破现行事业单位工资调控水平，允许医疗服务收入扣除成本并按规定提取各项基金后主要用于人员奖励，建立健全适应医疗卫生行业特点的薪酬制度。各地开展了相应改革，如《安徽省深化公立医院薪酬制度改革实施方案》规定，公立医院申报年度薪酬总量，要以医院上年度业务支出为基数，参考前 3 年人员支出和业务支出的平均占比情况，合理申报薪酬总量。该方案提出，动态调整薪酬水平，避免核定薪酬总量以后公立医院干多干少一个样。一些地方还结合医院的不同情况在薪酬方面体现一定差异性，对高层次医疗人才、需要重点发展的公立医院以及中医药特色优势突出的中医医院，可给予适当倾斜。四川省、山东省等地人社主管部门也纷纷出台了当地的深化公立医院薪酬制度改革实施方案。值得注意的是，在改革中，有的医院取消周末加班工资、错时补贴，引发了广泛

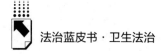

争论。医疗卫生行业的薪酬待遇改革，需要在法治轨道上实施，并多方征求意见建议，兼顾改革的依法、科学和民主。

加强以全科医生为重点的基层队伍建设。国家先后出台多个文件，要求加大基层、边远地区和紧缺专业人才培养扶持力度。在学科建设方面，相关文件要求，加强医学院校的全科医学学科建设，成立全科医学教学组织机构，继续推动全科专业住院医师规范化培训，实施全科医生转岗培训，充实扩大全科医生队伍。为加强老年医学学科规范化建设，国家支持职业院校增设老年健康服务、养老服务相关专业。为缩小城乡、地区、专业之间人才配置差距，国家要求推进农村卫生人才定向培养，落实执业医师服务基层制度，鼓励医师到基层、边远地区、医疗资源稀缺地区和其他有需求的医疗机构多点执业。同时，国家要求加强医教协同，落实毕业后教育和继续教育，完善住院医师规范化培训制度。

二 卫生政务服务持续优化

2023 年，卫生相关政务服务得到持续优化，在医疗机构办理、药品与医疗器械审批、信息化建设方面取得广泛成效。

全面实施诊所开办设立备案制。2022 年《医疗机构管理条例》修改后，诊所全面实行备案制。2022 年 12 月，国家卫生健康委、国家中医药局《关于印发诊所备案管理暂行办法的通知》明确，单位或者个人设置诊所应当报拟设置诊所所在地县级人民政府卫生健康行政部门或中医药主管部门备案，取得诊所备案凭证后即可开展执业活动。2023 年以来，开设诊所从审批制改为备案制，且门槛条件大幅降低。

修订完善医疗器械设备审批制度。分类管理是医疗器械监管的重要基础性制度。近年来，中国医疗器械分类管理改革持续推进，管理制度与运行机制不断完善，分类规则与分类目录适时修订，监管效能和产业发展得到有力提升。国家卫生健康委在全面梳理大型医用设备配置管理工作基础上，结合高端医用设备研发生产和应用现状，对 2018 年版大型医用设备管理目录进行评估，广泛征求相关各方意见，出台《大型医用设备配置许可管理目录（2023年）》，对于技术成熟、性能稳定、应用规范的设备，推动由甲类改为乙类或由乙类调出目录。2023年7月，《国家药监局关于进一步加强和完善医疗器械分类管理工作的意见》出台，要求优化分类界定工作程序；规范医疗器械产品分类界定工作，细化职责分工；完善分类界定申请资料要求和审查要点，畅通申请人沟通渠道，明确工作时限要求，落实分类目录动态调整制度。

深入推进药品审评审批制度改革。放射性药品研发与应用取得了重要进展。《国家药监局关于改革完善放射性药品审评审批管理体系的意见》要求鼓励药品研发，对临床急需的放射性药品上市许可申请给予优先审评审批。

基本建成国家全民健康信息平台，省级统筹的区域全民健康信息平台不断完善，基本实现了国家、省、市、县平台的联通和全覆盖，截至2023年11月，已经有8000多家二级以上公立医院接入区域全民健康信息平台，20个省份超过80%的三级医院已接入省级的全民健康信息平台，25个省份开展电子健康档案省内共享调阅，17个省份开展电子病历省内共享调阅，204个地级市开展了检查检验结果的互通共享。依托平台，各地通过办好"一件事联办"等机制优化，推动信息化便民惠民①。例如，北京市依托北京政务服务平台"京通"小程序，打造"健康服务"模块，集成了医疗、医保和医药服务功能，上线了五大板块24个应用，72家医院实现医保移动支付功能，36家医院可进行预约挂号费用的医保在线结算。患者还可在线查询医保定点医疗机构和各类药店，通过互联网医院获得药品在线配送服务②。

快速推进互联网医院建设及互联网诊疗。《"十四五"全民健康信息化规划》印发后，互联网医院及互联网诊疗进入快车道。四川省、重庆市等地卫生健康部门就互联网医院管理出台专门制度文件；浙江、河南、江西、陕西、四川等省份医疗保障局出台互联网医疗的医疗服务、医保支付相关政策文件，

① 《国家全民健康信息平台已基本建成》，《光明日报》2023年11月8日，第1版。
② 《三级医院全部实现线上查报告》，《北京日报》2023年11月8日，第5版。

使得互联网医疗快速落地，有利于群众就医需求的满足。银川市较早开展互联网医院审批，出台《银川市"互联网+医疗健康"示范基地建设三年行动方案（2023~2025 年）》，在银川取得医疗机构许可证的互联网医院有 142 家，备案互联网医师 13 万余名①。北京市已建成 62 家互联网医院，开展互联网诊疗服务的医院共有 242 家②。互联网的深度应用，催生了医疗卫生的深刻变革。针对实践中互联网诊疗发展不均衡、服务人数差距大、服务范围深度不足、审批办理梗阻等问题，为推进互联网医疗健康高质量发展，需要进一步完善相关行政审批、政务服务规则，加强配套监管，强化卫生与医保联动，在保护好个人信息的前提下推动电子健康档案和电子病历的连续记录和信息共享。

三　卫生执法监管成效显著

卫生执法监管涉及群众切身利益，链条较长、风险点较多，因而其执法监管的优化和改革，是卫生法治的重要内容。

药品医疗器械监管更加健全。为规范药品检查行为，结合药品检查工作实际，国家药监局组织于 2023 年 7 月修订《药品检查管理办法（试行）》部分条款。国家药监局发布的《医疗器械经营质量管理规范附录：专门提供医疗器械运输贮存服务的企业质量管理的公告》《企业落实化妆品质量安全主体责任监督管理规定的公告》《企业落实医疗器械质量安全主体责任监督管理规定的公告》《药品上市许可持有人落实药品质量安全主体责任监督管理规定的公告》于 2023 年施行，明确持有人、企业负责人、生产管理负

---

① 参见《银川市卫生健康委员会关于对市政协十四届二次会议第 58 号"关于加快推进'互联网＋医疗健康'产业发展"提案的答复》，银川市政府官方网站，https：//www.yinchuan.gov.cn/xxgk/bmxxgkml/swjw/xxgkml＿2361/yata＿2374/202310/t20231008＿4298018.html，最后访问日期：2023 年 12 月 18 日。
② 数据参见 2023 年 11 月 7 日《国家卫生健康委就全国医疗机构信息互通共享三年攻坚行动举行发布会》，国务院新闻办公室官方网站，http：//www.scio.gov.cn/xwfb/bwxwfb/gbwfbh/wsjkwyh/202311/t20231110＿778497.html，最后访问日期：2023 年 12 月 18 日。

责人、质量管理负责人、质量受权人、药物警戒负责人等关键岗位人员的职责和资质要求，推动医疗卫生方面的生产主体落实安全主体责任，要求严格遵守，履行职责，加强自我监督管理。

化妆品和隐形眼镜等领域监管有所加强。2023年，国家药监局出台专门文件开展化妆品个性化服务试点。各地结合实际，探索化妆品个性化服务的可行模式和有效监管措施，形成可复制、可推广的经验做法，更好地满足消费者需求，推动中国化妆品品牌建设和产业高质量发展。国家药监局在全国范围开展规范装饰性彩色隐形眼镜生产经营行为的专项整治行动，要求按照"四个最严"要求，坚持深入开展专项整治与建立健全长效机制、严厉打击违法犯罪行为与强化日常监管相结合，针对群众反映的突出问题，以严厉打击未经注册的生产经营行为、网络违法违规销售、无医疗器械生产经营资质、超范围经营等为重点，严肃查处相关案件，惩处违法分子，曝光典型案例，消除质量安全风险隐患，建立健全长效监管机制。

医保基金监督常态化。医疗保障基金是人民群众的"看病钱""救命钱"。通过常态化监管，对保障医保基金安全运行、提高基金使用效率、规范医疗服务行为、减轻群众看病就医负担具有重要意义。2023年，国务院办公厅印发《国务院办公厅关于加强医疗保障基金使用常态化监管的实施意见》，强调日常、专项、智能监管，信用监管、协同监管，强化部门责任、自我管理责任、政府责任。国家医疗保障局定期通报地方涉及伪造住院、虚假入库、冒名使用医保卡等违法使用医保典型案例，以常态化曝光方式增强医保基金监管力度，提高医保基金使用效率，维护医保基金安全，完善省级飞检制度，常态化开展对辖区内各地市定点医疗机构的飞检工作。

加大医疗领域违法犯罪打击力度。近年来，国家通过一系列制度文件，推动卫生、医保、医药相关部门与司法部门建立完善协调联系机制，合力打击医疗领域违法犯罪行为。2023年1月18日，国家药监局、国家市场监管总局、公安部、最高人民法院、最高人民检察院联合印发《药品行政执法与刑事司法衔接工作办法》。2023年4月28日出台的《国家医保局　最高人民检察院　公安部　财政部　国家卫生健康委关于开展医保领域打击欺诈骗保专项整治工作的通知》要求，聚焦整治重点领域、重点药品耗材、重点违法行为，强化大数据监管，建立长效机制，国家医疗保障局牵头，卫生健康部门负责医疗行业监管，财政部门配合，公安、检察部门负责打击、追责的协调机制基本形成。2023 年上半年，全国医保经办机构累计核查定点医药机构达到 46.23 万家，共协议处理 14.59 万家，挽回医保基金损失 51.38 亿元①。

2023 年最高人民法院发布的老年人权益保护典型案例包含了涉及医疗产品诈骗、医疗保险纠纷的案件。最高人民检察院也发布惩治麻醉药品、精神药品失管涉毒犯罪典型案例、医疗美容领域违法犯罪典型案例。司法机关积极与医疗卫生部门协调配合，全链条打击医疗领域违法犯罪，实现了医疗卫生与司法的良性互动。

近年来，代孕、非法采供卵等非法应用人类辅助生殖技术行为严重损害女性健康权益；买卖和出具虚假出生医学证明等违法乱象，严重影响社会秩序和安全稳定。为此，2023 年 6 月 25 日，国家卫生健康委、中央政法委等 14 部门联合印发《关于印发开展严厉打击非法应用人类辅助生殖技术专项活动工作方案的通知》，加强人类辅助生殖技术应用相关的全链条管理。

四 医疗保障水平稳步提升

当前，中国已建成世界上规模最大的医疗卫生体系。截至 2022 年底，全国基本医疗保险参保人数 134592 万人，参保率稳定在 95%以上，居民个人卫生支出占卫生总费用比例降至 27.7%。

2023 年，城乡居民医保进一步加强。根据国家医保局、财政部、国家税务总局印发的《关于做好 2023 年城乡居民基本医疗保障工作的通知》（医保发〔2023〕24 号），在筹资标准上，2023 年城乡居民基本医疗保险筹资标准为 1020 元，其中人均财政补助标准达到每人每年不低于 640 元，个

---

① 数据参见 2023 年 9 月 4 日国务院新闻办公室举行的国务院政策例行吹风会。

人缴费标准每人每年380元。在待遇保障方面，全面落实清单制，巩固住院待遇水平，确保政策范围内基金支付比例稳定在70%左右；稳步提升门诊保障水平。有条件的地区可将居民医保年度新增筹资的一定比例用于加强门诊保障，继续向基层医疗机构倾斜；加强居民医保生育医疗费用保障，减轻参保居民生育医疗费用负担①。

医保药品保障不断完善。《2022年全国医疗保障事业发展统计公报》显示，国家医保局自2018年成立以来，连续5年开展医保药品目录准入谈判，累计将341种药品通过谈判新增进入目录，价格平均降幅超过50%。2022年，协议期内275种谈判药报销1.8亿人次。通过谈判降价和医保报销，年内累计为患者减负2100余亿元。谈判药品指医保目录中通过谈判准入进入医保目录的药品，一般是一些临床价值高，但价格昂贵，或者是对基金影响比较大的专利独家品种。2023年7月21日，国家医疗保障局公布《谈判药品续约规则》，建立了基本覆盖药品全生命周期的支付标准调整规则，将达到8年的谈判药纳入常规目录管理，较好稳定了企业预期，减轻后期降价压力。为进一步体现对"真创新"的支持，该规则增加了按照现行注册管理办法批准的1类化疗药、1类治疗用生物制剂、1类和3类中成药，在续约触发降价机制时，可以申请以重新谈判的方式续约。

医保经办服务更加便民高效。医保经办服务关乎广大参保群众切身利益，其便民化、高效化改革，有利于增进群众获得感。2023年12月1日《社会保险经办条例》施行，系列推进简化流程便捷办理、补齐短板优化服务等。一是医保服务"一窗通办"。针对传统服务窗口职能单一、季节性办事拥挤、群众多头跑腿等问题，有关部门推进医保经办服务窗口"综合柜员制"，窗口前台实行一窗受理、一站式服务，后台分办联办快办。二是权益信息查询便利畅通。医保部门开通了国家医保服务平台App、网厅和地方医保服务平台，在医保经办大厅和有条件的银行营业网点、社区服务中心、

---

① 参见《〈关于做好2023年城乡居民基本医疗保障工作的通知〉政策解读》，国家医疗保障局官方网站，http://www.nhsa.gov.cn/art/2023/7/28/art_105_11110.html，最后访问日期：2023年8月28日。

定点医药机构等场所设立医保自助区，方便群众查询个人缴费记录、医保账户、医保药品目录等信息。三是在线经办走向成熟。医保服务经办依托医保服务平台，参保查询、参保信息变更等事项网上可办。医保电子凭证在就医购药全流程得到充分应用，参保群众不需要持实体卡，凭医保电子凭证二维码或刷脸就可看病买药。四是异地就医保障手续简便化。《国家医疗保障局办公室关于实施医保服务十六项便民措施的通知》（医保办发〔2023〕16号）出台，取消了基本医保跨省转移接续需出具"基本医疗保险参保凭证"和"基本医疗保险关系转移接续联系函"材料的要求，将原来45个工作日压缩为15个工作日；开通医保关系转移接续"跨省通办"服务，参保人不再需要转入地、转出地两边跑，可自主选择在线上办理或到转入地和转出地经办机构窗口就近办理，并可随时在网上申请并查询办理进度；具备高血压、糖尿病、恶性肿瘤门诊放化疗、尿毒症透析和器官移植术后抗排异治疗5种门诊慢特病资格的参保人员可在开通相关门诊慢特病跨省联网定点医疗机构，享受治疗费用跨省直接结算；依托国家医保服务平台App、国家异地就医备案小程序，优化补办备案服务，使得异地就医群众顺畅获取医保待遇。2023年前8个月新增异地就医备案1168.82万人次，比上年同期增长55.39%[1]。

医疗保障水平不断提升。一是定点医药机构快速增加并纳入门诊统筹。截至2023年8月底，全国定点医药机构达到107.8万家，比上年增加了十余万家。其中，定点医疗机构59.4万家，定点零售药店48.4万家[2]。国家医疗保障局要求将定点零售药店纳入门诊统筹，支持定点零售药店开通门诊统筹服务，完善定点零售药店门诊统筹支付政策，明确定点零售药店纳入门诊统筹的配套政策。二是跨省异地就医直接结算范围进一步扩大。《国家医保局、财政部关于进一步做好基本医疗保险跨省异地就医直接结算工作的通知》（医保发〔2022〕22号）自2023年1月1日起实施，要求统一住院、

---

[1] 《三部门解读〈社会保险经办条例〉热点问题》，《农民日报》2023年9月8日，第5版。
[2] 《三部门解读〈社会保险经办条例〉热点问题》，《农民日报》2023年9月8日，第5版。

普通门诊和门诊慢特病费用跨省直接结算基金支付政策，明确异地就医备案人员范围，跨省异地长期居住人员可在备案地和参保地均享受医保待遇等。截至 2023 年 8 月底，全国跨省联网定点医药机构数量已达到 47.51 万家，相比 2022 年底增长 45.33%①。

五　健康保障促进快速发展

在法治轨道上推进健康保障，既包括提升对女性、儿童、老人等重点群体的保障服务能力，也包括加强对特殊类型病种治疗的保障。

（一）强化妇女儿童健康服务

《国民经济和社会发展第十四个五年规划和 2035 年远景目标纲要》明确提出，"保障妇女享有卫生健康服务，完善宫颈癌、乳腺癌综合防治体系和救助政策"。鉴于女性生育年龄逐步推迟，35 岁及以上高龄生育情况较为常见，国家出台一系列针对孕产妇安全保障的文件、制度，加强全生育周期管理。2022 年，全国孕产妇死亡率下降至 15.7/10 万，降至历史最低。目标纲要提出，力争到 2030 年将中国孕产妇死亡率下降至 12/10 万以下，5 岁以下儿童死亡率下降到 6‰以下，继续推动妇幼健康事业高质量发展。国家将宫颈癌、乳腺癌综合防治作为妇女常见病防控的重点。2023 年 1 月，国家卫生健康委联合教育部、财政部、全国妇联等部门印发《加速消除宫颈癌行动计划（2023~2030 年）》，为早日消除宫颈癌加紧行动。宫颈癌和乳腺癌检查项目已覆盖 2600 多个县区市，县（区）级覆盖率超过 90%。国家已累计开展了 1.8 亿人次宫颈癌免费筛查，近 1 亿人次乳腺癌免费筛查。通过早筛查、早诊断、早治疗，使患病妇女得到及时救治②。

---

① 《三部门解读〈社会保险经办条例〉热点问题》，《农民日报》2023 年 9 月 8 日，第 5 版。

② 《国家卫生健康委员会 2023 年 5 月 31 日新闻发布会介绍维护妇女儿童健康权益有关情况》，国家卫生健康委门户网站，http://www.nhc.gov.cn/xwzb/webcontroller.do? titleSeq = 11518&gecstype＝1，最后访问日期：2023 年 8 月 16 日。

促进未成年人身心健康、全面发展，是党中央关心、人民群众关切、社会关注的重大课题。近年来儿童健康成效突出，但相关问题广受关注，往往成为热点舆情。究其原因，一方面是儿童健康福利的法律体系尚未建成；另一方面是儿童日益增长的医疗卫生需求与供给不足的失衡问题凸显。2022年，婴儿死亡率下降至4.9‰、5岁以下儿童死亡率下降至6.8‰，均降至历史最低[①]。随着经济社会快速发展，学生成长环境不断变化，近视、肥胖、龋齿等成为影响健康的常见因素。对此，国家要求做实0~6岁儿童健康管理服务和0~3岁儿童中医药健康管理服务，强化3岁以下婴幼儿健康养育照护和咨询指导、儿童生长发育和心理行为发育评估、儿童超重和肥胖的预防、眼保健和近视防控、口腔保健等健康指导和干预。教育部等部门联合出台《全面加强和改进新时代学生心理健康工作专项行动计划（2023~2025年）》，着力推进学生心理健康工作。在学生食品安全方面，教育部门会同有关部门不断加强对学校食品安全和营养健康的管理。2023年，"预制菜进校园"话题引发广泛讨论。教育部有关司局负责人表示，鉴于当前预制菜还没有统一的标准体系、认证体系、追溯体系等有效监管机制，对"预制菜进校园"应持审慎态度，不宜推广进校园。2023年9月，四川省教育厅印发《关于进一步做好学校食品安全管理工作的通知》，要求不得有食堂不用，不得采购、制售高风险食品，不得超时供餐，明确预制菜不宜推广进校园。

（二）健全老年人健康体系

中国人口老龄化快速推进，党和国家一直高度重视老龄工作，把积极老龄观、健康老龄化理念融入经济社会发展全过程。截至2022年底，全国60岁及以上老年人达到2.8亿，占总人口的19.8%。老年人特别是失能、半失能老年人对医疗、护理和长期照护需求十分迫切。近年来，国家老龄健康法

[①] 数据参见《2022年我国卫生健康事业发展统计公报》，国家卫生健康委官方网站，http://www.nhc.gov.cn/guihuaxxs/s3585u/202309/6707c48f2a2b420fbfb739c393fcca92.shtml，最后访问日期：2023年11月14日。

律体系不断完善，《老年人权益保障法》修改完成，基本医疗、公共卫生等领域法律增加充实了涉老条款。

老年人健康服务内容逐步充实。《关于进一步完善医疗卫生服务体系的意见》要求，进一步摸清辖区65岁及以上常住老年人底数，建立并动态更新台账，广泛开展老年人健康管理服务宣传。意见要求做实老年人健康体检，根据体检结果做好健康评估和分类指导，加强健康指导、健康咨询、健康管理等服务。

医养结合进一步发展。2016年起，国家卫生计生委会同民政部开展医养结合试点。2022年7月，国家卫生健康委、国家发展改革委、教育部等部门发布《关于进一步推进医养结合发展的指导意见》（国卫老龄发〔2022〕25号），要求发展居家社区医养结合服务，支持医疗卫生机构开展医养结合服务，提升养老机构医养结合服务能力，加强医疗养老资源共享等。2023年，国家卫生健康委办公厅、民政部办公厅印发《关于推广医养结合试点工作典型经验的通知》（国卫办老龄发〔2023〕3号）。2023年以来，已先后有安徽省、辽宁省、江苏省、河南省等省份就推进医养结合出台专门规范性文件。综上，医养结合已受到国家的高度重视，政策试点推开成效显著。但也应注意到，各地发展存在失衡，医养衔接度还不够高，重日常照料而轻医疗护理，老年人常见的慢性病护理、针对性的健康教育等专业需求满足不够，各地试点法律政策瓶颈凸显。

长期护理保障逐渐成熟。国家持续推进老年护理服务试点，各地护理院（站）、康复医院（康复医疗中心）以及老年护理专业护士和医疗护理员队伍数量明显增加，上门巡诊、家庭病床、日间护理中心或"呼叫中心"等服务模式不断出现。"互联网+护理服务"成效显著。2019年国家开展"互联网+护理服务"试点，截至2022年底，全国已有2000余个医疗机构开展了"互联网+护理服务"，为行动不便的出院患者、老年人等人群提供了7类60余项上门医疗护理服务项目，打通了专业护理服务到家庭的"最后一公里"。2022年，49个试点城市中参加长期护理保险人数共16990.2万人，享受待遇人数120.8万人。2022年基金收入240.8亿元，

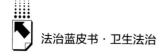

基金支出 104.4 亿元。长期护理保险定点服务机构 7679 个，护理服务人员 33.1 万人①。

（三）完善精神障碍康复体系

精神障碍指的是大脑机能活动发生紊乱，导致认知、情感、行为和意志等精神活动不同程度障碍的总称。近年来，快速的社会变革致使心理压力及应激水平总体升高，国内精神障碍患病率逐年增加。为此，各地积极探索精神障碍社区康复服务模式、加强服务体系建设，取得一定成效，但仍存在体制不顺畅、资金投入缺失、队伍专业性不足等问题。2022 年底印发的《民政部 财政部 国家卫生健康委 中国残联关于开展"精康融合行动"的通知》（民发〔2022〕104 号）启动为期三年的全国精神障碍社区康复服务融合行动，以促进精神障碍患者回归和融入社会为目标，以提高患者生活自理能力、社会适应与参与能力和就业能力为重点，要求整合形成全国统一的精神障碍社区康复服务国家转介信息平台，实现医疗机构、社区康复机构和康复对象需求等信息共享和转介；每个地级市应设置具备评估转介、培训督导、服务示范等综合功能的精神障碍社区康复服务机构，逐步推动精神障碍社区康复服务机构等级划分与评定。为加强精神障碍社区康复服务资源共享，建立完善精神卫生医疗康复资源和康复对象间的转介服务，民政部、国家卫生健康委、中国残联于 2023 年 12 月共同制定《精神障碍社区康复服务资源共享与转介管理办法》。由此，实践中以往存在的精神障碍患者经过急性期治疗后，由缺少社区康复服务导致反复入院的"旋转门"问题，得到较好缓解。

（四）加大罕见病保障力度

中国一直高度重视罕见病患者的保障制度完善。在用药保障方面，着力

---

① 数据参见《2022 年全国医疗保障事业发展统计公报》，国家医疗保障局官方网站，http://www.nhsa.gov.cn/art/2023/7/10/art_7_10995.html，最后访问日期：2023 年 11 月 14 日。

将符合条件的罕见病用药纳入医保目录，2023 年国家医保目录调整工作方案对罕见病用药的申报条件未设置上市时间限制；到 2023 年 8 月，已累计有 26 种罕见病用药纳入医保目录，叠加其他药品准入方式，获批在国内上市的 75 种罕见病用药已有 50 余种纳入医保药品目录①。在医保谈判方面，通过"双通道"落地机制提高用药供应保障水平。在医疗保障方面，完善高额费用负担患者综合帮扶机制，推动慈善组织、商业保险、医疗互助等方式参与保障。《国家基本医疗保险、工伤保险和生育保险药品目录（2023 年）》出台后，新增 15 个目录外罕见病用药，覆盖 16 个罕见病病种、戈谢病、重症肌无力等长期未得到有效解决的罕见病均在其列。罕见病诊治用药的可及性、可负担性方面有了较大进步，罕见病诊断难、用药难、药价高等难题有所缓解。

（五）提升基本公共卫生服务

基本公共卫生服务水平的提升，对于人民健康促进与健康中国推进具有重要意义。国家卫生健康委的《关于做好 2023 年基本公共卫生服务工作的通知》明确，2023 年，基本公共卫生服务经费人均财政补助标准为 89 元，新增的人均 5 元经费重点支持地方加强对老年人、儿童的基本公共卫生服务。2023 年上半年为 8988 万 65 岁及以上老年人、1.1 亿高血压患者、3763 万 2 型糖尿病患者提供了健康管理服务，较 2022 年同期分别提高了 40.0%、3.3%、6.9%②。总体上国家基本公共卫生服务项目种类和数量稳定，在做实现有项目、提升群众获得感等方面取得较大进步。

家庭医生制度不断健全。近年来，中央层面出台多个文件，以健全家庭

---

① 《国家医疗保障局关于政协十四届全国委员会第一次会议第 03136 号（医疗卫生类 270 号）提案答复的函》（医保函〔2023〕63 号），国家医疗保障局官方网站，http：//www. nhsa. gov. cn：800/art/2023/8/17/art_110_11177. html，最后访问日期：2023 年 8 月 28 日。
② 数据参见国务院新闻办公室"权威部门话开局"系列主题新闻发布会第 29 场之"推动卫生健康事业高质量发展护佑人民健康"《国务院新闻办公室 2023 年 11 月 1 日新闻发布会文字实录》，http：//www. nhc. gov. cn/xcs/s3574/202311/8d2807fa09244f1a884c389c9cef3d90. shtml，最后访问日期：2023 年 11 月 14 日。

医生制度。以基层医疗卫生机构为主要平台，建立以全科医生为主体、全科专科有效联动、医防有机融合的家庭医生签约服务模式，提供综合连续的公共卫生、基本医疗和健康管理服务。国家要求通过家庭医生（团队）为签约居民提供服务，确定纳入家庭医生签约服务包的基本公共卫生服务内容和相应的经费额度，按照基本公共卫生服务规范为签约的重点人群和部分类型常见慢性病患者提供健康管理服务。打通电子健康档案和家庭医生签约服务管理信息系统，加强基本公共卫生服务、家庭医生签约服务数据的实时更新和信息共享。村、居层面公共卫生委员会建设逐步健全，已覆盖全国90%以上的村、居。天津市人大常委会出台《天津市家庭医生签约服务若干规定》，自2023年1月1日起施行，这是国内首部规范家庭医生签约服务的地方性法规，明确签约居民可享受的待遇、优惠政策，推进和规范家庭医生签约服务的高质量发展。在肯定家庭医生制度建设、保障体系建设取得成效的同时，也应看到各地全科医生资源较为匮乏、业务水平较为有限、服务形式内容不能满足需求、激励机制缺失等问题，还需要继续完善制度并开展分类签约，针对不同群体的不同服务需求提供精准服务。

（六）加强控烟管理

《"十四五"国民健康规划》明确提出："开展控烟行动，大力推进无烟环境建设，持续推进控烟立法，综合运用价格、税收、法律等手段提高控烟成效，强化戒烟服务。"健康中国行动推进委员会办公室出台《健康中国行动2023年工作要点》，要求巩固无烟党政机关、无烟医疗卫生机构、无烟学校建设成果，倡导无烟家庭建设，举办无烟赛事。对通过互联网销售烟草制品（含电子烟和类烟产品）和向未成年人销售烟草制品的违法行为，国家打击力度不断加大。2020年以来开展多次专项治理行动，清理中小学、幼儿园周边售电子烟网点2.5万个。

各地控烟制度建设热度有所提升。《潍坊市控制吸烟管理办法》《张掖市公共场所控烟管理办法》《威海市控制吸烟管理办法》等专门性控烟的地方政府规章和行政规范性文件先后印发实施，明确了一级政府、卫生健康部门、教育部门、交通运输部门等各部门落实控烟职责的分工。值得一提的是，2023年新出台实施的《淮南市爱国卫生条例》《景德镇市爱国卫生条例》《南昌市爱国卫生工作条例》《延安市文明行为促进条例》以及修订后的《四平市爱国卫生条例》等，均提到要加强控烟宣传教育，以创建无烟、健康的公共环境。《健康咸阳行动2023年工作要点》要求，做好2023年青少年烟草流行监测工作，巩固无烟党政机关、无烟医疗卫生机构、无烟学校建设成果。浙江省绍兴市推进戒烟门诊提供戒烟服务，每年委托第三方机构开展控烟暗访，通报存在的问题并促进整改，着力推动"绍兴市公共场所控制吸烟条例"的立法进度[①]。

六 中医药事业振兴发展

中医药是中国重要的卫生、经济、科技、文化和生态资源，中医药法治是中国卫生法治的重要组成部分。中医药振兴发展重大工程是党中央、国务院推动中医药传承创新发展的重要举措和抓手。2023年2月，《国务院办公厅关于印发中医药振兴发展重大工程实施方案的通知》（国办发〔2023〕3号）出台，要求加大对中医药发展的支持和促进力度，推动建立融预防保健、疾病治疗和康复于一体的中医药服务体系。主要举措包括：开展国家中医医学中心和国家区域中医医疗中心建设，推动优质中医资源扩容和均衡布局，打造名院、名科、名医、名药，建设优势特色明显的中医医院，做强一批中医优势科室，提供优质高效的中医药服务；建设基地队伍，提升中医医院应急能力；依托高水平中医医院，建设国家中医疫病防治基地和紧急医学救援基地，加强中医医院感染性疾病科、急诊科、肺病科、重症医学科等建设；实现全部社区卫生服务中心和乡镇卫生院设置中医馆，加强中医医师配备，在中医馆提供中医治未病、医疗和康复服务，推广使用中医药适宜技

---

① 《绍兴市卫生健康委关于市政协九届二次会议第139号提案的答复函》，绍兴市政府官方网站，http://www.sx.gov.cn/art/2023/8/14/art_1229497321_61824.html，最后访问日期：2023年8月25日。

术；推动若干地级市开展区域中医治未病中心试点建设，实施重点人群中医药健康促进项目，充分发挥中医药在妇女儿童预防保健和疾病诊疗中的独特作用，等等。中医药服务进入社区，成为基层医疗服务的重要阵地。

国家中医药综合改革示范区建设继续稳步推进。2021 年 12 月，国家中医药管理局会同国家发展改革委、国家卫生健康委、工业和信息化部、国家药监局批复上海、浙江等 7 省（市）建设国家中医药综合改革示范区。上海推进中医资源下沉，100% 的社区卫生服务中心开设了中医科。浙江以"中医处方一件事"数字化改革为切入口，推动中医医院实现临床、科研、服务等方面的系统性重塑和全过程监管。山东、湖南开展中医优势病种"按疗效价值付费"改革，次均住院费用明显下降。江西、四川强化标准化体系建设，中医药产业集群效应不断放大。示范区积极推进中医药高质量融入共建"一带一路"，建设了 13 个中医药海外中心和 9 个国家国际合作基地。广东以大湾区中医药高地建设为抓手，协同推进港澳中医师到内地公立医疗机构执业，简化港澳已上市的传统外用中成药在内地注册审批流程，推进内地院内制剂获批跨境至澳门使用，促进大湾区中医药共建共享①。

国家对中药产业实行全链条质量监管。2023 年初，国家药监局印发《进一步加强中药科学监管　促进中药传承创新发展若干措施的通知》，要求全面加强中药全产业链质量管理、全过程审评审批、全生命周期产品服务、全球化监管合作、全方位监管科学创新，科学推进中国式现代化药品监管实践和具有中国特色的中药科学监管体系建设。2023 年 6 月，国家药监局出台《〈中药材生产质量管理规范〉监督实施示范建设方案》，要求遴选重点企业和品种，开展自评和报送，开展延伸检查和结果公开，推进中药材规范化生产，从源头提升中药质量。

---

① 国务院新闻办公室"权威部门话开局"系列主题新闻发布会第 29 场之"推动卫生健康事业高质量发展护佑人民健康"《国务院新闻办公室 2023 年 11 月 1 日新闻发布会文字实录》，http://www.nhc.gov.cn/xcs/s3574/202311/8d2807fa09244f1a884c389c9cef3d90.shtml，最后访问日期：2023 年 11 月 14 日。

七　医药卫生反腐迎来高潮

医疗行业相对封闭、专业性强，在外界和自身约束不足的情况下，容易滋生腐败。药品、医疗设备、耗材采购等重要决策权往往集中于个别领导，医保基金、补助资金使用，药品、医疗设备、耗材采购及工程项目承揽等环节是出现问题的常见领域。近年来，全国医药领域腐败问题加剧了"看病难、看病贵"等问题，直接威胁到人民群众生命健康，受到各界广泛关注。2023年以来，国家部署开展全国医药领域腐败问题集中整治工作。2022年，中央纪委国家监委多次通报医疗反腐、药品回扣等问题，医药代表、药企等相关违法违规人员被"拎出来"的同时，一些医院主要领导相继落马。据统计，自2023年初到2023年8月6日，已有160余位医院院长、书记被查，超过2022年全年两倍。

此外，国家卫生健康委、教育部、工业和信息化部、公安部、财政部、商务部、审计署、国务院国有资产监督管理委员会、国家税务总局、国家市场监督管理总局、国家医疗保障局、国家中医药管理局、国家疾病预防控制局、国家药品监督管理局等部门还联合印发《关于印发2023年纠正医药购销领域和医疗服务中不正之风工作要点的通知》，重点整治行业重点领域的不正之风；加强医保基金规范管理及使用，持续推进医药价格和招采信用评价，深入治理医疗领域乱象；划清"红包"回扣问题红线，明确"九项准则"行业底线；畅通举报渠道，与纪检监察机关加强定期会商。

八　展望

当前，中国卫生医疗资源总量不足与分布不均衡的问题，以及卫生法治的可操作性、责任追究与权益保障不足的问题依然较为突出。今后，应加强党对卫生法治的全面领导，完善卫生健康法律法规制度体系和法律实施体系、法律监督体系。

第一，完善卫生健康法律法规制度体系。建立健全保障人民健康优先发展的制度体系，进一步提升卫生健康治理能力和治理水平，都需要立法先行。中共中央办公厅、国务院办公厅印发了《关于进一步完善医疗卫生服务体系的意见》，明确提到"加强法治建设，推进相关领域法律法规制定和修订工作"。为此，需要推进重点领域法律制定修改完善。一是加速医疗保障法及配套法律制度的制定。人民群众健康权的保障，离不开健全的医疗保障法律制度体系。制度实施中，各地医疗保障政策迥异，制度的公平性、统一性受到较大损害。二是进一步完善医务人员权益保护法律制度。在上海等地的医疗卫生人员权益保障立法基础上，从法律层面明确医务人员的职业权益保障、执业环境保障、劳动安全卫生保护、信用惩戒等机制。三是着力推动控烟立法进程。中国的控烟立法受到国内外广泛关注，全国人大代表多次提出关于制定公共场所禁烟法的议案。应借鉴政务公开等沿着从地方到中央的路径，在全国层面统一控烟立法时机尚不够成熟、地区差异巨大的背景下，积极推动地方控烟立法、修法，积极推动公共场所禁止吸电子烟入法，禁止通过网络购物平台、外卖平台、社交平台等信息网络零售烟草专卖品，在地方未成年人保护配套立法中充实青少年控烟规范，在各地爱国卫生立法、文明行为促进立法中设置控烟规范，等等。由此，为中央控烟立法提供丰富的经验素材，推进全国统一立法进程。

第二，夯实根基，推进基层卫生法治化。党的二十大报告要求，"发展壮大医疗卫生队伍，把工作重点放在农村和社区"。中国卫生资源的分配长期以城市为中心而对农村重视不够，重视大医院建设而对社区相对缺乏关注。基层、乡村一直是卫生健康体系建设的短板，在人居环境卫生、传染病防治、医疗卫生服务、卫生宣传教育等方面均有较大提升空间。近年来，城乡居民基本医疗保险参保人数有所下降，特别是未成年人参保总量下降，这固然有多方面因素，如何增强城乡居民基本医疗保险的吸引力、参保可预期性和获得感，需引起各方重视。为此，有必要着力推进基层卫生法治化，完善基层法治保障体系。

第三，完善公共卫生法治体系。虽然世界卫生组织已经宣布新冠疫情不再构成"国际关注的突发公共卫生事件"，但各类突发公共卫生事件依然此起彼伏，有必要不断加强公共卫生法律制度体系建设，按照"补短板、堵漏洞、强弱项"的思路，强化公共卫生法治保障。一方面，尽快以《传染病防治法》的修改为核心，厘清相关法律关系实施联动修改，解决法律之间冲突打架等问题；另一方面，充分总结疫情防控经验做法，完善重大、突发传染病、流行病的监测、预警和发布、科普等机制，强化病毒监测、报告和直报系统建设。

第四，加强卫生法治改革公众参与机制。卫生相关改革和法治建设涉及广大普通群众、医药卫生相关行业的切身利益，涉及利益分配的改革不能一蹴而就，不能拍脑袋就出台，而应广泛听取各方意见，反复进行解释说服工作。只有前期充分沟通和解读，增强认同感，才能避免贸然出台实施，增加实施成本。2023年初，一些地方医保改革引发广泛讨论和激烈争议，就从侧面表明推进法治建设和加强公众参与的必要性。

第五，在法治轨道上推进医疗反腐。医疗反腐是中国医改的重要内容和关键抓手，也是推动健康中国战略贯彻落实、净化医药卫生行业生态、维护人民群众切身利益的必然要求。对此，应当以专项行动为抓手，深入医药卫生行业全领域、全链条，并聚焦关键岗位、关键环节，查处一批大案要案。在此基础上，还应以案件办理促进改革和制度完善，为卫生法治的制度设计和执法监管提供优化改良的指南。医疗反腐办案并不是最终目的，应通过反腐，最终增强广大医务人员和患者的获得感、幸福感。

卫生健康保障体制机制建设

Construction of the System and Mechanism for Health Security

B.2
医疗保障法治体系的生成逻辑、
现实需求与构建路径

杨　柳　赵若男　李广德*

摘　要：　运用法治手段规范医疗保障服务是建设法治国家的必然要求。医疗保障法治体系的建立健全有其自身的理论基石、历史规律和价值追求，是完善健康权等基本权利的规范构造，进而稳定社会秩序、推进健康中国建设进程的重要途径。在医疗保障法治体系建构过程中，存在法律规范制度缺位、行政执法体制失序、司法救济路径不明等现实困境，严重阻碍了医疗保障法律制度的效能发挥。为有效破除上述制度困境和实践困境，应坚持以保障人民健康为价值引领，以健康权为理论基石，在立法、执法、司法诸环节完成医疗保障法治体系的制度化、规范化、系统化建构，以期推进国家治理体系和治理能力现代化进程。

---

* 杨柳，西南政法大学法学院博士研究生；赵若男，中国政法大学《法理》杂志编辑；李广德，中国社会科学院法学研究所副研究员。

关键词： 医疗保障法治体系　医疗保障立法　医疗保障执法　公共卫生法治　健康权

　　医疗保障制度作为风险分担、待遇共享的社会互助共济机制，是中国民生保障体系的重要组成部分，为增进民生福祉、维持社会稳定、推进现代化强国建设提供兜底性的制度保障。随着社会经济发展水平的提高和技术进步，以及社会主要矛盾的变化，健康问题成为党和国家以及人民群众重点关注的民生问题。尤其是新冠疫情发生以来，经济下行趋势严重，个人的抗风险能力遭到削弱，医疗保障和医疗救济的兜底作用更加凸显。一个普遍的共识在于，在风险高发的时代，单一主体的抗风险能力有限，为此，应当将风险置于法治化、系统化视角下，通过完善制度选择和法律安排，增强各类主体的风险抵御能力，优化社会治理方式。要增强全社会对医疗风险尤其是突发性公共卫生事件风险的抵御能力，应当梳理医疗保障法治体系的生成逻辑和现实需求，并探索医疗保障法治体系的建构目标、建构方向和制度安排，以此作为理论坐标和制度原动力完成医疗保障法治体系的规范建构，在立法、执法、司法环节实现医疗保障法治体系的内部统一和外部协调。

一　医疗保障法治体系的生成逻辑

　　人民健康是民族昌盛和国家强盛的重要标志①。进入新时代后，中国社会的主要矛盾发生了深刻变化，但无论是物质文化需求还是对美好生活的向往，人民生命健康权的存在和有序保障都是重要前置性条件。就逻辑而言，个体的健康状况意味着生命的质量高低，决定了每个个体幸福生活的程度，

---

① 习近平：《高举中国特色社会主义伟大旗帜　为全面建设社会主义现代化国家而团结奋斗》，《人民日报》2022 年 10 月 26 日。

而公共卫生是个体健康的总和①，健康的个体生活也意味着整体公共健康水平的提高。伴随全面依法治国进程的深入推进，加强以健康权为中心的医疗保障法治体系建设能够有效保障个人的全面发展、优化社会治理方式、促进健康中国战略实施，这也具有充分的理论和历史基础。

（一）医疗保障法治体系的理论基石

健康权是医疗保障法治体系建设的理论基石②。健康权被视为中国宪法中的一项未列举权③，具备基本权利的功能和地位，进而构成公民能够参与国家基本权利资源分配的规范基础④。建构医疗保障法治体系能够完善公民健康权的规范基础和制度保护，在保护公民健康利益的同时丰富了人权法的理论内涵和实践认识，以期发挥法治在国家治理体系和治理能力现代化进程中的推动和保障作用。

一方面，以健康权为理论基石，有利于强化卫生与健康领域的规范基础，完善公共卫生法治规范体系。其一，健康权是个人得以正常、完整、全面行使权利、履行义务的重要条件，具有丰富的规范内涵和制度要求，构成健康卫生制度的理论资源和价值坐标。公民健康权意指公民所享有的宪法或公法意义上的医疗保障请求权，即国家为保障公民健康需要承担相应的作为或不作为义务，并在上述权利受到侵害时提供司法救济⑤。随着社会经济发展水平的提高以及社会主要矛盾的变化，健康逐渐引起个人、社会和国家的关注，成为人们更为普遍的利益诉求。其二，健康权是社会权的重要内容，完善医疗保障法治体系有助于丰富人权法理论体系。在传统人权理论视域

---

① 李广德：《我国公共卫生法治的理论坐标与制度构建》，《中国法学》2020年第5期，第25~43页。

② 王晨光：《健康法治的基石：健康权的源流、理论与制度》，北京大学出版社，2020，第26页。

③ 焦洪昌：《论作为基本权利的健康权》，《中国政法大学学报》2010年第1期，第12~19+158页。

④ 李广德：《公民健康权实证化的困境与出路》，《云南社会科学》2019年第6期，第112~119页。

⑤ 李广德：《健康作为权利的法理展开》，《法制与社会发展》2019年第3期，第23~38页。

下，相比较而言，社会权与自由权更依赖国家的政策支持、资源分配和程序保障，侧重以国家的积极作为实现对公民经济、社会、文化权利的正当性保护。完善医疗保障法治体系不仅能够填补健康权程序保障和司法救济的法律漏洞和法律空白，还能够为其他社会权的规范保障提供借鉴，从而丰富人权法的理论与实践内容。

另一方面，以健康权为统领，有利于建立健全医疗保障法治体系，进而规范医疗服务体系的运行方式，降低医疗风险的不确定性影响。随着经济发展水平的提高以及信息技术更新迭代进程加快，医疗服务的科技化、信息化、联动化进程加快，逐渐打破了区域性、部门性、时空性的固有限制，使公民的身体健康能够得到很大程度的保障。但是，不可否认的是，信息技术在带来技术红利的同时，也隐藏着应用风险。在当今时代，风险呈现共生性、时代性、全球性的典型特征[1]，具体到医疗服务领域，主要呈现以下表征。第一，随着医疗科技创新进程不断加快，医疗服务的技术性风险与制度化风险呈现共生状态。例如，在远程医疗视域下，医生脱离传统接触式的诊断方法，更多依靠患者的主诉来进行诊断和治疗，基于患者的认知水平差异和情绪感受的动态变化，极易影响医生注意义务的履行，甚至导致患者个人信息泄露，衍生医疗伦理风险。并且，由于法律的滞后性以及风险的多样性，医疗保障制度的规范依据可能存在漏洞和空白，甚至出现运转失灵的窘境。第二，在不同的历史阶段风险呈现不同的样态。传统的社会治理方式已经不足以化解当前出现的医疗法律风险，必须探索全新的规制路径以尽力防范法律的确定性与风险的不确定性的背离。第三，风险的存在和影响正在逐渐超越物理空间和社会文化空间的限制，逐渐呈现全球性、普遍化的特征。例如，在新冠疫情等突发公共卫生事件中，许多国家公民的健康权都受到了程度不同的损害，医疗服务体系出现漏洞和混乱，这对本国的医疗保障法治体系建设提出了更高的要求。基于此，应当将风险化解置于法律框架，整合

---

① 吴汉东：《人工智能时代的制度安排与法律规制》，《法律科学》（西北政法大学学报）2017年第 5 期，第 128~136 页。

个人、社会、国家的多元主体力量，以规范化、制度化、科学化的方式有效防范医疗风险，完善医疗保障法治体系建设。而健康权具有"权利束"的广泛属性和丰富的制度内涵，涵盖从医疗服务质量到健康平等和健康正义等方方面面的要求，能够成为现代医疗服务的内在价值目标和价值基础，进而为防控和降低现代医疗风险提供理念指导。

（二）医疗保障法治体系的历史演进

医疗保障制度的历史变迁与中国社会经济发展进程同频共振。医疗保障制度的具体内容一定程度上能够反映当时的经济发展状况和重要社会关系。新中国成立后，伴随国民经济的恢复和发展以及社会主要矛盾的变化，医疗保障制度呈现不同的特征和形态。通过分析各个阶段医疗保障制度的内容和特点，一定程度上可以为医疗保障法治体系的建设方向、重点内容和发展趋势提供引领性、预测性指导，以期实现医疗保障法治体系的动态化完善。

1. 改革开放之前的医疗保障制度

20世纪80年代以前，城镇地区采取机关事业单位职工公费医疗和企业职工劳保医疗并存的医疗保障制度，农村医疗保障则相对薄弱，实行相对简单的合作医疗制度①。在城镇地区，中央政府于1951年开始建立由单位出资的劳保医疗制度，主要覆盖城镇国有和集体企业职工及其家属；1952年开始建立由政府财政出资的公费医疗制度，主要覆盖机关事业单位职工②。城镇地区相对经济水平较高，且个人基本不用支付医疗费用，所提供的医疗保障具有较大福利性。在农村地区，20世纪50年代中期，政府依托农村集体经济，开始建立以乡村集体经济为主、个人少量缴费为辅的合作医疗制度③。受制于较低的经济发展水平，农村合作医疗制度所提供的医疗保障服

---

① 郑功成、桂琰：《中国特色医疗保障制度改革与高质量发展》，《学术研究》2020年第4期，第79~86+177页。

② 王宗凡：《医疗保障制度改革与发展》，载金维刚《中国社会保障改革与发展》，社会科学文献出版社，2020，第52~65页。

③ 乔益洁：《中国农村合作医疗制度的历史变迁》，《青海社会科学》2004年第3期，第65~67+40页。

务有限，但覆盖面广，保障了农村地区大部分人口。这一阶段的医疗保障制度以保障范围狭窄、保障方式单一、保障主体片面为主要特征，为城乡居民提供基础性保障。

2. 改革开放之后的医疗保障制度

自改革开放至20世纪90年代末，这一阶段的医疗保障制度改革以控制医疗费用、建立责任共担的社会医疗保险制度为重点①。在改革开放前，1978年《宪法》的第50条第1款规定，国家要逐步发展合作医疗等事业以保障公民的获得物质帮助权。1979年制定的《农村合作医疗章程（试行草案）》也在很大程度上满足了当时农民的医疗需求。但是，受农村经济体制改革影响，全国范围内合作医疗覆盖的社队从1976年的92.8%下降至1982年的52.8%②。改革开放后，随着经济体制改革，原有的合作医疗制度失去了赖以生存的经济基础，此时医疗保障制度需要进行重新考量和改革。1993年，中共中央十四届三中全会通过的《关于建立社会主义市场经济体制的决定》，将包括医疗保险在内的社会保障制度作为社会主义市场经济体制的重要组成部分，实行社会统筹和个人账户相结合的基本医疗保险制度。1994年，为落实《关于职工医疗保险制度改革的试点意见》，江苏镇江、江西九江等地展开了职工医保制度的试点改革③。1998年，国务院发布了《关于建立城镇职工基本医疗保险制度的决定》，在全国范围内建立起城镇职工基本医疗保险制度。2003年，国务院办公厅转发卫生部等部门《关于建立新型农村合作医疗制度意见的通知》，农村地区推行新型农村合作医疗制度。2007年，国务院发布《关于开展城镇居民基本医疗保险试点的指导意见》，开始推行覆盖老人、未成年人和未就业的成年人等的城镇居民基本医疗保险制度。2009年，民政部出台《关于进一步完善城乡医疗救助制度的

---

① 王延中、龙玉其：《中国医疗保障制度改革的回顾、挑战与展望》，《北华大学学报》（社会科学版）2022年第1期，第77~85+153页。

② 王绍光：《学习机制与适应能力：中国农村合作医疗体制变迁的启示》，《中国社会科学》2008年第6期，第111~133+207页。

③ 胡晓义：《我国基本医疗保障制度的现状与发展趋势》，《行政管理改革》2010年第6期，第23~28页。

意见》，拓展多种医疗救助方式，逐步将经济困难家庭纳入医疗救助范围。在此阶段，新型医疗保障制度逐步建立，其保障方式逐渐多样化、覆盖主体逐渐扩大、保障体系逐渐清晰，对保障公民的健康权起到了扩大化的福利性保障作用。

3. 新时代发展阶段的医疗保障制度

2012年，国家发展改革委等六部门出台了《关于开展城乡居民大病保险工作的指导意见》，开始探索开展城乡居民大病保险制度，以期实现对基本医疗保障制度的拓展和延伸。2015年，国务院办公厅下发《关于全面实施城乡居民大病保险的意见》，通过全面覆盖城乡居民、逐步提高支付比例等方式进一步提高大病保险保障水平。2016年《国务院关于整合城乡居民基本医疗保险制度的意见》出台，通过推进城镇居民医保和新农合制度整合，在覆盖范围、筹资政策、保障待遇等六个方面统一城乡居民基本医疗保险制度。党的十九大报告中提出，要"实施健康中国战略"[1]。在健康中国和全面依法治国战略指引下，医疗保障法治体系建设进入新的发展阶段。2019年通过的《基本医疗卫生与健康促进法》作为卫生与健康领域的基础性、综合性法律，对于保障公民健康权、深化医疗卫生体制改革、贯彻健康中国重大战略具有里程碑意义[2]。该法的出台不仅从医疗风险分担机制、突发公共卫生事件应对机制、资金保障等维度为医疗卫生与健康事业发展提供了规范基础，还有利于实现医疗保障法治体系内部的自洽以及与其他部门法的协调和衔接。此外，《医疗保障法（征求意见稿）》已向社会公开。在这一阶段，医疗保障法律制度逐渐呈现规范化、体系化的特点，医疗保障法治体系的建立和完善与经济发展水平、公民发展需求、科学技术支持等因素密切相关。

在历史制度主义理论框架下，医疗保障法律制度的建立和完善以经济体

---

① 习近平：《决胜全面建成小康社会 夺取新时代中国特色社会主义伟大胜利》，《人民日报》2017年10月28日，第1版。
② 王晨光、张怡：《基本医疗卫生与健康促进法的功能与主要内容》，《中国卫生法制》2020年第2期，第1~8页。

制改革、国家重大发展战略提出等内容为关键节点，以内容、体系、方向上
的重大变革对医疗保障法治体系的建立和完善产生重大影响。医疗保障法律
制度的建立过程虽然存在关键节点上的重大改变，但并不能否认其路径依
赖，即其总体建设过程仍以国家经济发展水平为基础。面对非典和新冠疫情
等各类突发性公共卫生事件，国家在采取紧急应对管理措施的同时，也会特
别注重对相关公民的医疗救助和后续保障。纵观医疗保障法律制度的历史沿
革可以明确，医疗保障法治体系的完善应当以当前的经济社会发展水平为基
础，综合考量技术、公民需求、突发状况等因素，建构紧急公共卫生法治和
常规公共卫生法治并存的医疗保障法治体系，以期实现医疗保障法治体系的
规范化、动态化、系统化建设和完善。

（三）医疗保障法治体系的价值逻辑

在经济发展过程中，尤其是在温饱问题尚未得到妥善解决的情形下，健
康问题被严重边缘化。生命权是公民享有权利和履行义务的基础前提，是人
得以生存发展的基本要件，而健康权则对公民的生活质量和幸福感、获得
感、满足感具有重要意义。医疗保障法治体系的建立和完善是维护个人生命
健康利益进而维护社会公共利益和国家利益的重要方面。

首先，健康是每个人全面发展的必然要求，健康权是人权的重要内
容[①]。一方面，完善医疗保障法治体系建设能够满足人民日益增长的美好生
活需要。近年来，中国社会的主要矛盾发生变化，人民更加重视对美好生活
的追求。同时，伴随全面建成小康社会和脱贫攻坚战取得全面胜利的时代契
机，因饥饿、疾病、贫穷等因素失去生命权的问题得到有效控制，在个人生
命权得到保障的同时，人民开始进一步追求健康权的保障和实现。建立健全
医疗保障法治体系能够进一步保障公民健康权，为个人的全面发展和美好生
活提供规范保障。另一方面，完善医疗保障法治体系能够保障公民的基本权
利。国家发展社会保险、社会救济和医疗卫生事业，建立健全医疗保障法律

---

① 李广德：《共济与请求——健康权的司法展开》，北京大学出版社，2022，第 2 页。

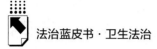

制度，能够在保障公民生命权、健康权的同时，使得公民的获得物质帮助权等关联权利也得到相应保障。

其次，建立健全医疗保障法治体系能够维护社会公共利益，促进社会经济发展。个人抗风险能力较弱，面对非典和新冠疫情等，个人的生命权、健康权难以得到有效保障，更谈不上突发公共卫生事件结束后的恢复和发展问题。因此，相对完备的突发公共卫生事件应急管理机制和医疗救助体系，能够在保障个人基本生活需要的同时，维护社会公共利益，稳定社会秩序。同时，医疗保障制度改革是关切社会公共利益的重要民生问题，而并不仅仅是对医疗服务领域的变革和规范，其改革内容和改革成果与经济社会发展密切相关，在社会主义的中国则更是如此。

最后，建立健全医疗保障法治体系是深入贯彻健康中国发展战略、提升中国国际形象的重要抓手。中共中央、国务院印发的《"健康中国2030"规划纲要》指出，要健全医疗保障体系，加强健康法治建设。建立多层次的医疗服务保障体系能够有效提升不同人群、不同地区的疾病风险预防能力和健康管理能力，解决看病难、负担重、风险大的医疗服务问题，优化健康服务，推进健康中国发展战略的顺利实施。同时，随着"一带一路"等区域合作和国际合作的持续开展，中国与许多国家的联系日益加强。相对完善的医疗保障法治体系不仅能够为其他国家完善本国的医疗保障立法提供经验借鉴，也能通过合作与交流促进其他国家医疗保障事业的开展①，履行中国在全球健康保护领域的国际义务和责任。

二 医疗保障法治体系的现实需求

进入新时代，人民群众对医疗服务的现实需求具有多样性、全面性和个性化的特点。例如，将罕见病医疗费用纳入基本医疗保险，将慢性病纳入门

---

① 华颖：《健康中国建设：战略意义、当前形势与推进关键》，《国家行政学院学报》2017年第6期，第105～111+163页。

诊统筹，追求药品与医用器械的安全可靠、低成本化，渴望更高服务水平的健康管理等。同时，医疗保障制度尚处于不断建设完善阶段，法治化水平相对薄弱，卫生健康领域的立法、执法和司法等诸多法治环节仍然存在制度漏洞和制度冲突，很大程度上制约着医疗保障制度效用的发挥。在此视域下，为进一步规范医疗服务活动，保证医疗服务质量和医疗服务安全，医疗保障法治体系的建设和完善迫在眉睫。

（一）医疗保障法律规范制度缺位

在新兴权利的法治化建构过程中，医疗保障领域的立法总体上遵循渐进式的入法路径，即以政策为引导，以平和自然的方式循序进入法治体系①。近年来，中国医疗保障领域立法已取得较大进步，但尚未形成完备的医疗保障法律规范体系，相关法规仍然分散在不同的部门法体系中。

一方面，医疗保障立法尚未完成自身的体系性建构。医疗保障领域仍存在高位阶的立法缺失问题。《医疗保障法（征求意见稿）》虽然已经向社会公开，但由于其尚未审议通过，医疗保障领域的专门性法律仍然处于缺位状态。尽管《军人保险法》（2012 年）、《社会保险法》（2018 年修订）、《残疾人保障法》（2018 年修订）、《老年人权益保障法》（2018 年修订）、《妇女权益保障法》（2022 年修订）等法律对退役军人、残疾人、老年人、妇女等主体的医疗保障作出了相应规定，但制度内容仍呈现分散化、碎片化、不统一的特征，关于基本医保的具体构成、参保条件和保障方式等基础内容存在重复性规定。即便是在 2019 年通过的《基本医疗卫生与健康促进法》中，医疗保障制度仍然未能完成系统性建构，还处于从属地位。另一方面，医疗保障立法仍然存在法律漏洞和法律空白。例如，关于新型农村合作医疗的管理办法、药品耗材集中招采以及医疗保障的责任机构和监管机构等的规范仍然较为落后或存在空白。同时，现有的医疗保障法律制度对医疗救助的条件、范围和方式，基本医疗保险和补充医疗保险以及普惠式健康保险在功

---

① 王庆廷：《新兴权利渐进入法的路径探析》，《法商研究》2018 年第 1 期，第 30~41 页。

能上的差异与待遇上的衔接尚未作出明确规定。对于医疗保障基金的使用规则，虽然《医疗保障基金使用监督管理条例》对过度诊疗、过度检查、违规结算等违法违规行为作了明确区分，但上述行为类型的认定标准和实施细则尚未明确，极易导致在行政执法活动中出现偏差、冲突。

（二）医疗保障行政执法体制失序

执法是现代行政的基本要素①。医疗保障行政执法是行政机关将医疗保障法律规范中的国家意志落实到社会生活实践的活动，是保护公民健康权利、维护社会公共利益的重要途径，是医疗保障法治体系建设不可或缺的重要环节。在深化医疗保障制度改革进程中，政府与市场的职能定位模糊不清、医疗保障行政执法规范缺失、医疗保障行政机关内部组织架构混乱等因素加剧了医疗保障行政执法的制度困境与运行困境。

一方面，政府部门职责边界模糊导致监管真空，加剧了医疗保障行政执法的内生性困境。医疗保障监管环节多、难度大，往往涉及权属不同、层级不同的多个多类行政管理机构。但是，在旧有的行政管理体制中，部门之间往往会出现相互推诿、单枪匹马的情况，极易出现监管重合以及监管真空，经常使医疗保障行政执法活动陷入混乱之中。例如，在医药购销领域的商业贿赂等违法行为中，行政机关对医疗保障基金的监管往往是事后末端规制，并未联合关联部门进行事前预防。2018年，为统筹推进"三医联动"改革，国务院组建医疗保障局。但医疗保障局的内部组织架构、专业人员配置、关联部门职责衔接与划分等尚未完成体系化建构，行政执法资源受到限制，难以有效发挥医疗保障行政执法的预设效果。另一方面，欺诈骗保、技术门槛、信息不对称等因素加剧了医疗保障行政执法的外源性压力。基于互联网、人工智能、大数据、区块链等信息技术的更新迭代，在技术加持视域下，欺诈骗保行为逐渐表现出类型多样、手段隐蔽、数量暴增等特点，为行政机关开展打击处罚的行政执法活动带来了一定难度。并且，受传统科层制

---

① 姜明安：《论行政执法》，《行政法学研究》2003年第4期，第4~11页。

行政体制影响，政府部门之间存在层级壁垒和信息壁垒，信息不对称加剧了行政机关发现过度医疗、欺诈骗保等违法违规行为的时间跨度和难度，导致医疗保障行政执法效果大打折扣。

（三）医疗保障司法救济路径模糊

公正司法是维护社会公平正义的最后一道防线[①]。在医疗保障法治体系建构过程中，在权利主体的权利内容受到侵害时，行政机关往往承担对侵害的排除义务，而司法机关则负有权利救济义务。但是，在实践中，受规范因素、制度因素和主体因素的影响，医疗保障的司法救济路径往往未能发挥理想中的规范作用。

一方面，医疗保障的司法救济路径不健全，行政救济与司法救济尚未实现有效衔接。行政机关在医疗保障活动中居于主体地位，是主要职责机关。对于过度诊疗、过度检查、超量开药等违反医疗保障法律制度的行为，应当由行政主管机关作出行政处罚。对于行政机关作出的行政处理决定不服的，可以采取行政复议或行政诉讼的救济方式。在实践中，由于司法救济的时间跨度长、诉讼费用高、专业性较强等，权利人在自身权利受到侵害时，往往更愿意诉诸行政救济，导致医疗保障的司法救济逐渐趋于形式化，不能有效满足权利人的救济需求。在医疗保障服务中，政府履行给付义务是公民享受基本医疗服务的前置性条件。在此视域下，公民的健康资源获得权、健康社会保障权、医疗服务权以及医疗救助权等权利若受到侵害不能实现，则可以向法院提起行政给付诉讼。2017 年修订的《行政诉讼法》第 12 条虽然将抚恤金、最低生活保障待遇和社会保险待遇纳入行政给付诉讼的受案范围，但《基本医疗卫生与健康促进法》并未将行政给付诉讼这一救济路径纳入规范内容。另一方面，现有的司法救济路径无法有效维护数字弱势群体的诉讼权利。在技术飞速发展的今天，由于主体间的认知水平和学习能力存在差异，

---

① 习近平：《高举中国特色社会主义伟大旗帜　为全面建设社会主义现代化国家而团结奋斗》，《人民日报》2022 年 10 月 26 日，第 1 版。

在社会结构和社会关系发生变革的情况下①，数字弱势群体在接收信息、享受技术红利、实现权利义务等方面处于劣势地位。在寻求司法救济的过程中，数字弱势群体与医疗机构处于不对等的诉讼地位，在举证质证等环节无法提供具有较强说服力的证据材料，其自身的生命权、健康权、平等权等权利难以得到保障。

三 医疗保障法治体系的构建路径

现代社会是风险社会，法律控制和技术控制是风险治理的重要手段。进入新时代，医疗保障制度的内容不断丰富、范围不断扩大、效用不断增强，医疗保障的兜底作用和救助作用很大程度上维护了公民的健康权。但是，在医疗保障制度的实施过程中，制度性风险和技术性风险并存，严重制约着医疗保障制度规范效用的发挥。为深化医疗保障制度改革，贯彻落实健康中国发展战略，应当从法律控制和技术规制等方面建立健全医疗保障法治体系。在系统论视角下，探索医疗保障法治体系的系统化、规范化建构，能够在发挥各部门法律制度规制功能的同时，提升医疗保障法治体系的整体效能，以期助力国家治理体系和治理能力现代化。

（一）完善医疗保障法律规范体系

法律规范是医疗保障法治体系的基本单元，对医疗保障执法、司法活动具有基础性、引导性作用。在基本权利功能体系中，国家应对公民的生命权、健康权等基本权利承担保护义务，通过建立制度、组织和程序，介入私人之间的关系以促进基本权利的效力最大化②。《宪法》第 45 条第 1 款规定，国家要发展社会保险、社会救济和医疗卫生事业。从宪法教义学的角度

---

① 宋保振：《"数字弱势群体"权利及其法治化保障》，《法律科学》（西北政法大学学报）2020 年第 6 期，第 53~64 页。

② 张翔：《基本权利的体系思维》，《清华法学》2012 年第 4 期，第 12~36 页。

看，宪法上的风险预防义务是国家保护义务的拓展和延伸①。伴随科学技术的升级创新以及社会结构和社会关系的重大变革，现代社会的风险类型具有多样化、隐蔽化、复杂化的突出特点，需要国家在合乎正当性要求的前提下履行风险预防义务。具体到法治体系建构过程中，国家风险预防义务的履行主要对应立法机关的创制活动。

一方面，立法机关要通过填补法律漏洞和法律空白等方式，完成医疗保障法律体系的规范建构。立法机关应当将重大突发公共卫生事件的医疗保险工作纳入考量范围。例如，关于重大突发公共卫生事件的医疗保险制度存在高位阶立法缺失，《传染病防治法》和《突发公共卫生事件应急条例》均未对医疗保险作出明确规定。立法机关可以规划制定独立的"医疗保险法"，在全国范围内建立统一的医疗保险制度，分别完成紧急情况和常规状态下的医疗救治费用保障机制建构，同时为具体制度的实施条件、方式、范围等内容留下制度空间。同时，加快推动《医疗保障法（征求意见稿）》的审议通过，制定医疗保障领域的专门性法律规范。通过梳理现有的医疗保障法律规范，填补其中存在的法律漏洞和法律空白，从法律、行政法规、地方性法规、部门规章、地方政府规章、规范性文件等维度完成医疗保障法治体系的层级建构。另一方面，立法机关要通过整合现有规范实现医疗保障法律规范体系的内在协调与统一。例如，对于突发公共卫生事件，《突发事件应对法》和《传染病防治法》对信息收集、研判和发布、预警期启动、应急响应机制启动等权力的享有主体作出了不同规定，前者将其赋予县级以上地方人民政府，后者将其赋予省级和中央人民政府或其主管机构②。法律规定内容的冲突和制度的衔接不畅在实践中会导致决策实施机构面临无所适从的尴尬境地③。因此，应当在法律制定和修订的过程中，明确制度主体和运行机

---

① 王旭：《论国家在宪法上的风险预防义务》，《法商研究》2019 年第 5 期，第 112~125 页。
② 王晨光：《疫情防控法律体系优化的逻辑及展开》，《中外法学》2020 年第 3 期，第 612~630 页。
③ 满洪杰：《从健康权角度看医疗救助的法治化》，《西北大学学报》（哲学社会科学版）2022 年第 6 期，第 35~49 页。

制，避免法律规定内容的冲突和跳跃，同时还要重视对分散立法和单行立法的整合，以期完成医疗保障法治体系的系统化建构。

（二）重构医疗保障行政执法体制

严格执法是法律得以有效实施的关键环节。行政执法能够将医疗保障立法确定的原则、规则、制度应用至医疗保障实践中，进而维护相对人的生命权、健康权等权利，实现对相对人的保障和救助。在行政执法过程中，政府部门兼具职能履行者和法定监管者的双重角色，其始终负有监督管理医院、医疗保障经办机构等主体行为的义务，始终应当以维护公民的生命权、健康权为根本出发点，通过完善医疗保障行政执法体制，推动医疗保障法治体系完成从静态设计到动态建构的转变，以健康、规范的社会公共秩序保障公民基本权利的实现。而且为破除传统医疗保障行政执法过程中的职能混同和信息闭塞等困境，还应当从内部架构和外部联动两个维度优化医疗保障行政执法体制。

一方面，要明确行政机关的角色定位和职能范围，化解监管重复和监管真空的制度困境。要明确公立医院的法人地位，落实管办分离制度。虽然政府是公立医院的原始股东和最大投资人，但为适应社会主义市场经济发展要求，激发公立医院的市场活力，政府不应再作为其直接经营者，应当落实管办分离制度，全力做好公立医院监管者的角色①。同时，要明确对过度诊疗、超量开药、违规挂靠参保等行为的性质界定，避免陷入医保部门认为是欺诈骗保、卫生健康部门认为是趋利行为、医院认为是不规范管理行为的尴尬境地，防止不同政府部门的相互推诿，构建统一、标准的医疗保障行政执法规范。另一方面，要加强不同政府部门的协同、联动，提升行政机关的履职能力。在信息技术的加持下，不同地区、不同层级、不同部门的政府机构可以建立一站式政务信息共享平台，通过信息的公开透明打破"数据壁垒"

---

① 王晨光、苏玉菊：《健康中国战略的法制建构——卫生法观念与体制更新》，《中国卫生法制》2018年第4期，第1~11页。

和"信息孤岛",加强协同联动,在提升自身公共服务效能的同时实现跨层级、跨区域的部门协作,创新公共服务方式,提高为公民提供医疗保障服务的质量和效率。

(三)明确医疗保障司法救济路径

司法具有保障人权实现的最终救济功能,充分的诉权是防止政府功能异化的重要制度保证[①]。在医疗保障司法救济活动中,法院和司法手段不仅可以直接为相关权利主体提供所需的健康需求,还能够一定程度上弥补政府其他分支机构在医疗保障和健康维护上的不足[②]。面对司法资源紧张、司法救济效果不理想、司法救济方式单一的现实困境,应通过制度建构、规则完善和程序衔接等方式优化医疗保障司法救济路径,对行政机关在医疗保障活动中存在的执法不严、监管不力和消极不作为等问题寻求公力救济,更好地发挥司法手段的终局保障作用。

一方面,引入行政给付诉讼制度,构建多元化的医疗保障司法救济路径。可以借鉴《行政诉讼法》的规范构造,结合《基本医疗卫生与健康促进法》和《医疗保障法(征求意见稿)》等规范内容适当放宽行政给付诉讼的适用条件和受案范围[③],丰富公民寻求救济的司法路径。同时,鉴于《基本医疗卫生与健康促进法》等现行法律文件对相关主体主要课以行政责任和民事责任,而忽视其刑事责任,应当探索完善行刑衔接制度,加强司法部门与行政部门的协调配合,建立信息共享、案件调查、案件移送协作机制,简化涉刑案件的移送程序,提高行刑衔接效率。另一方面,要完善诉讼程序规则,实现司法诉讼活动向数字弱势群体倾斜。近年来,医疗保障服务活动的技术门槛不断提高,数字弱势群体由于自身在技术知识和技术操作上

---

① 莫纪宏:《论人权的司法救济》,《法商研究》2000年第5期,第84~89页。

② 李广德:《社会权司法化的正当性挑战及其出路》,《法律科学》(西北政法大学学报)2022年第2期,第162~174页。

③ 陈云良:《基本医疗卫生立法基本问题研究——兼评我国〈基本医疗卫生与健康促进法(草案)〉》,《政治与法律》2018年第5期,第100~110页。

的限制和不足，很可能无法及时有效地得到充足的医疗保障。尤其是在司法诉讼活动中，公民与行政机关的不对等加大了公民寻求司法救济的难度，公民往往面临较重的举证负担。因此，应当以保护数字弱势群体为原则构建全新的举证规则，采用过错推定原则平衡双方的诉讼地位，若行政机关举证不能则需承担不利后果。

（四）坚持以保障人民健康为中心

在医疗保障法治体系建构过程中，要强化保障人民健康的价值引领，防止医疗保障法治建设偏离预定轨道。健康不仅是一种身体状态，也是一种治理能力①。健康问题具有高度政治性，对国家政权和国家治理具有重大意义。因此，在医疗保障法治体系建构过程中，应当坚持以保障人民健康为中心的价值目标，强化医疗保障法治路径的价值引领。

一方面，要将保障人民健康的价值理念内化至医疗保障立法、执法、司法全过程。前已述及，健康权在宪法中的规范地位为未列举的人权，可以借助法律解释方法使其落入宪法文本中"人权条款"的保护范畴。健康权不仅具有规范意义，还具有一定程度的政治意义。在医疗保障法治体系建构过程中，坚持保障人民健康的基本理念是坚持人民主体地位的重要体现，能够有效缓解因病致贫、因病返贫现象，在稳定社会秩序的同时维护改革发展成果，增强人民群众的幸福感、获得感。因此，立法机关要坚持以保障人民健康为中心，优化医疗保障制度，加强对弱势群体和数字弱势群体的倾斜保护；执法机关要加强信息的公开化、透明化建设，提高医疗保障服务效能；司法机关要探索构建专门的执行程序，保障公民健康权司法救济的完全实现。另一方面，要加强对医疗保障法治体系建构的政策支持，引导医疗保障法律的制定和实施。宪法国民健康条款赋予了国家立法机关通过制定法律保护国民健康的宪法责任，是实施国民健康政策的制度化表达②。因此，要强

---

① 杨立华、黄河：《健康治理：健康社会与健康中国建设的新范式》，《公共行政评论》2018年第6期，第9~29+209页。

② 张肇廷：《宪法国民健康条款的规范阐释》，《法学评论》2023年第1期，第97~106页。

化政策对医疗保障法治体系建构的指引作用，将党的方针政策上升至法律规范层面，提高公民对健康权保障的可期待性。例如，在医疗保障法治体系建构过程中，要高度重视中共中央、国务院发布的《关于深化医疗保障制度改革的意见》等纲领性文件的落实，完成基本医疗保险制度、医疗救助制度、多层次医疗保障体系、医保协议管理等内容的规范性建构，实现上述政策性内容的法制化。

四　结语

健康权不仅是基本权利的重要面向，也是关乎国家治理、社会稳定的重要内容，理应成为法治中国建设关注的焦点内容。在社会结构变革和社会关系变化，尤其是技术迭代等因素引发的制度性风险和技术性风险情形下，将风险化解纳入法治体系建构过程中，更有利于借助国家和社会的力量，增强个人抵御风险的能力。为此，完成医疗保障制度的法治化建构更能够在维护个人健康权益和社会公共利益的基础上，推动健康中国战略的深入实施。但是，医疗保障法治体系的建构是一项系统性任务，需要对分散的现行法律规范进行梳理和整合，尤其要注意重复性规定和冲突性规定，保障其规范体系内部的和谐与协调。同时，还要重视与其他部门法之间的关系，如医患关系的法律属性以及医疗保障立法的合宪性问题等。随着科学技术的发展进步，医疗保障服务又衍生出个人信息泄露等风险，各类突发公共卫生事件也暴露了医疗保障工作的现实问题，这些内容或许也将成为医疗保障法治体系建构的重要动力。

B.3
卫生健康监督机构职能
落实的现状与展望

曹艳林　张可*

摘　要： 对北京市、浙江省、湖南省、贵州省、广东省、陕西省、辽宁省七个省市的卫生健康行政机构、卫生健康监督机构、疾病预防控制机构和医疗机构的工作人员开展的问卷调查显示，卫生健康监督机构职能不清晰、职能定位不准确的问题突出，监管能力及监管手段亟待改善，监管力度亟须加强。卫生健康监督机构职能未落实、作用未有效发挥，依法行政意识薄弱等问题严峻。卫生健康监督仍停留在传统卫生监督上，没有意识到卫生监督向"卫生健康监督"的转变，导致卫生健康监督的作用发挥不足。对此，建议加快卫生健康监督监管理念转变，明确职能范围；建立职能协调机制，推动多元综合监管体系形成；创新监管手段，加强卫生健康监督执法力度；维护队伍稳定，提升执法队伍依法行政素养，以解决当前卫生监督机构职责范围不清、职能定位不明，监管能力、监管手段、监督力度不足等问题。

关键词： 卫生健康监督机构　多元综合监管体系　职能落实　队伍建设

---

* 曹艳林，中国医学科学院北京协和医学院医学信息研究所医疗卫生法制研究室主任、博士、研究员。张可，中国医学科学院北京协和医学院医学信息研究所在读研究生。基金项目：国家社科基金项目（项目编号21STA052）、国家卫生健康委委托项目。

一 引言

健康既是促进人的全面发展的必然要求和美好生活的最基本条件，也是影响人民获得感、幸福感、安全感的重要因素①。在新时代，公民对公共卫生、基本医疗、社会保障、环境安全等多维度的高阶需求，是人民群众对全面发展的向往与期待②。随着经济发展、社会环境、自然环境的日新月异，人民的健康观念和健康需求发生实质性变化，健康需求层次逐渐提高，多种健康因素交织影响健康的问题更加复杂突出，"互联网+医疗"等健康新产业、新业态、新模式带来新的健康挑战更加严峻。党的二十大报告明确将"健康中国建设"放在优先发展的战略位置。

作为卫生健康领域的执法活动，卫生健康监督是贯彻落实卫生法律法规的有效手段，加强卫生健康监督工作是全面推进卫生与健康领域法治建设的重要举措，对推进健康中国建设、依法保障人民健康权益具有十分重要的意义。根据《"健康中国2030"规划纲要》，卫生健康监督是健康中国建设的重要部分（见表1），传染病及地方病防控、职业健康、公共卫生、医疗卫生监督都与卫生健康监督工作密切相关。但目前，虽然卫生健康监督体系不断完善，但仍存在机构性质不统一、资源配置不足、信息化建设不完备，卫生监督协管服务体系不完善③，法律依据不足，执法效能弱，预警作用不足④等问题，特别是卫生健康监督机构履职不佳等问题。2020年，习近平总书记提出，要构建强大的公共卫生体系，为维护人民健康提供有力保障⑤。2022年2月，中共中央办公厅与国务院办公厅联合发布《关于调整国家卫

---

① 《全面深入实施健康中国战略》，（2018-03-15）［2022-4-23］，http：//www. qstheory. cn/dukan/qs/2018-03/15/c_1122533872. htm。
② 申曙光、马颖颖：《新时代健康中国战略论纲》，《改革》2018年第4期，第17~28页。
③ 田至立：《地方卫生监督体系建设完善研究》，内蒙古大学硕士学位论文，2020。
④ 赵文杰：《我国医疗卫生监督法律问题研究》，南昌大学硕士学位论文，2020。
⑤ 习近平：《构建起强大的公共卫生体系 为维护人民健康提供有力保障》，（2020-09-15）［2022-4-23］，http：//cpc. people. com. cn/n1/2020/0915/c64094-31862359. html。

生健康委员会职能配置、内设机构和人员编制的通知》，撤销原国家卫生健康委综合监督局，将职业卫生、放射卫生、环境卫生、学校卫生、公共场所卫生、饮用水卫生等公共卫生的监督管理、传染病的防治监督职能划归国家疾病预防控制局①。

表1　卫生健康监督在落实健康中国战略中的重要作用

《"健康中国2030"规划纲要》			卫生健康监督	相关法律规范
普及健康生活	加强健康教育	利用新媒体扩展健康教育	医疗广告合法性、真实性，医疗广告发布要求	《广告法》第55条第2款、第58条
	塑造自主自律的健康行为	开展控烟限酒 全面推进控烟履约	积极推进无烟环境建设，强化公共场所控烟监督执法	《重庆市公共场所控制吸烟条例》《上海市公共场所控制吸烟条例》《兰州市公共场所控制吸烟条例》等
		深入开展控烟宣传教育		
		促进心理健康	精神卫生科室设置，精神卫生相关执业活动	《精神卫生法》《医师法》等
优化健康服务	强化覆盖全民的公共卫生服务	计划生育服务管理	计划生育监督	《母婴保健法》《母婴保健法实施办法》等
		基本公共卫生服务	公共卫生监督	《传染病防治法》《突发事件应对法》《突发公共卫生事件应急条例》等
	提供优质高效的医疗服务	提升医疗服务水平和质量	医疗卫生监督	《基本医疗卫生与健康促进法》《医师法》《医疗机构管理条例》《护士条例》《医疗质量管理办法》等
		充分发挥中医药独特优势	中医中药服务监督	《综合医院中医临床科室基本标准》《中医药法》《医疗质量管理办法》《中医医术确有专长人员医师资格考核注册管理暂行办法》《医院中药房基本标准》等

---

① 《中共中央办公厅　国务院办公厅关于调整国家卫生健康委员会职能配置、内设机构和人员编制的通知》，（2022-02-16）［2022-4-23］，http：//www.gov.cn/xinwen/2022-02/16/content_5674040.htm。

续表

《"健康中国2030"规划纲要》			卫生健康监督	相关法律规范
优化健康服务	加强重点人群健康服务	提高妇幼健康水平	妇幼健康	《母婴保健法》《母婴保健法实施办法》《母婴保健专项技术服务许可及人员资格管理办法》《产前诊断技术管理办法》等
		促进健康老龄化	养老机构、医养结合机构监督等	《养老机构管理办法》《医疗机构管理条例》等
完善健康保障	健全医疗保障体系		医保基金监管	《基本医疗卫生与健康促进法》《医疗保障基金使用监督管理条例》等
	完善药品供应保障体系	深化药品、医疗器械流通体制改革	药品、器械监督	《药品管理法》《麻醉药品和精神药品管理条例》《处方管理办法》《医疗器械监督管理条例》《大型医用设备配置与使用管理办法(试行)》《医疗技术临床应用管理办法》等
建设健康环境	深入开展爱国卫生运动	加强城乡环境卫生综合整治	环境卫生	《城市市容和环境卫生管理条例》
		健康学校建设	学校卫生	《学校卫生工作条例》《学校卫生监督工作规范》
	加强影响健康的环境问题治理	推进饮用水水源地安全达标建设	饮用水卫生	《生活饮用水卫生监督管理办法》
	保障食品药品安全	健全从源头到消费全过程的监管格局	食品安全	《食品安全法》
		全面加强药品监管,形成全品种、全过程的监管链条	药品监管	《药品管理法》《麻醉药品和精神药品管理条例》《处方管理办法》《医疗器械监督管理条例》《大型医用设备配置与使用管理办法(试行)》《医疗技术临床应用管理办法》等
		加强医疗器械和化妆品监管	医疗器械监督、化妆品监督	
	完善公共安全体系	强化职业健康	职业病防治	《职业病防治法》
		突发事件卫生应急体系	突发事件处置	《突发事件应对法》《突发公共卫生事件应急条例》
		健全口岸公共卫生体系	国境卫生检疫	《国境卫生检疫法》

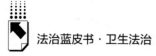

续表

《"健康中国2030"规划纲要》			卫生健康监督	相关法律规范
发展健康产业	优化多元办医格局		加强政府监管、行业自律和社会监督,促进非公立医疗机构规范发展	《互联网诊疗管理办法(试行)》《互联网医院管理办法(试行)》《互联网诊疗基本标准(试行)》《互联网医院基本标准(试行)》等
	发展健康服务新业态		加强健康新产业、新业态、新模式监管,如互联网医院和互联网诊疗监管	
	促进医药产业发展		药品、医疗器械监管	同上
健全支撑与保障	深化体制机制改革	将健康融入所有政策	建立健康影响评价评估制度	《中共中央 国务院办公厅关于改革完善医疗卫生行业综合监管制度的指导意见》
			畅通公众参与渠道,加强社会监督	
		全面深化医药卫生体制改革	健全卫生计生全行业综合监管体系	
		加快转变政府职能	加强卫生计生、体育、食品药品等健康领域监管创新	
			加快构建事中和事后监管体系	
			全面推开"双随机、一公开"机制建设	
			推进综合监管,加强行业自律和诚信建设	
			鼓励行业协会商会发展,充分发挥社会力量在监管中的作用	
	加强健康法治建设		加强重点领域法律法规的立法与修订工作	
			健全健康领域标准规范和指南体系	
			建立政府监管、行业自律、社会监督相结合的监督管理体制	
			加强健康领域监督执法体系和能力建设	

为更好地发挥卫生健康监督体系在健康中国建设中的作用，本文对卫生健康监督机构的职能落实状况展开了调查，发现存在的问题并提出对策建议。

二 现状调查

（一）调查方法

1. 调查对象

课题组在原国家卫生健康委综合监督局的协助下，通过问卷星软件向北京市、浙江省、湖南省、贵州省、广东省、陕西省、辽宁省七个样本省份省级、地级市卫生健康委机关行政人员、疾病预防控制机构人员、卫生监督机构人员、医疗机构管理者与医务人员等发放电子问卷。

2. 调查方式

调查采取分层整群随机抽样法。课题组在华中、华北、华东、华南、西北、东北、西南 7 个不同地区随机抽取 1 个省（自治区、直辖市），共计抽取 7 个省（自治区、直辖市），并在所抽取的省（自治区、直辖市）随机抽取以下样本。①省级卫生健康委机关行政人员 5 人（法规、监督、疾控、医政等）、疾病预防控制机构人员 5 人、卫生监督机构人员 5 人，每个省份共 15 人，7 个省份共 105 人。②在所抽取的省（自治区、直辖市）随机抽取 1 个设区的市，每个市选取卫生健康委机关行政人员 5 人（法规、监督、疾控、医政等）、疾病预防控制机构人员 5 人、卫生监督机构人员 5 人，每个设区的市共 15 人，7 个设区的市共 105 人。③在所抽取的市随机抽取 1 个县（市辖区、县级市），每个县选取卫生健康委机关行政人员 5 人（法规、监督、疾控、医政等）、疾病预防控制机构人员 5 人、卫生监督机构人员 5 人，每个县共 15 人，7 个县共 105 人。④在所抽取的省（自治区、直辖市）随机抽取 10 家三级医疗机构（建议省管和市管三级医疗机构比例为

5:5)、10 家二级医疗机构、10 家一级医疗机构。其中，每家三级医疗机构随机抽取医疗管理者 10 人，医务人员 100 人；每家二级医疗机构随机抽取医疗管理者 5 人，医务人员 50 人；每家一级医疗机构随机抽取医疗管理者 1 人，医务人员 4 人，每个省共 1700 人，7 个省共 11900 人。调查时间为 2021 年 10 月 1 日到 11 月 7 日。

3. 问卷数量

共收集卫生健康行政部门问卷 165 份，卫生监督机构问卷 146 份，疾病预防控制机构问卷 152 份，医疗机构管理者及医务人员问卷 12158 份，其中卫生健康行政部门有效问卷 109 份，卫生健康监督机构有效问卷 118 份，疾病预防控制机构 128 份，医疗机构有效问卷 12417 份。

（二）研究结果

1. 调查对象基本情况

从参与调查的对象的性别看，卫生健康行政机关男性占比较多，占 55.0%，卫生健康监督机构女性占比较多，占 51.7%，疾病预防控制机构女性占比较多，占 50.8%，医疗机构女性占比较多，占 76.5%；从参与调查的对象的年龄段看，卫生健康行政机关中 36~45 岁年龄段的人员占比较多，占 36.7%，卫生健康监督机构 26~35 岁年龄段的人员占比较多，占 42.4%，疾病预防控制机构 36~45 岁年龄段的人员占比较多，占 50.0%，医疗机构 26~35 岁年龄段的人员占比较多，占 42.4%；从参与调查的对象的文化程度看，卫生健康行政机关、卫生健康监督机构、疾病预防控制机构与医疗机构参与调查的对象中均是本科学历占比较多，其中疾病预防控制机构中硕士以上学历高于其他三个机构；从参加工作时间看，卫生健康行政机关、卫生健康监督机构、疾病预防控制机构与医疗机构参与调查的对象均是参加工作时间在 15 年及以上的人数占比较高（见表 2）。

表2 被调查者人口学特征的描述性统计分析

单位：人，%

调查项目		卫生健康行政机关	卫生健康监督机构	疾病预防控制机构	医疗机构
性别	男	60(55.0)	57(48.3)	63(49.2)	2919(23.5)
	女	49(45.0)	61(51.7)	65(50.8)	9498(76.5)
年龄段	18~25岁	3(2.8)	2(1.7)	3(2.3)	1205(9.7)
	26~35岁	32(29.4)	50(42.4)	25(19.5)	5260(42.4)
	36~45岁	40(36.7)	40(33.9)	64(50.0)	3697(29.8)
	46~55岁	29(26.6)	23(19.5)	28(21.9)	1908(15.4)
	55岁及以上	5(4.6)	3(2.5)	8(6.3)	347(2.8)
文化程度	专科及以下	4(3.7)	6(5.1)	8(6.2)	2101(16.9)
	本科	79(72.5)	86(72.9)	71(55.5)	7397(59.6)
	硕士	24(22.0)	25(21.2)	44(34.4)	2500(20.1)
	博士及以上	2(1.8)	1(0.8)	5(3.9)	419(3.4)
参加工作时间	5年及以下	10(9.2)	16(13.6)	14(10.9)	2966(23.9)
	6~10年	24(22.0)	30(25.4)	15(11.7)	2799(22.5)
	11~15年	17(15.6)	21(17.8)	31(24.2)	2393(19.3)
	15年及以上	58(53.2)	51(43.2)	68(53.1)	4259(34.3)

2.相关机构对卫生健康监督机构履职情况的评价

根据表3可知，对于目前卫生健康监督机构职能是否清晰的评价，卫生健康行政机关参与调查的人员中认为目前卫生健康监督机构职能清晰的人员占比为28.44%，认为不清晰的人员占比为15.60%；卫生健康监督机构中认为目前职能清晰的人员占比为27.97%，认为不清晰的占比为16.10%；疾病预防控制机构中认为目前职能清晰的人员占比为16.41%，认为不清晰的占比为16.41%；医疗机构中认为目前职能清晰的人员占比为43.72%，认为不清晰的占比为5.73%。对于目前卫生健康监督机构的职能定位是否准确的评价，卫生健康行政机关参与调查的人员中认为目前卫生健康监督机构职能定位准确的人员占比为28.44%，认为不准确的占比为15.60%；卫生健康监督机构中认为目前职能定位准确的人员占比为22.03%，认为不准确的占比为 21.19%；疾病预防控制机构中认为目前职能定位准确的人员占比为 17.19%，认为不准确的占比为 14.06%；医疗机构中认为目前职能定位准确的人员占比为 46.39%，认为不准确的占比为 2.42%。

对于目前卫生健康监督机构的职能是否得到落实的评价，卫生健康行政机关参与调查的人员中认为目前卫生健康监督机构的职能得到落实的人员占比为 52.29%，认为没有得到落实的人员占比为 9.17%；卫生健康监督机构中认为职能得到落实的人员占比为 54.24%，认为没有得到落实的占比为 10.17%；疾病预防控制机构中认为得到落实的占比为 31.25%，认为没有得到落实的占比为 7.81%；医疗机构中认为得到落实的人员占比为 61.42%，认为没有得到落实的占比为 0.90%。

对健康中国战略提出后卫生健康监督机构职能是否变化的评价，卫生健康行政机关参与调查的人员中认为卫生健康监督机构的职能发生变化的人员占比为 20.18%，认为职能没有发生变化的人员占比为 52.29%；卫生健康监督机构中认为职能发生变化的人员占比为 29.66%，认为职能没有发生变化的人员占比为 50.00%；疾病预防控制机构中认为职能发生变化的人员占比为 3.91%，认为没有发生变化的人员占比为 24.22%；医疗机构中认为职能发生变化的人员占比为 14.20%，认为没有发生变化的人员占比为 21.08%。

对于目前卫生健康监督机构的作用是否得到充分和有效发挥的评价，卫生健康行政机关参与调查的人员中认为目前卫生健康监督机构的作用得到充分和有效发挥的占比为 44.04%，认为没有得到充分和有效发挥的人员占比为 11.93%；卫生健康监督机构中认为作用得到充分和有效发挥的人员占比为 35.59%，没有得到充分和有效发挥的人员占比为 20.34%；疾病预防控制机构中认为作用得到充分和有效发挥的人员占比为 23.44%，认为没有得到充分和有效发挥的人员占比为 12.50%；医疗机构中认为作用得到充分和有效发挥的人员占比为 51.85%，认为没有得到充分和有效发挥的人员占比为 1.98%。

表3　相关机构对卫生健康监督机构履职情况的评价

单位：人，%

调查项目		卫生健康行政机关	卫生健康监督机构	疾病预防控制机构	医疗机构
目前卫生健康监督机构的职能是否清晰	清晰	31(28.44)	33(27.97)	21(16.41)	5429(43.72)
	比较清晰	61(55.96)	66(55.93)	71(55.47)	5035(40.55)
	不清晰	17(15.60)	19(16.10)	21(16.41)	711(5.73)
	不了解	0(0.00)	0(0.00)	12(9.38)	1242(10.00)
目前卫生健康监督机构的职能定位是否准确	准确	31(28.44)	26(22.03)	22(17.19)	5760(46.39)
	比较准确	60(55.05)	67(56.78)	67(52.34)	4912(39.56)
	不准确	17(15.60)	25(21.19)	18(14.06)	301(2.42)
	不了解	1(0.92)	0(0.00)	21(16.41)	1444(11.63)
目前卫生健康监督机构的职能是否得到落实	是	57(52.29)	64(54.24)	40(31.25)	7626(61.42)
	可能是	40(36.70)	42(35.59)	57(44.53)	3211(25.86)
	不是	10(9.17)	12(10.17)	10(7.81)	112(0.90)
	不了解	2(1.83)	0(0.00)	21(16.41)	1468(11.82)
健康中国战略提出后，卫生健康监督机构的职能是否发生变化	有变化	22(20.18)	35(29.66)	5(3.91)	1763(14.20)
	没有变化	57(52.29)	59(50.00)	31(24.22)	2618(21.08)
	不了解	30(27.52)	24(20.34)	92(71.88)	8036(64.72)
目前卫生健康监督机构的作用是否得到充分和有效发挥	是	48(44.04)	42(35.59)	30(23.44)	6438(51.85)
	可能是	46(42.20)	52(44.07)	65(50.78)	4694(37.80)
	不是	13(11.93)	24(20.34)	16(12.50)	246(1.98)
	不了解	2(1.83)	0(0.00)	17(13.28)	1039(8.37)

根据表4可知，对目前卫生健康监督机构监管能力的评价，卫生健康行政机关参与调查的人员中认为目前卫生健康监督机构监管能力好和比较好的人员占比为72.48%，认为比较差和差的人员占比为7.34%；卫生健康监督机构中认为好和比较好的人员占比为60.17%，认为比较差和差的人员占比为1.69%；疾病预防控制机构中认为好和比较好的人员占比为52.35%，认为比较差和差的人员占比为3.13%；医疗机构中认为好和比较好的人员占比为84.99%，认为比较差和差的人员占比为0.50%。

对目前卫生健康监督机构监管手段的评价，卫生健康行政机关参与调查的人员中认为目前卫生健康监督机构监管手段好和比较好的人员占比为

66.06%，认为比较差和差的人员占比为 5.50%；卫生健康监督机构中认为好和比较好的人员占比为 46.61%，认为比较差和差的人员占比为 6.78%；疾病预防控制机构中认为好和比较好的人员占比为 48.44%，认为比较差和差的人员占比为 4.69%；医疗机构中认为好和比较好的人员占比为 82.83%，认为比较差和差的人员占比为 0.47%。

对目前卫生健康监督机构监管力度的评价，卫生健康行政机关参与调查的人员中认为目前卫生健康监督机构监管力度好和比较好的人员占比为 69.72%，认为比较差和差的人员占比为 4.59%；卫生健康监督机构中认为好和比较好的人员占比为 61.86%，认为比较差和差的人员占比为 4.24%；疾病预防控制机构中认为好和比较好的人员占比为 50.78%，认为比较差和差的人员占比为 4.69%；医疗机构中认为好和比较好的人员占比为 84.71%，认为比较差和差的人员占比为 0.36%。

对目前卫生健康监督机构工作效率的评价，卫生健康行政机关参与调查的人员中认为目前卫生健康监督机构监管工作效率好和比较好的人员占比为 69.73%，认为比较差和差的人员占比为 0.92%；卫生健康监督机构中认为好和比较好的人员占比为 72.03%，认为比较差和差的人员占比为 0.85%；疾病预防控制机构中认为好和比较好的人员占比为 57.81%，认为比较差和差的人员占比为 3.12%；医疗机构中认为好和比较好的人员占比为 83.28%，认为比较差和差的人员占比为 0.57%。

表 4　相关机构对卫生健康监督机构监管能力的评价

单位：人，%

调查项目		卫生健康行政机关	卫生健康监督机构	疾病预防控制机构	医疗机构
目前卫生健康监督机构的监管能力	好	31(28.44)	33(27.97)	22(17.19)	5291(42.61)
	比较好	48(44.04)	38(32.20)	45(35.16)	5262(42.38)
	一般	21(19.27)	45(38.14)	41(32.03)	1023(8.24)
	比较差	8(7.34)	2(1.69)	4(3.13)	40(0.32)
	差	0(0.00)	0(0.00)	0(0.00)	22(0.18)
	不了解	1(0.92)	0(0.00)	16(12.50)	779(6.27)

调查项目		卫生健康 行政机关	卫生健康 监督机构	疾病预防 控制机构	医疗机构
目前卫生健康 监督机构的 监管手段	好	31(28.44)	19(16.10)	25(19.53)	5310(42.76)
	比较好	41(37.61)	36(30.51)	37(28.91)	4976(40.07)
	一般	28(25.69)	55(46.61)	43(33.59)	1212(9.76)
	比较差	6(5.50)	8(6.78)	6(4.69)	36(0.29)
	差	0(0.00)	0(0.00)	0(0.00)	22(0.18)
	不了解	3(2.75)	0(0.00)	17(13.28)	861(6.93)
目前卫生健康 监督机构的 监管力度	好	30(27.52)	30(25.42)	21(16.41)	5561(44.79)
	比较好	46(42.20)	43(36.44)	44(34.38)	4957(39.92)
	一般	27(24.77)	40(33.90)	43(33.59)	1096(8.83)
	比较差	5(4.59)	5(4.24)	6(4.69)	28(0.24)
	差	0(0.00)	0(0.00)	0(0.00)	17(0.14)
	不了解	1(0.92)	0(0.00)	14(10.94)	758(6.10)
卫生健康监督 机构的 工作效率	好	29(26.61)	35(29.66)	26(20.31)	5535(44.58)
	比较好	47(43.12)	50(42.37)	48(37.50)	4806(38.71)
	一般	31(28.44)	32(27.12)	34(26.56)	1198(9.65)
	比较差	1(0.92)	1(0.85)	3(2.34)	44(0.35)
	差	0(0.00)	0(0.00)	1(0.78)	27(0.22)
	不了解	1(0.92)	0(0.00)	16(12.50)	807(6.50)
目前卫生健康 监督机构依法 行政情况	好	38(34.86)	53(44.92)	35(27.34)	5784(46.58)
	比较好	55(50.46)	45(38.14)	51(39.84)	4676(37.66)
	一般	15(13.76)	17(14.41)	25(19.53)	1026(8.26)
	比较差	0(0.00)	3(2.54)	1(0.78)	24(0.19)
	差	0(0.00)	0(0.00)	1(0.78)	21(0.17)
	不了解	1(0.92)	0(0.00)	15(11.72)	886(7.14)

对目前卫生健康监督机构依法行政情况的评价，卫生健康行政机关参与调查的人员中认为目前卫生健康监督机构依法行政情况好和比较好的人员占比为85.32%，认为比较差和差的人员占比为0%；卫生健康监督机构中认为好和比较好的人员占比为83.06%，认为比较差和差的人员占比为2.54%；疾病预防控制机构中认为好和比较好的人员占比为67.18%，认为

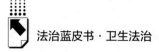

比较差和差的人员占比为 1.56%；医疗机构中认为好和比较好的人员占比为 84.24%，认为比较差和差的人员占比为 0.36%。

三　讨论与建议

（一）卫生健康监督机构职能落实存在的问题

1.卫生健康监督理念亟须转变

随着卫生健康工作中心发生转变以及卫生法律法规体系的完善，卫生监督体系被赋予更丰富的内涵和职责，从早期规范公共卫生服务到医疗卫生秩序及健康相关产品监管再到健康领域全行业监管，从单纯的重点领域专业执法扩大到医疗卫生全行业综合监管，从被动采取疾病防治措施转变为主动开展健康风险干预活动，"卫生健康"逐渐过渡到"卫生健康监督"。但从问卷调查结果可知，卫生健康监督机构中认为健康中国战略提出后卫生健康监督机构职能发生变化的人员占比不超过 30%，卫生健康行政机关、疾病预防控制机构与医疗机构中认为职能发生变化的人员占比也均未超过 30%。这表明，无论是卫生健康监督机构自身，还是与其职能相关的卫生健康行政机关、疾控机构，以及其执法对象医疗机构均没有意识到健康中国战略提出后卫生健康监督机构职能的变化，仍旧停留在传统卫生健康监督上，这直接影响到卫生健康监督机构在健康中国建设中的作用发挥。

2.卫生健康监督机构职能范围不清晰、职能定位不准确问题突出

清晰的职能范围界定和准确的职能定位有助于卫生健康监督机构的职能落实，但根据问卷调查结果，当前卫生健康监督机构职能不清晰、职能定位不准确的问题突出，卫生健康行政机关、卫生健康监督机构、疾病预防控制机构认为卫生健康监督机构职能范围界定清晰、职能定位准确的人员占比均未超过 30%，作为卫生监督领域中监管内容较为稳定和具体的医疗机构监督，认为职能范围界定清晰、职能定位准确的人员占比也分别仅有43.72%、46.39%，均未超过 50%。

3.卫生健康监督机构监管能力与监管手段亟待改善，监管力度亟须加强

根据问卷调查结果，卫生健康行政机关、卫生健康监督机构、疾病预防控制机构中认为卫生健康监督机构监管能力好和比较好的人员占比均未超过80%，疾病预防控制机构甚至未超过60%；认为卫生健康监督机构监管手段好和比较好的人员占比均未超过70%，卫生健康监督机构与疾病预防控制机构的人员占比甚至未超过50%；除医疗机构外，认为卫生健康监督机构监管力度好和比较好的人员占比均未超过70%。因此，目前卫生健康监督机构监管能力及监管手段亟待改善，监管力度亟须加强。随着《法治政府建设实施纲要（2021~2025年）》到2025年政府行政执法治理和效能大幅提升，突发事件应对能力显著增强①目标的提出，如何落实卫生健康监督机构职能，充分发挥卫生健康监督机构作用，提升卫生健康监督机构工作效率及依法行政意识也成为亟须解决的问题。

（二）对策与建议

面对当前卫生监督机构职责范围不清、职能定位不明，监管能力、监管手段、监督力度不足等问题，本文提出以下建议。

1.加快卫生健康监督监管理念转变，明确卫生健康监督职能范围

明确、可操作的执法范围是落实卫生健康监督机构职能的首要条件。健康中国战略提出，健康工作观念由"以治病为中心"向"以健康为中心"转变，健康工作政策由"医疗领域"向"将健康融入所有政策"转变，健康工作任务由"以医院为重点"向"以基层为重点"转变。卫生健康监督是对以保护和促进健康为目的的行为的监督（督导、管理）或纠正（约束、控制）的行为。因此，随着健康中国战略的提出，"健康"内涵外延的扩大，卫生健康监督的内涵外延也大大拓展。此外，卫生健康新模式、新业态、新技术、新产品不断涌现，互联网医疗蓬勃发展，新型健康产业不断发

---

① 《中共中央、国务院印发〈法治政府建设实施纲要（2021~2025年）〉》，（2021-08-11）[2022-4-29]，http://www.gov.cn/zhengce/2021-08/11/content_5630802.htm。

展壮大，医疗技术不断涌现，导致卫生健康监督的范围更加广泛。面对卫生健康监督职能范围的扩大以及卫生健康监督内涵外延的模糊，根据行政合法原则和职权法定原则，对于行政主体而言，法无授权即禁止。因此，及时修订完善相应立法，进一步明确卫生健康监督职能范围，对卫生健康监督内涵外延不明的问题作出回应，无疑是在健康中国建设与全面推进依法治国背景下卫生健康监督机构充分有效落实卫生健康监督职能的首要条件。

2. 建立卫生健康监督职能协调机制，推动形成多元综合监管体系

2018 年中共十九届三中全会审议通过的《中共中央关于深化党和国家机构改革的决定》提出，要"深化行政执法体制改革，统筹配置行政处罚职能和执法资源，相对集中行政处罚权，整合精简执法队伍，解决多头多层重复执法问题"①。但现行立法对卫生监督职责的划分不明确，卫生监督职能分散于卫生行政部门、市场监督管理部门、国境检疫部门、社会保障部门等，多头监管、重复监管现象严重。面对多头多层执法的现实问题，通过"整体性治理"弥合"碎片化"行政执法结构缝隙②，探索实现职能有机统一的大部门体制等行政机关改革方向成为理顺部门职责关系的有效举措。国家疾病预防控制局的成立很好整合了卫生行政部门疾病预防与卫生监督的职能，但由于卫生行政部门各司局具有较为独立、完整的行政资源和权力系统，相近职能的整合必然带来部门内外协调的难题③，特别是如何协调新改革之后医政司的医疗监督职能与国家疾病预防控制局公共卫生监督职能，以避免重复监管、监管漏洞等问题出现。2018 年国务院办公厅《关于改革完善医疗卫生领域综合监管制度的指导意见》明确提出，要建立机构自治、行业自律、政府监管、社会监督的多元综合监管体系。面对卫生健康监督内涵外延的扩大，"放管服"改革的深入推进，卫生健康领域新问题的出现，

---

① 《中共中央关于深化党和国家机构改革的决定》，（2018-03-04）［2022-4-29］，https：//baijiahao.baidu.com/s？id=1594012507604702126&wfr=spider&for=pc。

② 李爱年、陈樱曼：《生态环境保护综合行政执法的现实困境与完善路径》，《吉首大学学报》（社会科学版）2019 年第 4 期，第 95~103 页。

③ 杨平：《中国行政机构改革的回顾与前瞻》，《行政论坛》2008 年第 5 期，第 49~51 页。

卫生健康监督执法难度大大上升，监督任务更加繁重，对监督质量和效能要求更高，现有的卫生健康监督执法力量难免"捉襟见肘"。通过构建多元综合监管体制，不仅能够弥补政府监管力量的不足，推动卫生健康监督机构职能落实，实现精细化卫生健康监督，也能避免卫生健康监督机构改革陷入"精简—膨胀—再精简—再膨胀"的怪圈①。

3.创新卫生健康监督机构监管手段，加强卫生健康监督执法力度

面对繁重的卫生健康监督职能落实任务，传统的单纯依靠卫生监督员的监督模式难以应对，特别是信息技术在卫生健康领域深入融合与应用后，违法行为更加隐匿、更加多样，违法证据难以获取、监督力量难以应对等问题突出。因此，创新卫生健康监督手段，如通过信用监管实现精准监督，加强卫生健康监督执法力度，广泛借助大数据、人工智能等信息技术推进卫生健康监督工作对提升卫生健康监督工作效率、落实卫生健康监督职能至关重要。

4.维护卫生健康监督机构队伍稳定，提升执法队伍依法行政素养

新中国成立以来，卫生健康监督机构从最初的防疫大队到卫生防疫站，从卫生监督局走向食品安全综合协调与卫生监督局，从综合监督执法局到综合监督局，再到国家疾病预防控制局下的传染病防控司、综合监督一司、综合监督二司②等，卫生健康监督机构先后经历5次机构职能调整，卫生健康监督机构职能从最初的疾病预防与卫生监督到以卫生执法和监督为重心，从医疗卫生服务监督与五大卫生监督到食品卫生、药品监管、环境卫生等领域监管职能先后剥离，再到如今的全行业、全流程综合监管。较为频繁的改革导致卫生健康监督机构职能不断调整，卫生健康监督体系建设、机制建设、运行管理、执法队伍可持续发展稳定性不足，业已形成的运行机制不断被打破，导致卫生健康监督机构对自身职能定位认识不深以及与卫生健康行政部

---

① 叶托：《国务院议事协调机构的变迁及其逻辑》，《中国行政管理》2015年第12期，第28~33页。

② 《国家疾病预防控制局职能配置、内设机构和人员编制规定》，（2022-02-16）［2022-4-29］，http://www.gov.cn/zhengce/2022-02/16/content_5674041.htm。

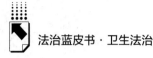

门、执法监督部门的职能界限不清晰，卫生健康监督人才流失严重。与其他系统的行政执法队伍相比，卫生健康监督执法具有自身的专业性、特殊性和技术性，不仅涉及卫生健康领域 14 部法律、40 余部行政法规、100 余部规章、2000 余条标准、上万件部门规范性文件，以及各地根据自身实际情况出台的相应法规标准。对违法行为的判断需要借助专业技术辅助，还要求卫生健康监督人员具备相关专业技术、知识储备，因此保持一支专业且稳定的执法队伍对卫生健康监督机构的职能落实至关重要。依法行政是习近平法治思想的重要内容，也是建设法治中国的基本要求。具体到卫生健康监督工作，依法行政即是要求卫生健康监督机构应当按照法定程序、履行法定职能、承担法律责任，避免卫生健康监督职能落实中出现不作为、推诿等现象。因此，要提升执法队伍依法行政素养，保障卫生健康监督机构行政行为合法，也是保障卫生健康监督机构职能落实质量的关键。

B.4
突发公共卫生事件的央地关系研究

郭殊 龚宇*

摘　要： 央地关系是国家治理体系的重要内容，央地权限的合理配置能够在突发公共卫生事件治理中发挥重要作用。中国突发公共卫生事件中的权力涉及疫情信息的流通与公开、疫区的划定与封锁、行政强制措施和监督管理，权限较为集中，且会随着事件具体发展情况在中央的主导下进行临时性调整。然而突发公共卫生事件中的权力较为集中不足以应对突发事件，同时地方主义也有所显现，整体的事权划分模式存在一定缺陷。对此，建议下放包括预警权在内的部分决策权力，规制突发公共卫生事件中的地方主义，并完善央地权限分配模式。

关键词： 突发公共卫生事件　央地关系　传染病防治　事权

引　言

2020年以来，党和国家高度重视突发公共卫生事件治理工作，中国举全国之力抗击疫情上取得了重大成就，但部分地方也存在应急响应不及时、地方主义观念浓厚等问题。突发公共卫生事件在时间上具有紧急性、在空间上具有扩散性和跨区域性、在影响上具有外部性，这决定了突发公共卫生事件

* 郭殊，法学博士，北京师范大学法学院副教授；龚宇，北京师范大学法学院博士研究生。本文系国家社会科学基金项目"社会系统论视角下突发公共卫生事件的依法治理研究"（项目编号：20BFX041）的阶段性成果。

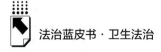

中央地权限分配的特殊性，中央和地方在突发公共卫生事件中也存在信息、决策、监督等事项的博弈。在突发公共卫生事件处置应对中，央地关系既关系着国家的战略全局，也关系着民众的日常生活。抗击新冠疫情的实践表明，更好地配置突发公共卫生事件中的央地权限，能够更及时有效地控制疫情，有效推进国家治理体系和治理能力现代化。

一　突发公共卫生事件中的央地权限划分

（一）央地权限划分的顶层设计

突发公共卫生事件的央地权限划分以《传染病防治法》《基本医疗卫生与健康促进法》《突发事件应对法》《突发公共卫生事件应急条例》为基础。《突发事件应对法》第4条规定，"国家建立统一领导、综合协调、分类管理、分级负责、属地管理为主的应急管理体制"。在突发公共卫生事件中，统一领导是基本原则，因为突发公共卫生事件需要多地域、多部门协同处置，但统一领导并不意味着全部突发事件都由中央统一领导，而是根据法律规定突发事件的不同等级，确定不同层级的领导机关，此时便是以属地管理为主确定。

突发公共卫生事件的事权划分以《国务院关于推进中央与地方财政事权和支出责任划分改革的指导意见》和《医疗卫生领域中央与地方财政事权和支出责任划分改革方案》为具体方案。全国性或跨区域的重大传染病防控属于中央事权，传染病及突发公共卫生事件的报告和处理则属于中央与地方共有事权。根据各地医疗卫生领域事权改革方案，地方重大传染病为地方事权，具体又可分为地方共同事权与划分省级事权和市县级事权等模式。

（二）央地权限划分的具体内容

依据《传染病防治法》等法律的规定，突发公共卫生事件中的行政权力主要包括疫情信息的流通与公开、疫区的认定与封锁、行政强制措施和监督管理。从法律规范上看，前三者的权力都较为集中，并非基层政府可自行处置的范畴，监督的主体虽然遍布各行政层级，但实践中往往是高层级主体的监督才能真正起到作用。

第一，疫情信息的流通与公开包括在政府机关内部流通与对外公开，信息流通和公开的及时性对控制突发公共卫生事件的规模具有重要意义。突发公共卫生事件预警由基层始，疾控机构和医疗机构将监测到的情况报告当地卫生行政部门，再由卫生行政部门报告当地政府、上级和国务院卫生行政部门，县级以上地方卫生行政部门应当及时向本行政区域内的疾控机构和医疗机构通报传染病疫情信息，毗邻的以及相关的地方卫生行政部门还应当及时互相通报传染病疫情的相关信息。正式的预警由国务院卫生行政部门和省级人民政府作出，再由各地政府发布相应级别的警报。疫情信息的公开并非预警的附带要求，而是在进入预警期后的应对措施。

第二，疫区的认定和封锁是传染病暴发时的重要控制方式，相关权力集中在国务院和省级政府。《传染病防治法》规定，甲类、乙类传染病暴发、流行时，县级以上地方人民政府报经上一级人民政府决定，可以宣布本行政区域内的疫区，国务院可以决定并宣布跨省的疫区。省级政府可以决定对本行政区域内的甲类传染病疫区实施封锁，但是，封锁大中城市的疫区或者封锁跨省的疫区，以及封锁疫区导致中断干线交通或者封锁国境的，由国务院决定。

第三，突发公共卫生事件中的行政强制措施主要包括强制隔离、封闭场所、征收征用等，与人民群众的日常生活关系非常密切。医疗机构发现甲类传染病时，可以予以隔离治疗，县级以上人民政府可以对已经发生甲类传染病病例的场所或者该场所内的特定区域的人员隔离。在权力配置上，强制隔离和封闭场所等强制措施都需要报上级人民政府决定，但此类决定是一事一议还是统一授权并不明确，实践中许多隔离和封闭措施实施时，也未经上级人民政府决定。此外，征收征用是规定在宪法中的财产权保障条款，在突发公共卫生事件中，相关程序和标准可以为公共利益有所放宽，但仍需要遵循基本原则，如不可截留征用其他地方的抗疫物资为当地政府所用。

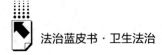

第四，突发公共卫生事件中的政府行为呈现不同于日常行政的特殊性，不良行为也会产生更为严重的后果，因此监督管理是突发公共卫生事件治理的重要内容。突发公共卫生事件中的监督主体可分为两类，一是日常机构，包括党的中央指导组、纪委、监察委和《传染病防治法》规定的县级以上卫生行政部门；二是临时性机构，即各级突发公共卫生事件应急条例规定的突发事件应急处理指挥部。

（三）突发公共卫生事件中的央地权限调整

从实践看，突发公共卫生事件中的央地权限并非一成不变遵循常态，而是随着事件发展有所调整。多个中央部委入驻地方的现象，是国家在突发紧急状态下的一种治理模式，即通过暂时叫停常规央地运行机制，将中央力量临时"植入"地方，帮助地方尽快化解危机。[1]

事实证明，中央的这一举措对外能够协调各方力量支援，且有利于控制当地局势。在防疫决策权集中在中央的情况下，中央接管模式打破了原有的属地层级管理模式，将管理体系朝扁平化模式压缩，极大地加快了防疫一线与决策机关之间的信息传递时间，使地方政府不必等待中央决策，提高了决策效率，可有效避免决策执行中的地方主义和官僚主义，还能够强化监督和问责，体现了中央统一领导下的灵活性。在疫情防控局势稳定后，中央指导组撤出湖北，恢复原有的央地关系模式，并在疫情防控进入常态化后将部分权限逐步下放地方，体现了突发公共卫生事件中央地关系调整的临时性。

二 突发公共卫生事件中的央地关系困境

（一）权力较为集中

突发公共卫生事件的预警主体层级较高，不利于预警决策。从整体上看，

---

[1] 孙德超、钟莉莉：《疫情防控下央地关系动态调整的基本逻辑与创新意义》，《理论探讨》2021年第4期，第144～151页。

中国的预警机制是建立在双重领导基础上的层级式预警机制，预警权集中在中央和省级政府，层级较高。然而，从防控实践看，较高的预警层级并不利于突发公共卫生事件治理。一则，层级式预警结构不利于信息的传递。在突发公共卫生事件初期，及时预警对控制疫情规模具有重要意义，信息传递的时间极为珍贵。在科层制的行政组织中，疫情信息从基层疾控和医疗机构到有权限作出预警的国务院卫生行政部门或省级政府，需要经过若干层级，在每个层级内部还有自身的层级和流程，大大降低了信息传递、响应的速度和准确性，导致疫情发生初期武汉市政府并未在第一时间发布预警、控制病毒传播。二则，部分预警主体的专业性不足。在突发公共卫生事件中，判断病毒性质及其传播方式和发展趋势属于传染病领域的专业知识，疾控机构和医疗机构能够作出较为专业的判断，而卫生行政部门多处理基本公共服务相关业务，一级政府也需要处理大量的行政事务，在传染病防控领域的专业性较弱，并不能够很好地作出预警判断，却承担着预警的决策权。

行政权力向中央集中也容易影响地方政府的自主性。突发公共卫生事件在各个地方的具体情势有一定差别，且发展迅猛，需要地方政府的灵活和及时决策。然而，由于突发公共卫生事件及其处置具有极大的外部性，相关行政决策关系着社会生活的各个方面，可能产生极大影响，地方政府在作决策时，需要中央的同意作为背书，在执行时也呈现一定程度的"僵化"，不利于突发公共卫生事件治理能力的提升。

（二）地方主义凸显

地方主义一直都存在，只是在日常状态下，由于党的领导，地方主义的表现并不明显；在突发公共卫生事件中，地方主义可能经由各种途径突然显现出来。

第一，地方政府在突发公共卫生事件中的决策表现出一定的随意性，且刚性较强。以"封城""封村""封路"等措施为例，2020年武汉、鄂州、黄冈等市宣布封城，纵观传染病防治和突发事件应对相关规定，与此相关的概念应为疫区的划定与封锁，但封城相关的官方文件并未认定任何市为疫区，也未采用《传染病防治法》中的"封锁"一词，可见此类措施与疫区认定和封锁的关系不明。此外，根据《传染病防治法》的规定，武汉市封城的决定应由国务院作出，却是由武汉市疫情防控指挥部发布封城通告。此后，各地的"封村""封路"等措施层出不穷，多由村委会或居委会决定，甚至还有部分地方自行发布通告决定进入"紧急状态"或"战时状态"，均不符合法律关于主体权限的规定。且此类措施刚性较强，体现出明显的"一刀切"特征。例如，部分省市为防止病例输入，在入市通道对来自特定区域的人员一律劝返，导致众多居民滞留在高速，且无基本生活保障，还影响了部分物资运输工作。由于属地管理责任体系强化风险规避意识，内生政策执行人员的避责倾向导致对非高危地区人员流动的非常规管控，对有防控隐患的企业无差别"一关了之"①。部分地方甚至存在利用疫情防控敛财的现象，通过伪造核酸检测结果和超量建设方舱赚取隔离费用，发行地方债。

第二，各地疫情防控政策不一，给居民日常生活带来诸多不便。其一，在疫情防控进入常态化后，各地都推出了自己的健康码，却并不互通，影响居民出行。此外，健康码在部分地方政府实践中被滥用，如河南的赋红码事件。中央虽然作了规定，但地方政府为严格防控，在执行中规避。例如，有些地方的弹窗，无须遵循赋码规定，直接使健康码无法显示，使居民在各种需要使用健康码的场所寸步难行，实际上是对居民出行的限制。其二，各地关于强制隔离的标准也有较大差别，且常有变更，无统一的查询平台，许多居民在到达当地后才被告知需要进行强制隔离。而中央在较长一段时间内并未对强制隔离给出统一的标准，2022年底国务院发布新规后，仍有一些地方继续执行严格的强制隔离政策，加大了社会矛盾。

（三）事权划分模式缺陷

首先，突发公共卫生事件应对如其他领域一样存在事权和支出责任下

---

① 张伟静、周密：《突发公共卫生事件的应急管理研究——基于中央和地方政策的比较分析》，《经济社会体制比较》2022年第1期，第127~138页。

沉、财权上移的现象，事权和支出责任不匹配，支出责任与地方政府财力不匹配。传染病防治和突发事件相关法律法规虽然对各级政府的事权作了规定，但支出责任的规定较为笼统，事权和支出责任不匹配，加之地方财政紧张，导致地方政府在发生突发事件时无法向人民提供及时有效、保质保量的应急公共产品（服务）[1]。

其次，突发公共卫生事件领域的事权划分不清。传染病防治是需要应急处置的突发事件，虽然属于重大公共卫生服务，其中也有涉及基本公共卫生服务的部分，但基本公共卫生服务的常态性使其在疫情发生时难以适应传染病防治的应急性需求。在具体规范中传染病"防治"与"防控"混用，也造成部分领域权限划分不清。2016年《国务院关于推进中央与地方财政事权和支出责任划分改革的指导意见》指出，全国性重大传染病"防治"应为中央事权，2018年的《医疗卫生领域中央与地方财政事权和支出责任划分改革方案》则将重大传染病"防控"作为重大公共卫生服务上划为中央事权。然而，"防治"与"防控"对机构设置与人员配备等财政支出的要求并不一致，"防治"中的治疗还涉及医疗事权，与公共卫生事权分离[2]，不利于对突发公共卫生事件的应急响应。此外，由于相关法律多为概括性规定，各级政府的突发公共卫生事件事权和支出责任划分仍存在权责不清。

最后，中央与地方各级政府机构呈现职责同构趋向，给地方政府造成了较大压力。高度同构化的各级政府事权通常先转化为各种行政任务，然后由中央逐层下达给各级地方，从而层层量化分解和下压，甚至出现为完成上级指标而层层加码的现象[3]。加之中央对地方的人事控制，防控效果成为各地官员政绩考察的重要因素，因此地方政府往往在中央规定上层层加码。例如，扩大隔离人员的范围，增长隔离时间，降低赋码标准，提高核酸检测频

---

① 陈体贵：《突发事件中事权与支出责任的法律配置——以抗击新冠肺炎疫情为视角》，《地方财政研究》2020年第4期，第54~63页。
② 陈雷：《传染性公共卫生领域事权与支出责任划分的法治进路》，《行政法学研究》2021年第2期，第43~52页。
③ 王建学：《中央的统一领导：现状与问题》，《中国法律评论》2018年第1期，第46~53页。

率等，增加了疫情防控常态化背景下居民的负担，甚至违反了法律相关规定。

总体而言，中国央地关系具有鲜明的层级性，在日常行政中，科层制的国家机关能够很好地应对不同层级、不同主体的行政业务。然而，在充满不确定性的风险社会中，严格的行政层级不能满足突发公共卫生事件应对的要求，存在信息传递缓慢、资源动员滞后、行政效率低下等问题。传染病防治事权主要归中央，地方政府多为服从和执行者，需坚持"全国一盘棋"的防治策略。但传染病往往于地方暴发，而此时地方政府的决策权十分有限，过分依赖中央的决策从而有可能错过传染病防治最佳时机，地方政府处理突发传染病方面的"主动性"和"积极性"有待进一步提升①。事实上，在突发公共卫生事件初期，若能较好地发挥地方政府的主动性，能够极大降低事件影响，控制发展态势。

三　突发公共卫生事件中央地关系的完善

（一）下放部分决策权力

传染病防控属于重大公共卫生服务，与基本公共卫生服务相比具有其特殊性，主要体现在其应急性上，对政府决策提出了较高的及时性要求。地方政府作为首先面对突发公共卫生事件的主体，能够在第一时间先行处置，在突发公共卫生事件初期遏制其发展态势。若需要经过层级式的上传下达，则容易延误时机，扩大影响。因此，应下放突发公共卫生事件中的部分决策权，如预警权。

以预警机制为例，应逐步下放预警权限给县级以上地方政府以及各省和部分城市的疾控和医疗机构。首先，地方政府能够更为及时地作出反应，在

---

① 刘丽：《论我国传染病防控公共卫生事权配置的优化》，《湘潭大学学报》（哲学社会科学版）2021年第3期，第49~54页。

突发公共卫生事件初期对其进行及时控制，防止事态扩大，且上级政府机构更多是在下级专业机构判断的基础上不断加入政治性和行政性考量。其次，一方面，疾控和医疗机构具有更强的专业性，能够更好地评估传染病的发展趋势；另一方面，疾控和医疗机构的行政性较弱，虽然没有行政权力能调动的防疫资源较少，但能更及时地作出医疗层面而非行政层面的预警。

（二）规制地方主义

对于突发公共卫生事件中的地方主义，可从制度上规范地方政府的决策措施，并调整考核和追责机制。"全国一盘棋"是社会主义国家的重要治理优势，中央对地方人事、财政、决策上都有较大影响。虽然许多事务由地方政府负责执行，但中央可通过严格程序、制定标准等方式规范地方政府的防疫措施，规制突发事件中的地方主义。由于疫情防控作为政绩考核标准，确诊病例的增加将使主要官员遭到追责，地方政府往往对中央规定层层加码，且各地标准不一。对此，一方面，中央可制定统一的行政标准，如强制隔离规定；另一方面，当地方官员依法依规执行中央标准时，可适当提高追责标准，避免地方政府在人事压力下扭曲决策。

规制地方主义，还需要加强对地方的监督，尤其是社会监督。突发公共卫生事件主要由各地卫生行政部门负责，由中央和上级卫生行政部门进行监督。国家卫生健康委和中央指导组是重要的监督主体，然而许多监督具有典型的运动式特征，有较强的针对性，多为出现问题后的追责，且多着眼于对具体乱象的监督，而非违法违规决策的监督，并未很好地发挥监督功能。各级突发事件应急处理指挥部的职责虽然被规定为"督察与指导"，但在实践中更多发挥临时指导职责，在监督上的力量较弱，甚至很多不当决策本身就是由指挥部作出的。对此，在突发公共卫生事件中，更应加强对地方权力运行的监督，防止地方政府在"便宜行事"的特殊情况下肆意决策。除了中央监督主体以外，地方卫生行政部门、纪委和监察委应加强对防控措施的常态化监督，而应急处理指挥部则应在决策的同时做好监督工作。然而，突发公共卫生事件中的事务千头万绪，许多部门在执行众多行政任务的同时，无

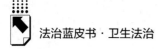

法腾出更多的力量进行全面监督，因此，还应加强突发公共卫生事件中的社会监督。与日常行政不同，突发公共卫生事件中的许多决策事项都与居民日常生活息息相关，更容易为公众所监督，故可发挥社会监督的作用，设置专门的群众投诉和反馈机制，并及时核实整改。

（三）完善央地权限划分模式

突发公共卫生事件中的央地关系矛盾在于中央具有统领全局的优势和远离一线的劣势，地方则有便宜行事的优势和地方主义的劣势。因此，突发公共卫生事件中需要谨慎配置央地权限，而非一味上收或下放权力。日常行政中的层级化权限分配无法满足突发公共卫生事件的需要，而实践显示，扁平化的突发公共卫生事件管理体系能够更及时有效地作出各项决策。

在具体权限划分上，首先，应赋予地方在突发公共卫生事件初期一定的决策权力，并调整相关的政绩考评和追责政策，使地方政府能够及时作出决策。其次，中央应更多着眼于制度层面，建立标准化的防控机制并对其进行合法性审查和监督，地方政府则以执行为主。最后，应当完善突发公共卫生事件事权动态调整机制。突发公共卫生事件的情势会随着病毒变异、防控手段、传染情况等变化，在此基础上，央地权限划分也应当随之动态调整，及时将权力上收或下放。

B.5
国际卫生规则的发展动态与中国参与*

何田田**

摘　要： 国际卫生规则正处于修改、完善和治理改革进程中。《国际卫生条例（2005）》正在修正，世界卫生组织各成员国就《条例》提出了 300 余项修正建议，涉及公共卫生预防和应对的众多事项。与此同时，世界卫生组织成立了政府间谈判机构起草和谈判"大流行公约"。"大流行公约"涉及国际组织和国家在大流行病预防和应对方面的规定。《条例》修正与"大流行公约"起草是两个平行进程，两者关系需进一步厘清。中国作为《条例》义务的认真履行者及其在全球实施的积极坚持者，正参与国际卫生规则相关进程的审议和讨论。

关键词： 国际卫生条例　大流行公约　世界卫生组织　公共卫生　涉外法治

引　言

国际卫生领域的相关规则目前正在修改和完善。世界卫生组织（以下简称"世卫组织"）正在推进两个程序以发展国际卫生规则：一是修改当前有效的《国际卫生条例（2005）》（以下简称《条例》），二是起草"世

---

　* 本报告系国家社科基金一般项目"国家卫生规则的发展及对策研究"（项目批准号：23BFX147）阶段性成果。

** 何田田，中国社会科学院国际法研究所副研究员，法学博士。本报告相关信息、数据截至 2023 年 8 月 25 日。

卫组织预防、防范和应对大流行公约、协定或其他国际文书"（以下简称
"大流行公约"）。修法和立法的这两个程序均计划于2024年上半年完成。

世界卫生组织成立于1948年，迄今共有194个成员，中国是创始成员
国之一。世卫组织在其成立的75年历史长河中，首次就两个规制事项存在
重叠的法律文件展开并行修改和立法进程。本报告聚焦这两个进程的动态，
以及中国的参与情况。

一 《国际卫生条例（2005）》的修正

《国际卫生条例（2005）》修正是该条例于2005年通过后的首次重要修正①。

（一）修正背景

《国际卫生条例（2005）》是在世卫组织主导下制定、在突发公共卫生
事件防控领域当前唯一具有法律约束力的国际文书。世卫组织于1951年制
定了《国际卫生条例》（*International Sanitary Regulations*, *ISR*）；1969年，
ISR经修正和更名后成为新的《国际卫生条例》（*International Health
Regulations*, *IHR*）。之后该条例又历经数次修正。2005年5月，第58届世
界卫生大会通过了现行有效的《国际卫生条例（2005）》。《条例》于2007
年6月15日生效，共有196个缔约国（方）②。

《条例》包括10部分66条和9个附件，规定了一套公共卫生风险防控
与应对的国际法律制度，包括：所有缔约国（方）都有义务利用现有的国
家机构和资源，建设、加强和保持突发公共卫生事件监测、风险评估、报
告、核实、应对和合作的核心能力；赋予世卫组织就应采取的公共卫生措施

---

① 《国际卫生条例（2005）》第一次修正是在2014年，其时就《国际卫生条例（2005）》附
件7与黄热病疫苗有关的规定作了修改，属于技术性修改。参见世界卫生组织《实施〈国
际卫生条例（2005）〉：总干事的报告》，EB138/19，2016年1月8日。
② 世卫组织194个成员均是《国际卫生条例（2005）》缔约国（方），列支敦士登和罗马教
廷根据《国际卫生条例（2005）》第64条第1款接受《条例》，故《条例》目前有196个
缔约国（方）。

提出临时建议和长期建议的职能；规定各缔约国应在评估公共卫生信息后24小时内，以现有最有效的通信方式，通过归口单位向世卫组织通报相关事件；设立突发事件委员会和审查委员会；等等。

实施《条例》是196个缔约国和世卫组织的共同责任。在新冠疫情背景下，《条例》的一些概念或规定为公众所熟知。例如，2020年1月30日，世卫组织总干事宣布新冠疫情构成《条例》的"国际关注的突发公共卫生事件"，这是世卫组织依照《条例》所能发布的最高级别预警。2023年5月，世卫组织经综合评估后认为，全球的新冠疫情达到了《条例》结束"国际关注的突发公共卫生事件"的基本要求。

在新冠疫情构成《条例》"国际关注的突发公共卫生事件"期间，世卫组织要求多个机构或审查委员会审查《条例》的实施情况。相关审查报告指出，为了更好地防范未来的大流行，《条例》有若干领域需要改进，可予以补充完善或有针对性地修改①。

（二）修正时间表

《条例》当前的修正是基于第55条"修正"程序展开的。

第五十五条 修正

一、对本条例的修正可由任何缔约国或总干事提出。修正提案应该提交卫生大会审议。

二、任何提议的修正案文本应该由总干事至少在拟审议此修正案的卫生大会前四个月通报所有缔约国。

三、卫生大会根据本条通过的对本条例的修正案，应该以与《世界卫生组织组织法》第二十二条和本条例第五十九条至第六十四条规

① 世界卫生组织：《实施〈国际卫生条例（2005）〉》，A/74/9 Add. 1，2021年5月5日；The Independent Panel，"COVID-19: Make it the Last Pandemic"，https://theindependentpanel.org/mainreport/#download-main-report；世界卫生组织：《世卫组织突发卫生事件规划独立监督和咨询委员会》，A75/16，2022年5月11日。

定相同的条件及权利和义务,在所有缔约国中生效。

据此,任何《条例》缔约国或世卫组织总干事均可提出对《条例》的修正提案。在第 75 届世界卫生大会(以下简称"世卫大会")召开前夕的 2022 年 1 月,美国向世卫组织第 150 届执行委员会提交了一份关于修正《条例》的提案①。美国就《条例》中 13 个条款提出了修正建议,主要涉及向世卫组织报告"国际关注的突发公共卫生事件"的信息要求、世卫组织的职能等方面。美国建议修改公共卫生风险下世卫组织和国家的调查与合作方法,建议设立《条例》遵约委员会以监督缔约国的守约情况。世卫组织执行委员会随之决定考虑《条例》的修正问题②。

2022 年 5 月,第 75 届世卫大会召开。这次大会率先通过了《条例》第 59 条"生效、拒绝或保留的期限"的修正决议。该决议要求缩短《条例》修正案的生效期限。根据这一决议,《条例》修正案的生效时间由原来的 24 个月缩短为 12 个月;缔约国对"条例修正案作出拒绝或保留的期限",由原来修正案通过之日起的 18 个月缩短为 10 个月③。自第 75 届世卫大会起,《条例》修正程序正式启动。表 1 列出了世卫组织公布的《条例》修正过程中的主要程序安排。

表 1　《条例》修正的主要程序和时间点

时间	《条例》修正主要程序安排
2022 年 1 月	美国依据《条例》第 55 条,提出修正提案
2022 年 5 月	世卫组织通过《条例》第 59 条的修正决议,并成立"《条例》修正工作组"
2022 年 9 月 30 日	各国提交《条例》拟议修正案

---

① 世界卫生组织:《对〈国际卫生条例(2005)〉的修正案》,A75/18,2022 年 4 月 12 日。
② 世界卫生组织:《加强〈国际卫生条例(2005)〉:可对条例进行修订的程序》,EB150(3),2022 年 1 月 26 日。
③ 世界卫生组织:《加强世卫组织突发卫生事件防范和应对》,WHA75(9),2022 年 5 月 27 日。

续表

时间	《条例》修正主要程序安排
2022 年 10 月 1 日	世卫组织总干事召集"《条例》修正审查委员会"
2022 年 11 月 14~15 日	"《条例》修正工作组"召开第 1 次会议，商定修正工作计划等
2023 年 1 月 15 日	"《条例》修正审查委员会"提交专家报告
2023 年 2 月 20~24 日	"《条例》修正工作组"召开第 2 次会议，讨论拟议修正案
2023 年 4 月 17~20 日	"《条例》修正工作组"召开第 3 次会议，讨论拟议修正案及《条例》和"大流行公约"的协调情况
2023 年 7 月 24~28 日	"《条例》修正工作组"召开第 4 次会议，讨论拟议修正案重点条款
2023 年 10 月 2~6 日	"《条例》修正工作组"召开第 5 次会议
2024 年 5 月	"《条例》修正工作组"拟向第 77 届世界卫生大会提交《条例》修正建议，以供世卫组织成员国审议

具体而言，《条例》修正已经历以下较为重要的程序步骤。

第一，2022 年 5 月，世界卫生大会成立"《条例》修正工作组"（以下简称"修正工作组"），要求该工作组于 2024 年 5 月召开的第 77 届世卫大会上提出一套修正案以供审议①。

第二，2022 年 9 月，共有 16 个世卫组织成员国代表（共约 94 个国家，其中一些国家代表区域集团）提交了共 300 多项《条例》拟议修正案（以下简称《拟议修正案》）②。

这些国家分别是亚美尼亚、孟加拉国、巴西、捷克（代表 26 个欧盟成员国）、斯威士兰（代表 46 个世卫组织非洲区域成员国）、印度、印度尼西亚、马来西亚、纳米比亚、新西兰、韩国、俄罗斯（代表 3 个欧亚经济联盟成员国）、瑞士、美国、乌拉圭（代表 4 个南方共同市场国家）③。这 300 多项拟议修正案涉及《条例》66 条中的 33 条和 9 个附件中的 5 个；此外，

---

① 世界卫生组织：《加强世卫组织突发卫生事件防范和应对》，WHA75（9），2022 年 5 月 27 日。

② 世界卫生组织：《根据 WHA75/（9）号决定（2022 年）提交的〈国际卫生条例（2005）〉拟议修正案》，A/WGIHR/2/6，2023 年 2 月 6 日。

③ 世界卫生组织：《加强世卫组织防范和应对突发卫生事件工作组的中期报告》，EB150/16，2022 年 1 月 19 日，第 5、7 页。

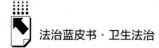

这些世卫组织成员国还提出了 6 项新条款和 2 个新附件的建议。

第三，2022 年 10 月，世卫组织总干事召集"《条例》修正审查委员会"，就上述各国提出的 300 多项拟议修正案提出专业建议。审查委员会已于 2023 年 1 月提交报告①。

基于上述已经进行的程序，《拟议修正案》是《条例》修正中的重要文本②。修正工作组和各个国家将以这一文本为基础开展审议和提出观点。截至 2023 年 10 月，修正工作组已举行了 4 次会议讨论《拟议修正案》。

（三）《条例》修正中受关注的问题

《拟议修正案》涉及了《条例》诸多事项，包括《条例》的目的和范围，《条例》的原则，公共卫生问题的负责当局（国家归口单位），信息通报和核实，信息共享，公共卫生事件的风险评估，确定"国际关注的突发公共卫生事件"和新设中间警报级别，世卫组织发布的临时建议以及突发事件委员会的召集和运作，公共卫生应对、合作和援助，额外卫生措施；健康文档的数字化，遵规和实施等方面。

在上述事项中，有一些修正议题引发了世卫组织成员较多讨论，本文列举以下三个方面。

第一，《条例》的"目的和范围"。《条例》第 2 条规定："本条例的目的和范围是以针对公共卫生风险，同时又避免对国际交通和贸易造成不必要干扰的适当方式，预防、抵御和控制疾病的国际传播，并提供公共卫生应对措施。"

当前，各个国家建议修改该条，以扩展《条例》的目的和范围。一是建议将《条例》的调整范围从现在的"公共卫生风险"扩大至"可能影响

---

① 世界卫生组织：《关于〈国际卫生条例（2005）〉修正问题审查委员会的报告：总干事的报告》，A/WGIHR/2/5，2023 年 2 月 6 日。
② 《拟议修正案》具体是指世界卫生组织：《根据 WHA75/（9）号决定（2022 年）提交的〈国际卫生条例（2005）〉拟议修正案》，A/WGIHR/2/6；世界卫生组织：《根据 WHA75/（9）号决定（2022 年）提交的〈国际卫生条例（2005）〉拟议修正案逐条汇编》，A/WGIHR/2/7。

公共卫生的所有风险"；二是建议将"避免对国际交通和贸易造成不必要干扰"扩大至还要求避免对"生计、人权以及公平获取卫生产品和卫生保健技术及专门技能"造成不必要干扰；三是建议将《条例》的目的从现在的"预防、抵御和控制疾病"扩大至"预防、抵御、防范和控制各种疾病"；四是建议在《条例》目的中将现在的"提供公共卫生应对措施"明确为"提供公共卫生应对措施，包括通过加强卫生系统的准备和抵御能力"，即将"加强卫生系统的准备和抵御能力"作为提供公共卫生应对措施的重点。"《条例》修正审查委员会"的报告指出，这些建议没有使得该条的法律表述更为明确和清晰，反而会扩大《条例》的调整范围，或将《条例》中本没规定的疫苗获取、知识产权援助等事项囊括其中。

第二，《条例》的遵约和实施问题。有建议提出《条例》应新增设遵约委员会、实施委员会或新增强制审查机制，以加强缔约国实施和执行《条例》。这些提案试图填补《条例》现行文本中的治理空白，涉及新增世卫组织的相关职能。"《条例》修正审查委员会"的报告指出，拟议的各项新增机制需要有《世卫组织组织法》的授权依据，这些新增机制与《条例》原有机制的关系仍需厘清。

第三，公共卫生事件中的数据共享与信息流动问题。信息的处理与流动是有效应对有国际传播可能的公共卫生事件的重要基础。现行《条例》第5~14条确立了一套信息机制①。有建议提出缔约国有义务与世卫组织共享基因序列数据，并在某些情况下共享其他数据；也有反对建议认为，共享数据应基于缔约国的能力和现行国内立法。还有提案指出，《条例》不应要求共享基因序列数据，任何数据分享应基于有效的获取和惠益分享机制，应考虑《生物多样性公约名古屋议定书》中的规定。此外，有建议提出，为加快世卫组织的风险评估速度，应取消现行《条例》第9条下的世卫组织与缔约国磋商和核实信息的义务。"《条例》修正审查委员会"的报告指出，

---

① 参见何田田《〈国际卫生条例〉下的"国际关注的突发公共卫生事件"：规范分析、实施困境与治理路径》，《国际法研究》2020年第4期，第39~52页。

该建议可能影响世卫组织与缔约国之间的关系，不利于世卫组织获得权威有用的信息，存在一定可行性问题。

二 "大流行公约"的制订

除了修改《条例》，世卫组织目前还在磋商和起草新的国际卫生规则。根据《世卫组织组织法》第 19 条和第 21 条，世卫组织有制定其权限内任何事项国际协定或公约的权力，世卫大会有通过与预防疾病等事项相关的规章条例的权力。

（一）制订背景

2021 年 12 月，世卫大会召开了一次特别会议，这是世卫组织成立 75 年来召开的第二次特别会议。在这次特别会议上，大会决定设立政府间谈判机构，起草和谈判"世卫组织预防、防范和应对大流行公约、协定或其他国际文书"（以下简称"大流行公约"）[①]。

（二）制订时间表

2022 年至 2023 年 8 月，"大流行公约"政府间谈判机构召开了 6 次正式会议，形成了谈判"零案文"并完成一读，计划于 2024 年上半年完成谈判。表 2 列出了"大流行公约"制订过程中的主要程序安排。

表 2 "大流行公约"制订的主要程序和时间点[*]

时间	"大流行公约"制订的主要程序安排
2022 年 2 月 24 日	政府间谈判机构召开第 1 次会议，选举谈判主席团成员，确定工作方法，审议和通过了主席团关于文书实质内容的提案
2022 年 4 月 12~13 日	"大流行公约"公开听证会

---

① 世界卫生组织：《举行世界卫生大会特别会议审议制定世卫组织防范和应对大流行公约、协定或其他国际文书》，WHA74（16），2021 年 5 月 31 日。

续表

时间	"大流行公约"制订的主要程序安排
22022 年 7 月 18 日	政府间谈判机构召开第 2 次会议,审议工作草案和讨论"大流行公约"的法律性质
"大流行公约"概念预稿	
2022 年 12 月 5~7 日	政府间谈判机构召开第 3 次会议,讨论"大流行公约"概念预稿
"大流行公约"预稿(零案文)	
2023 年 2 月 27 日~3 月 3 日	政府间谈判机构召开第 4 次会议,讨论"大流行公约"零案文,成立"大流行公约"起草小组
2023 年 4 月 3~6 日	政府间谈判机构召开第 5 次会议
"大流行公约"主席团案文	
2023 年 7 月 17~21 日	政府间谈判机构召开第 6 次会议,审查"大流行公约"主席团案文
2023 年 12 月 4~6 日	政府间谈判机构将召开第 7 次会议
2024 年 2 月 19 日~3 月 1 日	政府间谈判机构将召开第 8 次会议
2024 年 3 月 18~29 日	政府间谈判机构将召开第 9 次会议
2024 年 5 月	拟向第 77 届世界卫生大会提交"大流行公约"案文以供世卫组织成员国审议

世界卫生组织:《主席团关于更新时间安排和可交付成果、拟订 WHO CA+预稿以及确定起草小组工作方式的建议》,A/INB/3/4,2022 年 11 月 25 日。

    根据政府间谈判机构已举行的 6 次会议,"大流行公约"目前已先后有该文书的概念预稿[①]、预稿(零案文)[②] 和主席团案文[③]。政府间谈判机构提出,该文书或将以《世卫组织组织法》第 19 条为法律基础,在世卫组织框架下通过,并在通过后开放给各国签署。迄今为止,2005 年生效的《世卫组织烟草控制框架公约》是根据《世卫组织组织法》第 19 条制定和通过的唯一法律文书。

[①] 世界卫生组织:《供政府间谈判机构第三次会议审议的概念预稿》,A/INB/3/3,2022 年 11 月 25 日。

[②] 世界卫生组织:《供政府间谈判机构第四次会议审议的 WHO CA+预稿:世卫组织预防、防范和应对大流行公约、协定或其他文书》,A/INB/4/3,2023 年 2 月 1 日。

[③] 世界卫生组织:《关于世卫组织预防、防范和应对大流行公约、协定或其他国际文书(WHO CA+)的主席团案文》,A/INB/5/6,2023 年 6 月 2 日。

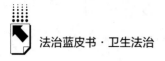

（三）"大流行公约"的内容和各方关注点

"大流行公约"旨在规定大流行病预防、准备、应对方面国家与国际组织的权利义务关系，内容拟涉及病原体获取与惠益分享、技术转让、药品知识产权保护、供应链和物流等多个领域。根据目前最新的"大流行公约"主席团案文，该案文共有 41 条，且预留有附件规定。这 41 条包括三个部分，分别是"引言""全球团结、合作公平：在大流行预防、防范和应对及卫生系统恢复实现公平""机构安排和最后条款"。在这三部分中，"大流行公约"有一些新的提法，可供观察与思考。

一是提出了"同一健康方法"（one health approach）。案文指出，"同一健康方法"是指一种综合、统一的方法，旨在可持续地平衡和优化人类、动物和生态系统的健康。该方法认识到人类、家养和野生动物、植物以及更广泛的环境（包括生态系统）的健康是紧密联系和相互依存的。二是"大流行"（pandemic）的概念。"大流行"是指一种病原体或其变种在全球范围内传播，通过人与人之间持续高传播感染免疫力有限或没有免疫力的人群，以严重的发病率和高死亡率冲击一国卫生系统，并造成社会和经济混乱，国家和全球必须开展有效的合作与协调。三是"共同但有区别的责任和各自能力原则"。不同国家控制传染病的能力发展不平衡。不同缔约方应在全球大流行预防、应对和恢复方面承担有区别的责任。四是"大流行公约"的机构安排。案文提及，"大流行公约"拟设立缔约方会议机制、履行和遵约委员会、科学专家机构、大流行相关产品专家委员会，以及惠益分享专家委员会等。

当前，"大流行公约"仍有很多需讨论的问题。例如，各国对零案文、主席团案文等这些文本在谈判中的性质和作用的看法并不相同。再如，在具体内容上，"大流行公约"案文提出了"大流行"的提法，但这一提法与《条例》下的"国际关注的突发公共卫生事件"之间的关系、两个定义之间如何共同推进等问题尚不清楚。此外，案文中一些具体的条款，包括获取惠益分享、卫生融资、供应链等规定受到各国普遍关注。总体上，在"大流行公约"谈判过程中，发展中国家普遍强调公平的重要性，认为应在资金、能力建设、惠益分享、技术转让等方面加强对发展中国家的支持；发达国家则强调病原体分享、监督机制，同一健康、保护人权、透明度标准等内容，要求各国对预防应对大流行病承担共同责任。

三　《条例》和"大流行公约"的关系

《条例》是现行有效的国际法律规则，其和拟议的"大流行公约"存在紧密联系。

第一，在调整范围上，《条例》是关于"公共卫生风险"的预防、抵御和控制的国际条约。"大流行公约"同样也旨在规定国家与国际组织在大流行预防、准备、应对中各自的权利和义务。两者在规制对象和调整范围上存在明显重叠。

第二，在具体内容上，两个进程目前的文本均涉及多个相同的事项。"《条例》修正工作组"的《拟议修正案》和"大流行公约"政府间谈判机构的主席团案文均提到公平、共同但有区别的责任、监测、审查和报告、获取卫生产品、获取和惠益分享、筹资、能力建设、协作与合作、卫生系统等9个方面①。

第三，在两个进程的工作程序上，世卫组织2022年成立"《条例》修正工作组"的初衷是考虑制订"大流行文书"的相关问题，后来工作组才更名为"《条例》修正问题工作组"专门讨论《条例》修正问题。随着两个进程的推进，两个程序已经推进了多次系列会议讨论彼此的关系，试图解决两个进程之间各国共同关心的问题。2023年7月21日和24日，世卫组织组织了"政府间谈判机构—工作组联合全体会议"，将如何调整与协调两者的问题提上了日程。

---

① 参见《在世卫组织预防、防范和应对大流行公约、协定或其他国际文书（WHO CA+）的主席团案文和〈国际卫生条例（2005）〉拟议修正案逐条汇编中提出的事项和议题清单》。

此外，应该注意到，《条例》是基于《世卫组织组织法》第 21 条生效的规章条例，目前有 196 个缔约国（方），基本适用于所有国家。基于《条例》的修正程序，除非有缔约国（方）提出明确反对意见，《条例》修正案将于通过后 12 个月内对所有缔约方生效。这与"另起炉灶"的谈判和起草"大流行公约"有根本区别。

四 中国的参与

中国一直十分注重保障与实现健康权。自《条例》生效以来，中国就是《条例》义务的认真履行者及其在全球实施的积极支持者。《条例》于 2005 年修正前后，中国根据实际情况，完善了国内卫生法律体系。例如，国务院于 2003 年颁布了《突发公共卫生事件应急条例》，全国人大常委会于 2004 年修订了《传染病防治法》，于 2007 年修正了《国境卫生检疫法》，同时开展了一系列相关政策调整①。近年来，为进一步推进健康中国建设，2020 年实施的《基本医疗卫生与健康促进法》第 4 条明确指出，"国家和社会尊重、保护公民的健康权"，第 6 条提出，将"人民健康权放在优先发展的战略地位"。此外，中国还制定了《"健康中国 2030"规划纲要》，发布《中国健康事业的发展与人权进步》等多份白皮书，促进人民健康权的维护与保障。

中国一直积极参与国际卫生规则修改和完善的两大进程。2021 年 11 月，中国外交部发言人表示，中国一贯致力于大流行病的防范和应对，对任何有助于加强全球团结、协调应对未来大流行病的努力和举措持开放态度。中国愿同各方就缔结大流行条约事宜保持沟通协调②。2022 年 10 月，在联合国第六委员会相关议题的发言中，中国代表进一步表示，中国致力于推进疫情防控国际法治合作，积极参与、配合世界卫生组织《国际卫生条例》

---

① 参见张超汉、冯启伦《中国参与全球卫生治理的法理基础、总体成效与完善路径》，《国际法研究》2022 年第 1 期，第 55~68 页。

② 《2021 年 11 月 30 日外交部发言人赵立坚主持例行记者会》，外交部官网，https://www.fmprc.gov.cn/web/fyrbt_673021/jzhsl_673025/202111/t20211130_10459109.shtml。

的修改工作并认真履行《条例》义务，推动完善公共卫生秩序①。

在两大进程中，中国均积极参与了相关议题的审议和讨论。在"《条例》修正工作组"已召开的多次会议中，中国提到了众多国家共同关注的议题，如国家归口单位的重要性。同时，中国就《条例》修正与"大流行公约"两大进程的具体协调与对接提出了关切与建议。中国提出《条例》修正和"大流行公约"谈判是一件事情的两个阶段，两个阶段应有更多的联合磋商。例如，可通过更多地召开联席会议的方式，确保各方都有充足的时间，就这两个法律文书的共性问题展开深入磋商和谈判，共同推进两个文件修订和起草进程。在具体内容上，中国提出，这两个法律文件的磋商都应该重视公平问题的讨论，磋商进程中应厘清《条例》下的"国际关注的突发公共卫生事件"与大流行定义的异同，两者判定和宣布机制的衔接，以及大流行与《条例》突发事件委员会的关系等。

在"大流行公约"政府间谈判机构会议上，中国提出，我们重视"大流行公约"的磋商谈判过程，主张"大流行公约"的制定应尊重成员国主权和相关权益，坚定维护多边治理机制，维护人类卫生健康共同体理念，尊重多样性和差异性、公平性等原则，"大流行条约"的谈判要特别体现公平团结和协商一致原则。随着"大流行公约"谈判进程的推进，中国进一步表达了希望各方共同努力以达成共识的愿景，希望各方都能在谈判中展现建设态度，紧密合作，以实际行动推动人类卫生健康共同体。就"大流行公约"的具体内容，中国认为仍需要从技术、财政和资源层面进一步加大对发展中国家的支持力度，提高发展中国家对大流行病的发现能力和应对能力。同时，中国支持建立统一多边机制下的病原体获取和惠益分享系统，以确保获取卫生产品的公平性。

本文认为，在国际卫生规则两大进程的后续推进中，避免法律重复是世卫组织和各成员国（方）须处理的重点内容。修改《条例》和新订条约两

① 《中国代表刘洋参赞在第77届联大六委"国内与国际法治"议题下的发言》，中国常驻联合国代表团官网，http：//un.china-mission.gov.cn/hyyfy/202210/t20221010_10780486.htm。

者相互联系，不可分割，必须处理好两个法律文书的各自侧重点和相互衔接，以确保法律文件的一致性和互补性，以共同服务于全球卫生治理。否则，两个并行法律文书的存在，或将使国际法进一步"碎片化"。该问题受到各国普遍关注，也是可以发挥智慧、建言献策的方向。

结　语

世界上只有一个体系，就是以联合国为核心的国际体系；只有一个秩序，就是以国际法为基础的国际秩序；只有一套规则，就是以联合国宪章宗旨和原则为基础的国际关系基本准则。国际卫生规则的修改和治理改革应该广泛听取各方尤其是发展中国家的意见，充分考虑各国的现实条件，注重规则的公平性和可行性，维护和践行多边主义，共同构建人类卫生健康共同体。

在国内层面，2023 年的《全国人民代表大会常务委员会工作报告》提出，将制定强化公共卫生法治保障立法修法工作计划，制定基本医疗卫生与健康促进法、疫苗管理法、医师法，修改《动物防疫法》《药品管理法》等①。国务院办公厅印发的《国务院 2023 年度立法工作计划》也要求，在增进民生福祉、提高人民生活品质方面，将提请全国人大常委会审议由国家卫生健康委和国家疾控局起草的《传染病防治法（修订草案）》和《突发公共卫生事件应对法（草案）》以及由海关总署起草的《国境卫生检疫法修订（草案）》。

按照上述世卫组织的计划，国际卫生规则将有进一步的发展和变化。在新时代，既要加快建设中国特色社会主义法治体系，推进国内相应立法和修法计划，也要继续关注国际规则的发展态势，积极参与全球治理规则制定，致力于推动国际秩序和全球治理体系朝着更加公正合理的方向发展，为中国式现代化创造有利的国际环境，为世界和平发展和人类进步事业作出贡献。

---

① 《全国人民代表大会常务委员会工作报告——2023 年 3 月 7 日在第十四届全国人民代表大会第一次会议上》，《人民日报》2023 年 3 月 17 日，第 1 版。

特定人群健康保障
Health Security for Specific Groups

B.6
中国儿童健康法治发展报告

中国社会科学院国家法治指数研究中心项目组*

摘　要： 儿童健康是国家繁荣和可持续发展的重要基石。为保障儿童健康成长，中国不断加强儿童健康法治建设，致力于构建法律法规完善、保障机制健全、落实社会关爱的儿童健康成长环境。通过政策文件、计划规划和技术创新，国家为儿童的全面健康发展提供了强大的法律支持和服务保障。今后，还应从完善儿童健康法律规范体系、数字化赋能、完善服务网络、强化健康科普、提升健康标准等方面，推动儿童健康法治发展。

关键词： 儿童健康　儿童健康法治　儿童健康服务　儿童权利

* 项目组负责人：田禾，中国社会科学院国家法治指数研究中心主任、法学研究所研究员，中国社会科学院大学法学院特聘教授；吕艳滨，中国社会科学院法学研究所法治国情调研室主任、研究员，中国社会科学院大学法学院行政法教研室主任、教授。项目组成员：马贵龙、王小梅、王金岩、王祎茗、车宇婷、白佳卉、刘雁鹏、刘海啸、刘瑶、闫亚楠、李玥、杨胤、张梦瑶、郑文俊、栗燕杰、常九如、赖宇琛等（按姓氏笔画排序）。执笔人：刘海啸、张梦瑶、郑文俊、马贵龙、白佳卉，中国社会科学院大学法学院硕士研究生、中国社会科学院国家法治指数研究中心学术助理；王祎茗，中国社会科学院法学研究所副研究员。

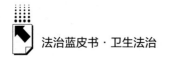

一 儿童健康发展规划夯实制度基础

近年来，中国儿童健康事业发展取得显著成就，儿童健康法治保障取得一系列进展。国务院 2021 年 9 月印发的《中国儿童发展纲要（2021～2030年）》（以下简称《纲要》）显示，2010 年婴儿和 5 岁以下儿童死亡率为13.1‰和 16.4‰，2020 年底下降至 5.4‰和 7.5‰；同时，九年义务教育的巩固率从 2010 年的 91.1%提升至 95.2%。儿童发展取得了令人瞩目的成就，这在很大程度上得益于儿童法治建设持续推进，法治宣传教育和心理健康教育全面展开，未成年人预防犯罪机制不断完善。国家立足解决儿童健康需求和重点、痛点问题，出台相关法规政策、发起专项行动、开展普法活动，在优生优育、食品安全、视力健康、未成年人保护、食品安全、疫苗接种、罕见病治疗等领域持续发力，为儿童健康提供了法治保障。

儿童健康及其法治建设是一个长期的综合性过程，需要持续的监测、评估和调整；应当与相关政策和计划相衔接，形成完整体系，提供有利于儿童全面发展的条件和机会。在《纲要》指导下，全国 31 个省份结合本地实际制定儿童发展规划。北京、贵州、山东等 12 个省份制定了 5 年儿童发展规划或"十四五"时期儿童发展规划，重庆、河南、湖北等 19 个省份制定了2021 年至 2023 年儿童发展规划；20 个省份 2021 年公布了本省儿童发展规划，占比 64.5%。31 个省份儿童发展规划均公开了儿童心理健康服务和特殊群体、未成年人保护的相关政策措施，占比 100%；29 个省份规划要求加强儿童食品药品安全监管，占比 93.5%；28 个省份规划要求提高眼保健和视力检查覆盖率，占比 90.3%；27 个省份儿童发展规划涉及提高优生优育服务水平相关政策，占比 87.1%；25 个省份儿童发展规划涉及罕见病服务保障相关措施，占比 80.6%①。

---

① 该数据由省儿童发展规划公示数据汇总统计所得。

二 儿童健康法治建设成果

（一）优育服务能力显著增强

党和国家出台了诸多政策措施促进生育服务水平提升。2018 年，国家卫生健康委制定出台的《全国出生缺陷综合防治方案》提出，"到 2022 年，出生缺陷防治知识知晓率达到 80%，婚前医学检查率达到 65%，孕前优生健康检查率达到 80%，产前筛查率达到 70%；新生儿遗传代谢性疾病筛查率达到 98%，新生儿听力筛查率达到 90%，确诊病例治疗率均达到 80%"。中共中央政治局会议 2021 年 5 月 31 日审议通过的《关于优化生育政策 促进人口长期均衡发展的决定》（以下简称《决定》）提出，进一步优化生育政策，实施一对夫妻可以生育三个子女政策及配套支持措施①。同时，全国各地贯彻落实中央要求，改善生育服务，先后制定了一系列规范性文件。国家卫生健康委 2023 年至 2027 年在全国组织实施出生缺陷防治能力提升计划，不少地方相继发布配套措施。中共山西省委、山西省人民政府印发了《关于优化生育政策 促进人口长期均衡发展的实施方案》，浙江省人民政府办公厅转发《省医保局等部门关于浙江省出生缺陷儿童全生命周期医疗服务保障工作实施意见》，辽宁省卫生健康委印发了《省卫生健康委贯彻 2021~2030 年辽宁省妇女儿童发展规划实施方案》，郑州市人民政府印发了《郑州市优化生育政策 促进人口长期均衡发展实施办法》，辽阳市人民政府办公室印发了《辽阳市"十四五"卫生健康事业发展规划》，南昌市新建区人民政府印发了关于《新建区"十四五"卫生健康发展规划》等等。这一系列政策文件以均衡为主线、以改革为动力、以法治为保障，着力提升服务质量、专科能力和群众满意度，提升优生优育服务水平，进而推动社会可

---

① 参见《中共中央 国务院关于优化生育政策 促进人口长期均衡发展的决定》，https://www.gov.cn/zhengce/2021-07/20/content_5626190.htm，最后访问日期：2023 年 10 月 29 日。

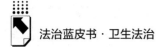

持续发展和人口长期均衡发展。

优生优育政策对于提高人口素质、促进社会进步和家庭发展都具有重要意义。国家和地方通过推动一系列行动计划落地见效，进一步提高优生优育水平，优化人口结构，有力保障儿童健康。国家卫生健康委 2023 年 10 月 12 日印发的《2022 年我国卫生健康事业发展统计公报》显示，2022 年中国出生人口为 956 万人，二孩占比为 38.9%，三孩及以上占比为 15.0%，出生人口性别比为 111.1。据统计，2022 年中国 5 岁以下儿童死亡率为 6.8‰，婴儿死亡率为 4.9‰，均降至历史最低[1]；"我国出生缺陷发生率为 2.5% 至 3.0%，相比十年前的 5.6%，这一数据有明显下降"[2]。

（二）儿童疫苗接种全面普及

儿童健康问题至关重要，疫苗是保障儿童健康最有效、最方便、最经济的途径，有助于预防、控制和消除传染病。为推广疫苗接种，中央和地方连续出台了多部文件。党中央、国务院 2016 年 10 月 25 日发布的《"健康中国 2030"规划纲要》提出，继续实施扩大国家免疫规划，适龄儿童国家免疫规划疫苗接种率维持在较高水平。国家卫生健康委 2021 年 10 月 29 日发布的《国家卫生健康委关于印发健康儿童行动提升计划（2021~2025 年）的通知》则明确了"适龄儿童免疫规划疫苗接种率以乡（镇、街道）为单位保持在 90% 以上"的具体目标。健康中国行动推进委员会 2023 年 3 月 2 日发布的《健康中国行动推进委员会办公室关于印发健康中国行动 2023 年工作要点的通知》指出，要"继续维持高水平儿童常规免疫规划疫苗接种率"。据统计，2021 年适龄儿童纳入国家免疫规划的各种疫苗接种率均保持在 90% 以上，上海、海南常规免疫规划疫苗接种率达 98%，北京、天津、吉林、辽宁等 10 个省份适龄儿童常规疫苗接种率达到 95%[3]。

---

[1] 参见《2022 年卫生健康事业发展统计公报》，https://www.gov.cn/lianbo/bumen/202310/content_6908686.htm，最后访问日期：2023 年 10 月 23 日。

[2] 《我国出生缺陷发生率较十年前明显下降》，《新京报》2022 年 9 月 14 日。

[3] 该数据为项目组汇总各省儿童发展规划公示数据后统计所得。

国家高度重视通过现代科技赋能基本公共卫生服务，提升获取便捷度。根据卫生健康委信息，已成功建立起覆盖国家、省、市、县四级免疫规划监测管理体系和县、乡、村三级预防接种服务网络。同时，实现了国家和省级免疫规划信息系统平台对接和数据交换，以及省级免疫规划信息系统和全国疫苗追溯协同平台对接①。国家卫生健康委 2021 年 10 月 29 日印发的《国家卫生健康委关于印发健康儿童行动提升计划（2021~2025 年）的通知》提出，要实施智慧儿童健康服务提升行动，实现线上线下有机结合，实现出生医学证明、预防接种证、户口登记、医保参保、社保卡申领等"出生一件事"跨部门、跨地区办理。同时，逐步推行"网上办"和"掌上办"，提高办理效率。2022 年 6 月 16 日，浙江省嘉兴市一市民在接种门诊通过"浙里办"手机 App 申领到首张"浙江省预防接种证"，同时这也是全国首张预防接种电子证照。这一举措从根源上解决了一人持有多本接种证、纸质接种证容易遗失、接种信息查询困难等问题。多地随后纷纷推出了电子接种证，2023 年 4 月 27 日湖南省居民健康卡公众号推文显示，湖南省居民健康卡微信公众号发布 7 岁以下儿童免疫规划疫苗接种结果查询渠道。2023 年 9 月 15 日贵州省儿童电子接种证将在全省范围内正式上线，2023 年 9 月 1 日后出生建档的儿童可通过手机端查询电子接种证。

（三）儿童医疗保障逐步完善

经过多年努力，中国已基本建立多层次儿童医疗保障体系，儿童医疗水平稳步提升。国家统计局发布的《2021 年〈中国儿童发展纲要（2021~2030 年）〉统计监测报告》显示：2021 年，每千名儿童拥有儿科执业（助理）医生 0.78 名，比 2020 年增加 0.14 名；每千名儿童拥有床位 2.2 张，比 2020 年增加 0.03 张；5 岁以下儿童贫血率为 4.2%，比 2020 年下降 0.3 个百分点；5 岁以下儿童生长迟缓率为 1.1%。

---

① 参见国家统计局《〈中国儿童发展纲要（2011~2020 年）〉终期统计监测报告》，https://www.gov.cn/xinwen/2021-12/21/content_5663694.htm，最后访问日期：2023 年 10 月 23 日。

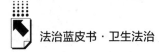

儿童罕见病防治力度不断加强。中国罕见病患者超过 2000 万人，70%的罕见病患者在儿童期就已经发病，因此，儿童期的诊断对于罕见病的防治至关重要。罕见病其实并不"罕见"，不仅患儿身心经受磨难，整个家庭因病致贫现象也时有发生，已成为全社会需要共同面对的问题。截至 2022 年第一季度，中国儿童罕见病的临床研究十分匮乏，仅占儿童临床研究的 10%。在第一批罕见病目录中的 121 种罕见病里，也只有 19 种得到了儿童期的临床实验①。目前中国儿童罕见病临床研究规模小，分布也极为不均，针对儿童罕见病的研究多集中于血友病。推动儿童罕见病研究全面发展，是"十四五"时期的重要课题。

2023 年 9 月 18 日，国家卫生健康委等六部门联合发布《第二批罕见病目录》，为制定儿童罕见病政策奠定了基础。此外，2019 年 2 月 27 日，国家卫生健康委与中国罕见病联盟共同发布了《罕见病诊疗指南（2019 年版）》，为儿童罕见病的医疗救助提供了科学指引。同时，中央建立了全国罕见病诊疗协作网络，利用优质医疗资源，为儿童罕见病患者提供更好的医疗救助服务。国家还建立了罕见病病例信息登记制度，建成国家级罕见病注册登记系统（NRDRS）和国家罕见病直报系统，能够收集患有罕见病儿童的诊疗、分布等信息，为制定医疗策略、提高药物可及性等提供了科学依据。

各地积极行动解决儿童罕见病诊疗痛点问题。2023 年 2 月 27 日，全国罕见病诊疗协作网办公室和中国罕见病联盟联合北京协和医院、中华医学会罕见病分会、四川大学华西医院、北京儿童医院等儿童罕见病研究机构，在北京举办以"关注罕见、点亮生命之光，弱有所扶、践行人民至上"为主题的学术活动，会上介绍了罕见病治疗的工作现状与治疗情况，发布了《2022 年中国罕见病临床诊疗现状调研报告》，该活动是迄今为止中国针对医务工作者开展的规模最大、范围最广、人数最多的罕见病综合诊疗调研。

---

① 参见《儿童罕见病临床试验大解析：让罕见病用药不再罕见》，医药网，http：//news.pharmnet.com.cn/，最后访问日期：2023 年 10 月 30 日。

有效利用信息化通信工具信息交流的实时性与便利性，地区性罕见病联盟不断涌现，有利于医疗数据的汇集与传递，既能为患儿提供更为精准的救助信息，也对医学研究意义重大。国家卫生健康委办公厅等印发《关于进一步扩大儿童血液病恶性肿瘤救治管理病种范围的通知》，累计将 22 个病种纳入儿童血液病恶性肿瘤救治管理病种范围。

（四）儿童心理健康得到重视

心理健康问题近年来日益受到关注。究其原因，一方面，心理健康作为健康的重要方面随着医学知识的普及而广为知晓；另一方面，在高压的当代社会，成年人出现心理问题的病例逐年增加，青少年儿童也是如此。根据《2022 年国民抑郁症蓝皮书》，青少年抑郁症的患病率高达 15% ~ 20%，在抑郁症患者中，18 岁以下的青少年占据了 30%[①]。《纲要》要求，要持续提升儿童心理健康服务能力，增强监护人作为儿童健康第一责任人的意识；同时，为培养儿童形成健康的行为习惯，在科学育儿、预防疾病、及时就医、合理用药、合理膳食、应急避险以及心理健康等方面，应当加大家庭、社区、学校和托育机构等机构知识和技能的普及力度，构建包括提供咨询服务、评估治疗、危机干预和心理援助的儿童心理健康教育公共服务网络[②]。在一系列强有力的措施干预下，2022 年儿童抑郁检出率较 2020 年显著降低。根据中国科学院心理研究所《2022 年中国青少年心理健康状况调查报告》，2022 年中国儿童抑郁检出率中，"无抑郁风险"为 85.2%，比 2020 年提高了 4.2 个百分点[③]（见图 1）。

在儿童心理健康方面，国家聚焦 0 ~ 6 岁关键阶段，落实早筛查、早诊

[①] 参见《2022 年国民抑郁症蓝皮书》，http：//xlfd.hsu.edu.cn/7e/0f/c33a163343/page.htm，最后访问日期：2023 年 10 月 23 日。

[②] 参见《中国儿童发展纲要（2021 ~ 2030 年）》，http：//www.nwccw.gov.cn/2021-09/27/content_295436.htm，最后访问日期：2023 年 10 月 23 日。

[③] 参见《2022 年中国青少年心理健康状况调查报告》，中国科学院心理研究所，https：//www.pishu.com.cn/skwx_ps/initDatabaseDetail？siteId=14&contentId=14414530&contentType=literature，最后访问日期：2023 年 10 月 23 日。

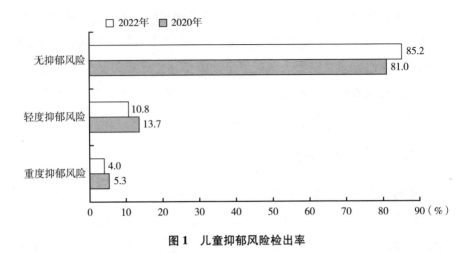

图 1　儿童抑郁风险检出率

断、早干预的疾病防控策略。2022 年 8 月至 2023 年 10 月，国家卫生健康委宣布为 0~6 岁儿童提供 11 次心理行为发育初筛服务，通过抓早抓小，在早发现的基础上早期实施干预；教育部等十七部门印发了《全面加强和改进新时代学生心理健康工作专项行动计划（2023~2025 年）》的通知，着力加强儿童心理健康工作，各学校增加配备专（兼）职心理健康教育教师，到 2025 年，配备专（兼）职心理健康教育教师的学校比例达到 95%，开展心理健康教育的家庭教育指导服务站点比例达到 60%。

地方各级人民政府积极响应，山西省人民政府印发的《山西省儿童发展"十四五"规划》、上海市发展改革委印发的《上海市推进儿童友好城市建设三年行动方案（2023~2025 年）》、北京市卫生健康委印发的《北京市健康儿童行动提升计划实施方案》等均着力建立与完善儿童心理健康问题预防、评价、干预与转介等机制，增强教师、家长对儿童心理行为问题的预防与辨识能力，强化儿童医院、妇幼保健机构、精神专科医院的儿童专科门诊和心理咨询工作。全国各地积极举办"世界精神卫生日"宣传活动，"健康四川行动——心理健康专项促进行动"将儿童心理健康工作作为重要内容。2023 年，四川省把精神卫生地方立法作为重要工作，通过立法进一步维护儿童青少年心理健康权益。辽宁省成立了辽宁省儿童青少年心理健康促进联盟，组织了"健康铁岭行"百名专家下基层活动，促进形成良性的儿童心理健康服务体系。湖北省在活动中分享了科学有效的疾病和康复常识，提升大众认知，组织召开了精神卫生专题会议，要求关注儿童心理健康，进一步开展各种儿童青少年心理健康科普宣传活动。

（五）儿童食品监管有所强化

儿童处在生长发育的关键阶段，儿童食品安全问题尤其应得到重视。近年来，儿童食品安全事件频发，婴幼儿食品、校园餐食、儿童零食等领域成为社会关注重点。针对面临的问题和群众关切，国家积极开展行动，包括制定相关法律法规和标准、加强监管和检测力度、推广健康安全知识等，努力为未成年人构建食品安全屏障。

2023 年 9 月 1 日，教育部公布的《学前教育法（草案）》强调，幼儿园应做好儿童营养膳食工作，促进学前儿童身体正常发育和身心健康。2023 年 8 月 25 日，市场监管总局开展加强 2023 年秋季学校食品安全工作行动，加大力度宣传学校食品安全与营养健康知识，通过多种形式进行食品安全科普教育，提升学生的健康素养及食品安全意识。2023 年 7 月 12 日，教育部举办"让孩子们开心又安心——多地细化举措护航暑期安全"见闻活动，强调暑期是中小学生外出游玩、就餐较为集中的时期，守护孩子们的"舌尖安全"应受到各方重视。2023 年，始于地方学校家长担忧的"预制菜进校园"话题引发全国性讨论，目前"预制菜"缺乏行业标准和国家法律予以规范，其制作过程中的添加剂和包装储存运输方式等环节存在安全隐患，对生长发育期儿童的健康威胁不可预知。《食品安全法》第 57 条规定："学校等集中用餐单位的食堂应当严格遵守法律、法规和食品安全标准；从供餐单位订餐的，应当从取得食品生产经营许可的企业订购，并按照要求对订购的食品进行查验。供餐单位应当严格遵守法律、法规和食品安全标准，当餐加工，确保食品安全。"教育部有关司局负责人表示，经研究，鉴于当前预制菜还没有统一的标准体系、认证体系、追溯体系等有效监管机制，对"预制菜进校园"应持十分审慎态度，不宜推广

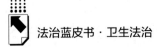

进校园①。

各地政府高度重视儿童食品安全问题。2023年9月14日，上海市发展和改革委员会出台《上海市推进儿童友好城市建设三年行动方案（2023～2025年）》，提出要加强儿童食品、用品、药品等安全监管，到2025年抽检合格率达到90%以上②。2023年7月13日，四川省教育厅出台《关于切实提高学生家长参与度　加强中小学幼儿园食品安全民主监督工作的通知（征求意见稿）》，通知要求各学校要广泛学习借鉴学生家长参与学校食品安全民主监督的成熟案例和成功经验，不断优化监督工作方案。2022年12月13日，山东省人民政府进一步加强中小学校配餐（食堂）管理工作，所有中小学要严格落实食品进货查验、食品安全和食品质量监管制度，并对配餐（食堂）的内部管理情况进行每周一次自查。2023年8月28日，天津市市场监管委开展2023年秋季校园食品安全专项监督检查，提出各区相关部门要加大校园食品安全与营养健康知识宣传培训力度，开展形式多样的食品安全科普。2023年6月28日，上海市食品药品安全委员会开展2023年上海市食品安全宣传周活动，普及食源性疾病防控和平衡膳食的知识技能。

（六）近视防控力度显著加强

中国是近视大国，近视人口数量居世界第一，近视率也居世界第一③。据国家卫生健康委披露的数据，2022年全国儿童青少年的总体近视率为53.6%。其中，6岁儿童、小学生、初中生、高中生的近视率分别为

---

① 《预制菜进校园应十分审慎》，央广网，https://food.cnr.cn/jdt/20231011/t20231011_526447635.shtml，最后访问日期：2023年11月1日。

② 参见《上海市推进儿童友好城市建设三年行动方案（2023～2025年）》，上海市人民政府官方网站，https://www.shanghai.gov.cn/nw12344/20230928/8c4f72ef96e349329c5a63f17a4d1417.html，最后访问日期：2023年10月22日。

③ 参见"World report on vision"，world health organization，https://www.who.int/publications/i/item/9789241516570，最后访问日期：2023年10月22日。

14.5%、36.0%、71.6%和81.0%①。近视已经成为影响青少年健康和全面发展的突出问题（见图2）。

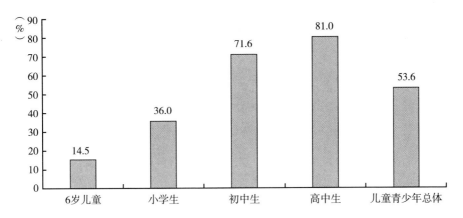

图2　2022年全国儿童青少年近视率

中央各部门高度重视近视防控工作。《综合防控儿童青少年近视实施方案》《2023年全国综合防控儿童青少年近视重点工作计划》《儿童青少年近视防控适宜技术指南（更新版）》等多项政策文件相继发布。

地方各级政府积极响应中央政策。2023年4月25日，山东省人民政府出台了《山东省建设全国儿童青少年近视综合防控省级改革示范区工作方案》，强调以创建示范区为抓手，重点关注当前影响学生视力健康的主要因素，坚持示范引领、综合施策、防治结合，建立健全儿童青少年近视防控体系，消除疫情对视力健康的影响。2022年，四川省卫生健康委出台《四川省"十四五"眼健康规划》，积极推动儿童青少年近视防控和科学矫治工作。2022年12月30日，北京市卫生健康委出台《北京市健康儿童行动提升计划实施方案》。2023年8月1日，辽阳市人民政府办公室多部门印发《辽阳市"十四五"卫生健康事业发展规划》。2023年9月13日，上海市卫

① 参见《全国爱眼日：远视储备越充足 发生近视越推后》，光明网，https://baijiahao.baidu.com/s? id=1767996455864056049&wfr=spider&for=pc，最后访问日期：2023年10月22日。

生健康委印发《上海市推进眼健康行动计划（2023～2025）实施方案》，要求政府要加强服务体系能力建设、专业人才队伍建设，推进眼健康科技创新，切实落实近视预防各项举措。

此外，针对儿童视力健康问题相继出台一系列措施。2023年7月21日，国家卫生健康委印发通知，在全国持续开展"启明行动"——防控儿童青少年近视健康促进活动，强调预防为主，推动关口前移，倡导和推动家庭及全社会共同行动，营造爱眼护眼的视觉友好环境，共同呵护孩子的眼睛。2023年9月7日，教育部发文要求各学校严格执行学生健康体检制度和每学期两次的视力监测制度。为发挥中医药在少儿近视预防和控制中的独特优势与作用，以中西医协同方式持续推进儿童青少年近视防治工作，天津市卫生健康委决定成立天津市儿童青少年近视中西医结合防治中心。

同时，为正确引导孩子合理使用眼睛，保护好眼睛，全国各地开展了多种保护视力的宣传教育活动。教育部开展第7个全国近视防控宣传教育月活动，通过开学第一堂视力健康课、主题班会、知识技能竞赛等多种形式，深入宣传科学用眼护眼健康知识。国家卫生健康委组织了全国"爱眼日"宣传教育周活动，以儿童青少年等人群的眼健康问题为重点关注对象，着重宣传近视等屈光不正、白内障、眼底病、青光眼、角膜盲等眼病的防治知识，大力宣传全年龄段全生命周期眼健康的重要意义。广西壮族自治区教育厅开展2023年秋季学期近视防控宣传教育月活动，江苏省教育厅举办第7个近视防控宣传教育月活动，北京市教育委员会开展"呵护眼睛　你我同行"主题宣传活动，这些举措都有利于营造爱眼护眼的视觉友好环境，促进学生自觉爱眼护眼意识提升。

儿童青少年近视防控已经成为国家战略。中央多项政策文件的发布和地方政府的积极响应，都表明政府对儿童青少年近视防控工作的重视。学校也加强了视力监测和健康管理，定期进行体检和视力测试，及时发现和解决学生的视力问题。在近视防控方面，除了政府和学校，各种社会组织也积极参与，通过公益活动、宣传海报等，向公众普及近视防控知识和技巧，营造爱眼护眼的视觉友好环境。科研机构和高校致力于近视防控的科研与创新工作，研究新的预防和治疗技术，为近视防控提供科学支持。总之，儿童青少年近视防控需要全社会的共同努力，只有政府、学校、家庭和社会各方面齐心协力，才能取得良好效果。

（七）孤残儿童保障不断提升

孤残儿童是社会救助的重点对象，作为相对弱势的儿童群体其基本健康保障尤其应受到重视。2023 年 4 月，国家统计局发布的《〈中国儿童发展纲要（2021~2030 年）〉统计监测报告》显示，截至 2021 年底，全国特殊教育学校共有 2288 所，专任教师 6.9 万人，在校生 92 万人，基层儿童服务机构队伍壮大，全国共有儿童福利机构 539 个，未成年人救助保护机构 276 个；城乡社区儿童之家 32.9 万个，增加 8550 个；全国共配备儿童督导员 5.3 万人、儿童主任 65.1 万人；截至 2021 年末，中国有 2.5 亿儿童具有城乡居民基本医疗保险。由机构集中养育的孤儿和社会散居孤儿每人每月的平均保障标准分别为 1697.4 元和 1257.2 元。事实无人抚养儿童每人每月平均保障标准为 1248.1 元，较 2020 年均呈上涨趋势①。孤残儿童基本生活标准不断提高，更多残疾儿童得到康复救助。

教育部、国家发展改革委以及财政部联合出台的《关于实施新时代基础教育扩优提质行动计划的意见》指出，到 2027 年，特殊教育学校应当在 20 万人口以上的县基本实现全覆盖，融合教育水平显著提升，适龄残疾儿童义务教育入学率维持在 97% 以上②；持续开展特殊教育学生关爱行动，提高融合教育质量，特别关注家庭经济困难的残疾儿童，确保其获得资助；各方加强合作、协调配合、创新实践，促使特殊教育深度融入普通教育、职业教育、医疗康复以及信息技术领域；大力推动融合教育资源建设，不断完善

---

① 参见《中国儿童发展纲要（2021~2030 年）》，http://www.nwccw.gov.cn/2021-09/27/content_295436.htm，最后访问日期：2023 年 10 月 24 日。

② 参见教育部、国家发展改革委、财政部《关于实施新时代基础教育扩优提质行动计划的意见》，http://www.moe.gov.cn/srcsite/A06/s3321/202308/t20230830_1076888.html，最后访问日期：2023 年 10 月 24 日。

国家、省、市、县、校五级特殊教育资源中心建设。中国残疾人联合会组织开展了第七次残疾预防日宣传教育活动，加强对《国务院关于建立残疾儿童康复救助制度的意见》和本地区残疾儿童康复救助政策的宣传、解读，助力残疾儿童家长、妇幼保健人员、儿科医务人员以及社区工作人员等普遍了解残疾儿童的康复救助内容以及申请办法，提升残疾儿童家长的康复意识、能力，从而避免或减少盲目就医行为。

各地方不断强化和落实政府、部门职责，建立健全覆盖城乡、上下联动、协同配合的孤残儿童保障工作体系。安徽省民政厅和江西省民政厅发布了《"孤儿医疗康复明天计划"项目实施细则》，主要针对两省户籍0~18周岁的孤儿开展医疗康复项目。辽宁省人民政府印发了《辽宁省人民政府办公厅关于提高城乡居民最低生活保障、特困人员基本生活、孤儿基本生活养育和60年代精简退职职工生活补助标准的通知》，要求全省孤儿基本生活养育标准平均提高幅度不低于6%。天津市民政局、黑龙江省民政厅、上海市人民政府、北京市民政局同样出台了相关文件，完善儿童福利机构内部分工和流转机制。

三 展望：推动儿童健康法治全面发展

儿童是国家的未来，儿童的健康和成长关乎国家的繁荣和社会稳定。儿童健康法治建设是实现第二个"百年奋斗目标"、实现建成社会主义现代化强国的重要一环。随着社会不断发展，儿童健康保障工作呈现新特点，社会各界对儿童健康法治保障提出更高要求，需要法治及时跟进与回应。然而，目前中国儿童健康领域仍然存在一些亟待解决的制度性问题。一是儿童健康法治领域的法律体系仍未建成，相关法律缺失①；二是儿童日益增长的医疗

---

① 参见夏蕊、高海伟《中国儿童青少年饮食健康情况研究报告》，http://www.news.cn/legal/2022-03/24/c_1128497960.htm，最后访问日期：2023年10月27日。

需求与医药服务不足产生的资源失衡问题①，各层级与地区间资源配置缺乏有效制度安排；三是儿童健康科普水平仍待提高；四是儿童健康标准仍需完善。

（一）构筑法治基石：建设儿童健康法治体系

首先，完善儿童健康立法。加强儿童权益、未成年人保护、疫苗接种和心理健康等领域立法，为儿童健康成长提供全面的法律保障。立足儿童最根本的成长诉求，全面贯彻落实《未成年人保护法》《义务教育法》《预防未成年人犯罪法》等关系儿童根本利益的法律法规，加强对儿童的法律保护。

其次，鼓励家庭教育，强化社会责任。家庭教育缺位，是儿童心理疾病产生的重要原因，未成年人受到伤害的情况并不少见。《家庭教育促进法》已于2022年1月1日施行。法律的落地实施需要社会各界的共同努力，法律明确了政府的责任，鼓励各级政府制定家庭教育工作专项规划。同时，也需要全社会进一步关心少年儿童事业，共同营造有利于未成年人安全、健康成长的法治和社会环境。

最后，构建专门化司法体系。儿童健康法治的实现和司法机关的努力密不可分。建立有效的儿童司法体系需要多层面的努力，包括提升司法及专业部门的专业水平、推动司法资源向未成年人倾斜等。

（二）依靠数字化赋能：儿童健康未来路径探索

数字化时代为儿童健康法治水平快速提升提供了机遇。数字技术为儿童健康法治的全面发展提供了强大的工具和丰富的资源。形成数字化电子档案，将儿童的医疗信息存储在云端，通过智能分析全面监测儿童健康状况，疫苗、体检等日常需求通过该医疗系统预约和实现；探索大数据协作分析，助力各儿童罕见病研究机构实现数据共享，便利成果交流；通过互动应用和

---

① 参见《卫生法治面临医药服务资源失衡等挑战》，《法制日报》，http://www.news.cn/legal/2022-03/24/c_1128497960.htm，最后访问日期：2023年10月27日。

虚拟实境课程，为儿童提供更好的交流和学习环境，降低心理健康检测和治疗成本；加强全面数字化数据应用，有利于合理调配医疗资源，实时监测儿童健康状况，依据全面的数据分析作出科学决策。保障数字化应用规范运行，避免侵害儿童数字权利是法治面临的核心议题。推动算法更加精准地应用，保障数据安全，加强儿童个人信息保护，法治应确保数字化技术在儿童健康中发挥积极作用，提前感知可能发生的风险并及时预防。

（三）守护儿童身心健康：构建儿童健康服务网络

健康的概念理应包括身心健康两方面，以往更强调身体健康而心理健康长期得不到重视。近年来，心理健康问题日益突出，特别是儿童心理健康问题发生率和严重性都呈现增长趋势，引发社会忧虑。首先，将心理健康纳入基层卫生保健系统。构建多元化儿童社会心理咨询服务网络，提供更全面的儿童心理健康服务，包括心理健康教育、咨询服务、心理评估和治疗。通过整合资源，提供更广泛、便捷和高效的心理健康咨询和服务，确保儿童能够获得及时和专业的支持。积极参与国际儿童健康领域的交流与合作，利用儿童早期发展研究中心和心理卫生中心的社会资源，加大儿童心理健康领域人才培养力度。

其次，设置危机预防和干预机制。加强儿童意外伤害预防工作，强化宣传和教育，提升儿童预防意识，制定相关安全标准，并严格落实，减少因意外伤害所致的儿童死亡和残疾。加强消费品质量监管，规范儿童安全产品使用，如头盔、安全座椅、护栏等。推动建立跨部门合作机制，进一步加强儿童安全保护工作。推进儿童遭受意外和暴力伤害的数据分类统计和分析，构建、完善监测评估系统。应当设立儿童救助渠道，及时为儿童提供保护。

最后，建设儿童食品健康监管网络。一是加强儿童专用消费品质量监管，将儿童专用药品、玩具、服装等特定消费品纳入重点质量监督抽查范围，严格执法。二是加强婴幼儿配方食品质量安全监测，严格控制潜在的质量与安全风险。三是加强儿童药物不良反应监测，及时发现并应对儿童用药不良反应，确保儿童药物治疗安全。

（四）加强儿童健康科普：提升全社会儿童健康意识

儿童健康科普宣传和教育是推进儿童健康法治建设的重要举措，其目的和意义在于增强儿童、家长、学校乃至全社会对儿童权益、健康和安全的认知和理解。儿童健康科普可以通过学校、社区和社会组织等多渠道展开，有关儿童食品安全、心理健康、疫苗接种、罕见疾病防治等方面的知识应成为重点内容。

（五）提升儿童健康标准：推动儿童健康高质量发展

儿童健康标准是衡量和保障儿童健康成长的重要依据，提升儿童健康标准是推进儿童健康高质量发展的关键举措。制定科学全面的标准有利于加强健康教育和管理、优化生活和学习环境、加强医疗卫生服务体系建设以及强化政策支持和监督评估等的实施，建立儿童友好的人居环境，更好地保障儿童身心健康，促进儿童全面发展。

B.7
中国预防青少年吸烟法治研究报告

王轩 韩希霖 黄滢 刘诗颖*

摘　要： 近年来，青少年吸烟问题已成为国内公共卫生、青少年健康与教育等领域的突出问题。相比成年人预防与控制吸烟，青少年具有吸烟率高、方式与种类多样、难以有效控制等特征。采取积极措施预防并控制青少年吸烟，对国家的长远发展、公共卫生健康水平提升、未成年人身体和心理素质提高都具有重要意义。本文分析了当前青少年吸烟的现状、存在的问题以及青少年控烟的紧迫性，建议从立法、执法和司法三个层面入手，发挥各系统、各部门的职责，形成常态化、长效化监管模式，保护青少年健康成长，展现负责任大国形象。

关键词： 青少年吸烟　电子烟　风险预防　长效监管

引　言

2003 年 11 月，中国签署了《烟草控制框架公约》，成为该公约第 77 个缔约国。公约第四部分第 16 条对向未成年人出售烟草制品作出禁止性规定。世界卫生组织发起的世界无烟日主题也多次聚焦青少年，1990 年主题为"青少年不要吸烟"、2008 年主题为"无烟青少年"、2020 年主题为"保护青少年"。可见，预防青少年吸烟问题已然受到世界关注，中国也针对预防青少年吸烟出台了诸多政策。2018 年，国家市场监督管理总局与国家烟草

---

* 王轩，广州大学粤港澳大湾区法制研究中心研究员，澄观治库执行主任，高级研究员；韩希霖、黄滢，暨南大学硕士研究生；刘诗颖，广州大学法学院本科生。

专卖局（以下简称"两部门"）发布《关于禁止向未成年人出售电子烟的通告》，指出未成年人吸食电子烟存在重大健康安全风险，要求市场主体不得向未成年人销售电子烟。2019年两部门又发布《关于进一步保护未成年人免受电子烟侵害的通告》，明确了预防未成年人吸食电子烟的具体举措。同年，国家卫生健康委发布《关于进一步加强青少年控烟工作的通知》，指出青少年吸食烟草会对健康产生很大影响。2021年，两部门发布了《保护未成年人免受烟侵害"守护成长"专项行动方案》，要求认真落实校园周围不得设置销售网点要求；严格查处向未成年人售烟违法行为，持续加强电子烟市场监管。尽管中央层面出台了诸多政策，各地陆续完善了控烟立法，但青少年吸烟预防工作实效仍不尽如人意。2021年，中学生尝试吸烟率和现在吸烟率分别为16.7%和4.7%，大学生现在吸烟率更高达7.8%[①]。因此，必须正视青少年吸烟问题，明确青少年吸烟预防的必要性和紧迫性，通过梳理中国相关领域的立法、执法和司法现状，发掘存在的问题，并以"风险—收益"分析法，全方位提出切实可行的青少年吸烟预防建议。

一　中国青少年吸烟和预防现状

（一）中国青少年吸烟现状

青少年吸烟问题已经成为中国健康教育和烟草控制的严峻挑战，通过研究总结相关文献以及数据资料分析，青少年吸烟现状存在以下特征。

1.青少年吸烟率高

根据表1可知，调查地区的青少年尝试吸烟率和现在吸烟率较高。中国疾病控制中心公开的调查数据显示，2019年高中学生尝试吸卷烟、现在吸卷烟以及现在使用电子烟的比例分别为24.5%、8.6%和3.0%，均高于初中

[①] 《2021年中国中学生和大学生烟草流行监测结果发布》，中国疾病预防控制中心，https：//www.chinacdc.cn/jkzt/sthd_3844/slhd_12885/202205/t20220529_259439.html。最后访问日期：2023年6月22日。

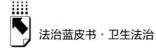
学生①；2021 年，中国中学生尝试吸卷烟的比例为 16.7%，现在吸卷烟的比例为 4.7%，大学生现在吸烟率为 7.8%②，虽较 2019 年有所下降，但仍处于较高水平。总体而言，随着年龄增长，青少年接触烟草机会增加，更容易成为烟草吸食者。

表1 部分地区青少年吸烟率

单位：%

年份	地区	尝试吸烟率	现在吸烟率
2019	福建省①	13.44	4.26
2019	海口市②	14.54	4.01
2019	西藏自治区③	21.80	11.30
2019	河北省④	19.30	6.70
2021	宁波市⑤	6.73	1.78
2021	淄博市⑥	10.27	2.42
2022	成都市⑦	4.72	1.75

①林竹、陈梅兰、陈锦辉：《2019 年福建省关于青少年吸烟行为的调查分析》，中国控制吸烟协会，第十一届海峡两岸及香港澳门地区烟害防治研讨会暨第二十三届全国控烟与健康学术研讨会论文摘要汇编，2022：2. DOI：10.26914/c.cnkihy.2022.043794。

②陈仕学、胡阳、黄昕等：《2019 年海口市青少年烟草暴露及其影响因素分析》，《中国健康教育》2022 年第 10 期，第 927~931 页，DOI：10.16168/j.cnki.issn.1002-9982.2022.10.012。

③国胜、拉布·拉巴卓玛：《西藏青少年 2019 年吸烟行为现状及相关因素分析》，《中国学校卫生》2022 年第 9 期，第 1333~1336+1341 页，DOI：10.16835/j.cnki.1000-9817.2022.09.013。

④贺蕾、郭晓亮、张海容等：《2019 年河北省中学生烟草使用及二手烟暴露状况调查》，《预防医学情报杂志》2021 年第 8 期，第 1082~1089 页。

⑤徐倩倩、朱莹莹、丁十戈等：《宁波市中学生烟草使用情况调查》，《预防医学》2022 年第 10 期，第 1064~1068+1074 页，DOI：10.19485/j.cnki.issn2096-5087.2022.10.018。

⑥刘伟、李宁、李玲等：《2019 年淄博市城市在校青少年吸烟及"二手烟"暴露情况调查》，《预防医学论坛》2021 年第 7 期，第 523~525 页，DOI：10.16406/j.pmt.issn.1672-9153.2021.07.013。

⑦廖海抡、杨练、郑频频等：《成都市青少年电子烟使用现状及其影响因素》，《医学与社会》2022 年第 5 期，第 71~74+85 页，DOI：10.13723/j.yxysh.2022.05.014。

---

① 《2019 年中国中学生烟草调查结果发布》，中国疾病预防中心，https：//www.chinacdc.cn/jkzt/sthd_3844/slhd_12885/202005/t20200531_216942.html，最后访问日期：2023 年 6 月 18 日。

② 《2021 年中国中学生和大学生烟草流行监测结果发布》，中国疾病预防控制中心网，https：//www.chinacdc.cn/jkzt/sthd_3844/slhd_12885/202205/t20220529_259439.html，最后访问日期：2023 年 6 月 18 日。

2. 男性青少年吸烟率高于女性青少年

通过比较表2研究数据可知，男性青少年吸烟率均高于女性青少年。针对河北省[1]、湖北省恩施市[2]等地区的研究也得出相似结果。2021年中国大学生烟草流行调查[3]显示，中国大学生男生吸烟率高于女生。从总体看，青少年群体的吸烟现状同成人吸烟性别差异趋同，男性吸烟率始终高于女性。

表2 部分地区男女性青少年吸烟率

单位：%

地区	群体对象	男生	女生
北京市丰台区[1]	初中、高中、职高	19.0	7.20
宜昌市[2]	在校青少年	3.94	0.54
山东省[3]	初中、高中、职高	3.50	0.60
淄博市[4]	初中、高中、职高	3.64	1.17

①江海冰、吴淑霞、张彦等：《北京市丰台区青少年吸烟现状及影响因素分析》，《安徽预防医学杂志》2022年第3期，第242~246页，DOI：10.19837/j.cnki.ahyf.2022.03.017。

②王早霞、方敏、刘继恒等：《宜昌市在校青少年烟草使用流行现状分析》，《中国健康教育》2021年第11期，第1005~1008+1013页，DOI：10.16168/j.cnki.issn.1002-9982.2021.11.010。

③周培静、胡毅、刘婷等：《2019年山东省青少年烟草使用现状及影响因素分析》，《中国健康教育》2021年第11期，第970~974+983页，DOI：10.16168/j.cnki.issn.1002-9982.2021.11.002。

④刘伟、李宁、李玲等：《2019年淄博市城市在校青少年吸烟及"二手烟"暴露情况调查》，《预防医学论坛》2021年第7期，第523~525页，DOI：10.16406/j.pmt.issn.1672-9153.2021.07.013。

3. 电子烟使用率增长

虽然电子烟在某种程度上降低了传统烟草的使用及危害扩张，但随着电

---

① 贺蕾、郭晓亮、张海容等：《2019年河北省中学生烟草使用及二手烟暴露状况调查》，《预防医学情报杂志》2021年第8期，第1082~1089页。

② 胡燕琳：《2021年恩施市青少年烟草流行状况及影响因素分析》，中国控制吸烟协会，第十一届海峡两岸及香港澳门地区烟害防治研讨会暨第二十三届全国控烟与健康学术研讨会论文摘要汇编，2022：51.DOI：10.26914/c.cnkihy.2022.043791。

③ 《2021年中国中学生和大学生烟草流行监测结果发布》，中国疾病预防控制中心网，https://www.chinacdc.cn/jkzt/sthd_3844/slhd_12885/202205/t20220529_259439.html，最后访问日期：2023年6月18日。

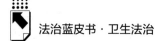

子烟设计和营销手段越来越符合青少年口味，青少年成为电子烟的重要消费群体。根据国家卫生健康委发布的《中国吸烟危害健康报告2020》和2018年中国成人烟草调查报告①，中国电子烟的使用明显呈现增长趋势，并且年轻人使用比例相对较高。同时，2021年中国中学生和大学生烟草流行监测结果显示②，2021年中学生听说过电子烟的比例为86.6%，使用过电子烟的比例为16.1%，现在使用电子烟的比例为3.6%，与2019年相比，分别上升了9.2个、3.5个和0.8个百分点。大学生听说过电子烟、使用过电子烟、现在使用电子烟的比例分别为90.3%、10.1%和2.5%，均高于2018年全国成人烟草调查结果。

（二）中国预防青少年吸烟的主要措施与规定

当前，中国尚未出台针对预防青少年吸烟的专门法律规范，主要通过《未成年人保护法》《烟草专卖法》等法律、政策以及各地的控烟条例提供指引。当前，关于预防青少年吸烟的规定可大致分为以下几类。

一是禁止向未成年人销售烟草制品。烟草制品销售者应当设置不得向未成年人销售烟草制品的标识，对于难辨别年龄的购买者应要求出示身份证。例如，《未成年人保护法》第59条明确禁止向未成年人销售烟草制品，烟草经营者应当设置禁止标识，对难以辨别年龄的购买者要求出示身份证件。《电子烟管理办法》针对电子烟作出类似规定。部分地方的控烟立法也作出了细化规定。

二是禁止在学校周边设置烟草制品销售点。《未成年人保护法》第59条和《电子烟管理办法》第18条均禁止在各类学校周边设置烟草销售网点。然而，各地条例对"周边"的认定存在不同标准。《北京市控制吸烟条

---

① 《2018年中国成人烟草调查结果发布——我国15岁及以上人群吸烟率呈下降趋势》，中国疾病预防控制中心网，https：//www.chinacdc.cn/jkzt/sthd＿3844/slhd＿12885/201905/t20190530＿202932.html，最后访问日期：2023年6月18日。

② 《2021年中国中学生和大学生烟草流行监测结果发布》，中国疾病预防控制中心网，https：//www.chinacdc.cn/jkzt/sthd_3844/slhd_12885/202205/t20220529_259439.html，最后访问日期：2023年6月18日。

例》将"周边"界定为"幼儿园、中小学校、少年宫及其周边一百米内"①，而《深圳经济特区控制吸烟条例》则认为是在"中小学校、青少年宫出入口路程距离五十米范围内"②，《重庆市公共场所控制吸烟条例》则认为是"以未成年人为主要活动人群的公共场所门口五十米范围"③。

三是禁止在校园范围内吸烟。《未成年人保护法》第59条第2款规定："任何人不得在学校、幼儿园和其他未成年人集中活动的公共场所吸烟、饮酒。"值得注意的是，未成年人集中活动的公共场所并非限定为室内，而是包括了室外区域④，这意味着学校校门区域以及家长等候区同样是禁烟区域。

四是要求父母或监护人、学校、社会劝阻和制止未成年人吸烟，加强正向引导。《未成年人保护法》第11条和第17条要求父母或监护人应当预防和制止未成年人吸烟，不得放任。《预防未成年人犯罪法》第15条也要求，未成年人的父母或者其他监护人和学校应当教育未成年人不得吸烟。此外，《烟草专卖法》第5条还要求，国家和社会要加强吸烟危害健康的宣传教

---

① 《北京市控制吸烟条例》第20条规定：烟草制品销售者应当在销售场所的显著位置设置吸烟有害健康和不向未成年人出售烟草制品的明显标识。禁止烟草制品销售者从事下列行为：（一）向未成年人出售烟草制品；（二）在幼儿园、中小学校、少年宫及其周边一百米内设置销售网点；（三）通过自动售货机或者移动通信、互联网等信息网络非法销售烟草制品。

② 《深圳经济特区控制吸烟条例》第14条规定：医疗卫生机构、未成年人教育或者活动场所、专门为未成年人服务的社会福利机构等场所内不得销售烟草制品。中小学校、青少年宫出入口路程距离五十米范围内不得销售烟草制品。

③ 《重庆市公共场所控制吸烟条例》第13条规定：烟草制品、电子烟销售者应当在销售场所的醒目位置设置吸烟有害健康和禁止向未成年人出售烟草制品的标识。烟草制品、电子烟销售者不得有下列行为：（一）向未成年人销售烟草制品或者电子烟；（二）让未成年人销售烟草制品或者电子烟；（三）在中小学校、托幼机构、儿童福利院、少年宫、青少年活动中心等以未成年人为主要活动人群的公共场所门口五十米范围内销售烟草制品或者电子烟。

④ 参见《成都市公共场所控制吸烟条例》第6条：公共场所的室内区域禁止吸烟，但本条例第七条第一款第一项规定的场所除外。民用机场、铁路车站的控制吸烟工作按照国家有关规定执行。下列公共场所的室外区域也禁止吸烟：（一）托儿所、幼儿园、中小学校、青少年宫、青少年活动中心、校外培训机构以及儿童福利院、未成年人救助保护机构等未成年人集中活动的公共场所；……

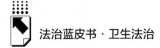

育，劝阻青少年吸烟。

五是鼓励正向引导和宣传，禁止发放有可能让青少年接触到烟草的广告。例如，《中国烟草控制规划（2012~2015年）》的控烟宣传教育重点工程就包括预防青少年吸烟，编写相关宣传教育读本，拍摄以青少年为受众的禁烟科教电影等。在地方，《成都市公共场所控制吸烟条例》第13条第4款要求，中小学"采取有效措施预防并制止学生吸烟"，该条例第11条也对烟草广告作出了禁止性规定。

（三）中国预防青少年吸烟执法现状

以威科先行法律信息库为数据基础，以"吸烟/控烟/抽烟"以及"青少年/未成年"为关键词检索，选取2016年1月1日至2023年6月1日的行政处罚决定书，在人工去重和剔除无关样本后，共得到文书样本41个。通过对行政处罚文书的样本分析以及结合相关文献分析后发现，中国预防青少年吸烟执法现状存在以下特征。

一是执法数量少。根据案例样本，国内针对青少年群体的控烟执法数量少，案例样本数量不足50个，与其他行政执法领域相比，执法数量差异显著。二是处罚事由多为"违规设置销售网点"①、"未设置提示牌"②、"向未成年销售卷烟"的违法行为。同时，还存在少量发送让未成年人能接触到或者可能接触到烟草的广告的处罚③。三是执法主体主要为地方市场监管局和地方卫生执法部门。案例显示，市场监督局主要对烟草销售场所设置、标识张贴、经营行为、广告宣传是否合法等经营问题进行监管，卫生执法部门则主要负责各类青少年活动场所的检查和督促整改。

---

① 深圳市市场监督管理局宝安分局对在校园周边售卖烟草制品的行为作出罚款5000元的行政处罚。参见深圳市市场监督管理局宝安分局深市监宝罚字〔2021〕稽129号行政处罚决定书。

② 杭州市下城区市场监督管理局对"未张贴'吸烟有害健康和不向未成年人销售烟草制品'的标签标识"的行为作出罚款9000元的行政处罚。参见杭州市下城区市场监督管理局杭下市管监罚处〔2021〕593号行政处罚决定书。

③ 参见深圳市市场监督管理局南山分局深市监南处罚〔2022〕西丽29号行政处罚决定书。

（四）中国预防青少年吸烟存在的问题

自加入《烟草控制框架公约》以来，国家积极响应世卫组织的要求，大力推进控烟工作，更加注重预防青少年吸烟在控烟中的作用，但在立法、执法以及社会宣传等方面也存在不足。

立法存在大量宣示性、原则性条款，即只设定行为规范而不设立法律后果。例如，《未成年人保护法》第 11 条和第 17 条规定了父母或其他监护人预防和制止未成年人吸烟的责任，但并未设置监护人违反上述规定的法律后果。现行立法并未设立青少年吸烟的罚则，不利于倒逼监护人履行监护职责，也不利于培育青少年远离烟草的政策。再者，中国缺乏预防青少年吸烟的统一规范，各地执法尺度不一，执法实效不理想。同时，不少地方的控烟政策规定笼统，执行标准模糊，缺乏可操作性。例如，《广州市控制吸烟条例》规定，"烟草制品销售者应当在出售场所的显著位置设置吸烟有害健康和不向未成年人出售烟草制品的标志"，但并未对标志大小、显著位置的界定等予以细化规定。另外，针对新型烟草制品，法律规制主要是以《产品质量法》《广告法》《电子烟管理办法》为基础。虽然《电子烟管理办法》被视为对电子烟进行全方位监管的重要规范，但其属于行政规范性文件，效力层级并不高，这意味着行政执法和司法实践中会有较大自由裁量空间。中国对电子烟的法律制度供给尚不健全，《电子烟管理办法》第 43 条仅将加热卷烟归入卷烟管理范围，而产品命名的多样性以及新型烟草制品的出现也对立法提出更大挑战。

行政执法问题较多。第一，监管积极性不高，控烟效果较差。例如，《北京市控制吸烟条例》规定，在以未成年人为主要活动场所的室外区域吸烟的，由市或者区卫生健康部门责令改正，给予警告，可以并处 200 元以上500 元以下罚款。但从北京控制吸烟协会发布的调查结果来看，相关主体并未落实有关规定。北京控制吸烟协会在 36 家小学和幼儿园门口蹲点调查，发现 25 家校园门口存在家长吸烟现象，18 家校园门口能闻到烟味，27 家校园门口能看到烟头。调查还发现，尽管学校门口均设置了禁烟标识，也有相

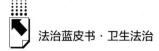

关宣传和群众制止，但未见政府工作人员落实执法和处罚①。可见，政府对于控烟特别是涉及青少年活动场所控烟的重要性认识不足，预防青少年吸烟工作落实不到位。第二，执法部门职权划分不明晰，内部协作机制不畅通。青少年吸烟预防工作需要各部门之间通力合作，但在现行政府架构下，各部门相对独立，缺乏沟通与协调，这导致青少年吸烟预防工作存在执法力量分散、执法能力弱化等问题。此外，当前控烟工作缺乏牵头部门和统一领导，存在职权划分模糊、相互推诿甚至行政不作为等问题，不利于形成未成年人烟草隔离的正向效应。针对电子烟等新型烟草制品的监管，由于对电子烟归类存在是烟草还是日常消费品的争议，电子烟执法监管中存在监管主体不明确的问题。第三，青少年吸烟预防治理手段单一，缺乏常态化监管。一方面，控烟治理以行政处罚为主，但人力物力缺乏以及专门性执法队伍缺位，难以实现全面性、常态化、长效化监管。另一方面，执法力量单一，单靠行政机关执法和监督难以实现全面监管，不能满足预防青少年吸烟的需要。另外，不同程度存在的"运动式执法"倾向，不利于巩固执法成果，在检查行动结束后，相关主体受利益驱使又会降低守法的自觉性，出现违法反弹现象。

社会宣传力度不够且科学性不足。对吸烟危害的宣传不足，且存在宣传内容不科学的问题。当前，社会上流传着吸烟能释放压力、清醒头脑等谣言，这导致不少青少年为得到这些"好处"而学习吸烟。社会各界并未形成宣传合力，纠正此类谣言。在宣传内容方面，实践中常将宣传重心落在长期吸烟带来的危害，但青少年好奇心强、前瞻性弱，宣传吸烟的危害对青少年学习吸烟的预防效果不强②，以宣传预防青少年吸烟的效果不突出。

---

① 《北京市控烟协会最新调查结果出炉　校门口家长等候区控烟情况堪忧》，央视网，https：//news.cctv.com/2023/05/30/ARTIeLh5lYwXqbh8XzsMGqrw230530.shtml，最后访问日期：2023年6月19日。
② 佟石鑫：《如何预防青少年学习吸烟》，中国控制吸烟协会第19届全国控烟学术研讨会论文摘要，2018，第68~69页。

二 预防青少年吸烟的必要性与紧迫性

（一）青少年吸烟预防不力的原因

在立法方面，现行法对吸烟者的处罚总体较为轻微，执法实践中也采取宽松的态度。国家之所以没有采取强力控烟措施，归根结底是"吸烟自由"的观点博弈，也是政府、烟草企业、个人自由与健康利益的博弈。"自由吸烟"与"禁止吸烟"观点对立，前者认为吸烟绝对自由，后者认为要全面取缔烟草制品。尽管世卫组织和各国都朝着全面禁烟的方向努力，但目前还没有一个国家实现全面禁烟。上述两种观点分别存在侵犯他人权利和过度限制烟民自由的问题而在立法中均不可取。加上烟草为国家带来了可观的税收，数以万计的烟草工人和零售商均以此为生，中国现阶段无法采取"一刀切"的禁烟立法模式。折中观点"控制吸烟"则认为，公权力对烟草的介入仅仅是规范管理，一方面要降低烟草制品对社会特别是公民生命健康的危害，另一方面也要正视烟草对经济发展的正向作用。尽管这一观点符合当下需要，但在立法中平衡多方利益并找寻平衡点并非易事，这使得当前控烟立法较为"软弱"。

执法面临的执法困境可归结于以下方面。第一，缺乏配套规范和执法指引。目前，国家尚无统一的、专门的青少年吸烟预防规范或指引，各地的控烟政策对青少年吸烟预防的规范也只是对上位法有关控烟规定的细化。尽管相关政策和经济处罚起到一定威慑作用，但控烟立法层级较低，缺乏配套程序规范，不利于实现高效执法和常态化监管。第二，执法成本高，执法人员短缺。由于违规销售烟草存在偶然性，执法人员也不可能值守门店，加上控烟职能部门与执法部门分离，相关案件取证难度大，要实现"违法必究"，会导致执法成本远大于执法收益。这也是无法实现青少年吸烟预防工作常态化、长效化的原因之一。第三，政府面临"控烟—税收"两难困境。中国实行烟草专卖制度，意味着政府既是控烟的执行主体，又是烟草产品生产销

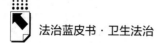
售主体，这使得政府控烟决策势必受到社会经济发展因素的制约。一方面，吸烟容易戒烟难，要从根源降低烟民数量，就要从青少年抓起。但另一方面，烟草行业的税收是国家财政收入的重要来源，是保障经济平稳发展的基础。2021 年烟草纳税 1.2 万亿元，约占全国总税收的 9%①，2022 年烟草纳税更是达到 1.35 万亿元②。在经济利益的驱使下，部分地方政府不敢轻易打击烟草市场，"睁一只眼闭一只眼"的执法方式不利于形成预防青少年吸烟的社会氛围。

（二）青少年吸烟预防控制的必要性

实现青少年吸烟预防控制是切断烟民增长源的重要手段，更是青少年身心健康的重要保障。吸烟相关问题的研究和分析表明，吸烟会提高诸如肺结核、恶性肿瘤、脑卒中等疾病的风险，其中不少疾病的风险程度与吸烟的开始年龄有关。有研究表明，肺癌、肝癌、胃癌、2 型糖尿病等疾病的发病风险与开始吸烟年龄呈负相关③，吸烟会提高青少年发生哮喘和哮喘样症状的风险④。这些研究共同指向了预防青少年吸烟的必要性。一则，诸多疾病与

① 参见《烟草税收每年有多少？税收这么高？网友：给退休烟民增加养老金》，中国烟草网，https：//www.tobaccochina.com/html/news/ycxf/613822.shtml，最后访问日期：2023 年 6 月 20 日。

② 参见《戒烟门诊就诊量低、运营困难，业界呼吁将控烟纳入慢病管理》，烟草在线网，https：//www.tobaccochina.com/html/news/lxky/652506.shtml，最后访问日期：2023 年 6 月 20 日。

③ See YU SZ, ZHAO N. Combined Analysis of Case-Control Studies of Smoking and Lung Cancer in China. Lung Cancer, 1996, 14 (Suppl 1)：S161–S170；HSING AW, MCLAUGHLIN JK, HRUBEC Z, et al. "Cigarette Smoking and Liver Cancer among US Veterans". *Cancer Causes & Control*, 1990, 1 (3)：217–221；LA VECCHIA C, NEGRI E, D' AVANZO B, et al. "Smoking and Renal Cell Carcinoma". Cancer Res, 1990, 50 (17)：5231–5233；LIU X, BRAGG F, YANG L, et al. "Smoking and Smoking Cessation in Relation to Risk of Diabetes in Chinese Men and Women：A 9–year Prospective Study of 0.5 Million People". *Lancet Public Health*, 2018, 3 (4)：e167–e176.

④ See GILLILAND FD, ISLAM T, BERHANE K, et al. "Regular Smoking and Asthma Incidence in Adolescents". *Am J Respir Crit Care Med*, 2006, 174 (10)：1094–1100；RASMUSSEN F, SIERSTED HC, LAMBRECHTSEN J, et al. "Impact of Airway Lability, Atopy, and Tobacco Smoking on the Development of Asthma-Like Symptoms in Asymptomatic Teenagers：the Odense Schoolchild Study". *Chest*, 2000, 117 (5)：1330–1335.

是否吸烟、吸烟量、吸烟年限等因素有紧密关联；二则，中国戒烟成功率较低①，一旦开始吸食烟草制品，将可能伴随终生，进一步提高相关疾病的发病风险；三则，开始吸烟的年龄本身又影响相关疾病的发病风险，这意味着青少年吸烟的危害远大于其他吸烟者。

世界卫生组织在 2017 年发布的《中国负担不起的账单：中国烟草流行的健康、经济和社会成本》指出，中国在过去的 50 年里，有 800 万人因烟草相关的医疗费而陷入贫困，其中 2014 年中国治疗烟草相关疾病的直接成本高达 530 亿元，约占当年医保总支出的 1.5%，而带来的间接成本更是直接成本的五倍多，约为 2800 亿元。可见，烟草的使用既加重了一般公民的医疗费用负担，又在一定程度上制约了国家的经济发展，从源头上阻断尝试吸烟者，预防青少年吸烟，能实现公民健康与社会高质量发展的双赢。

近年来，诸如电子烟等新型和新兴的尼古丁和烟草制品在许多市场迅猛增加。世界卫生组织发布的《2021 年全球烟草流行报告——应对新型和新兴制品》指出，电子尼古丁传送系统（ENDS）具有致瘾性，并非无害。美国 2016 年发布的《美国卫生总监报告》也指出，电子烟中的尼古丁会影响青少年的大脑发育，会影响青少年的学习、注意力以及情绪波动和控制②。有研究表明，使用电子烟的人，尤其是使用电子烟的青少年更容易使

---

① 某研究采用多阶段分层随机抽样方法，抽取青岛市 10 个区（市）18 岁及以上常住居民 6040 人为研究对象，样本的尝试戒烟率为 31.12%，成功戒烟率为 13.91%。参见徐瑶瑶、陈杰、赵园园等《2020 年青岛市成人吸烟与戒烟行为现况调查》，《中国慢性病预防与控制》2023 年第 3 期，第 218~222 页。《2015 中国控烟观察——民间视角》报告指出，我国 3.16 亿吸烟者中有 39.6% 有戒烟意愿，这一比例远低于控烟先进国家，其中能成功戒烟者仅为 14.4%。所有曾经和现在的吸烟者中，成功戒烟的人数 5 年中也只增加了 1330 万人，甚至还不及新增吸烟者的数量。参见《民间视角看控烟 10 年，我们离无烟还有多远?》，微信公众号"中国医药报"，https://mp.weixin.qq.com/s/7aQhsABs93qS9P5IAWsgUA，最后访问日期：2023 年 6 月 17 日。
② See Office of the Surgeon General. E-cigarette Use among Youth and Young Adults：A Report of the Surgeon General CDC. Washington, DC：U. S. Department of Health and Human Services, Centers for Disease Control and Prevention, 2016.

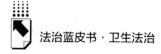

用卷烟①。此外，由于电子烟的包装多包含卡通图案，容易造成儿童误食，国外就曾有儿童误食电子烟烟液导致感觉神经性听力障碍的报道②。由此可见，电子烟对青少年的危害不容小觑，应当对电子烟给予同样重视，保护青少年的身心健康。

（三）青少年吸烟预防控制的紧迫性

烟草对人们健康的负面影响愈发凸显。2017年世卫组织发布的《全球烟草流行报告》就指出，每年有超过700万人因吸烟而死亡，烟草使用这一死亡原因的可预防性被世界公认③。世卫组织发布的《2021年全球烟草流行报告：应对新兴产品》指出，中国是世界上最大的烟草制品生产国和消费国，拥有3亿多烟民，约占全球烟民数量的四分之一，其中每年有100多万人死于烟草引起的疾病④。2019年世界平均吸烟率为17.5%⑤，而2020年中国吸烟率高达25.8%⑥，降低烟民数量，保护国民健康，成为控烟工作的当务之急。其中，最好的方法就是从青少年抓起，最大限度隔绝烟草制品。诸多研究表明，健康行为习惯多在青少年时期养成，而开始吸烟年龄越早，戒烟成功的可能性越小，对身体的危害越大。

中国青少年吸烟形势依旧严峻。尽管有针对特定城市或地区的研究指

---

① See BELL K, KEANE H. All Gates Lead to Smoking: The "Gateway Theory", E-cigarettes and the Remaking of Nicotine. Soc Sci Med, 2014, 119: 45-52; ZHONG J, CAO S, GONG W, et al. "Electronic Cigarettes Use and Intention to Cigarette Smoking among Never-Smoking Adolescents and Young Adults: A Meta-Analysis". *Int J Environ Res Public Health*, 2016, 13 (5): E465.

② See DEMIR E, TOPAL S. "Sudden Sensorineural Hearing Loss Associated with Electronic Cigarette Liquid: The First Case in the Literature". *Int J Pediatr Otorhinolaryngol*, 2018, 114: 26-28.

③ World Health Organization. WHO Report on the Global Tobacco Epidemic, 2017: Monitoring Tobacco Use and Prevention Policies. 2017.

④ WHO Global Report on Trends in Prevalence of Tobacco Use 2000-2025, third edition. Geneva: World Health Organization; 2019; China Report on Health Hazards of Smoking 2020. Beijing: People's Medical Publishing House: 2021.

⑤ 世界卫生组织：《2021年全球烟草流行报告：应对新兴产品》。

⑥ 《国家卫生健康委发布〈中国吸烟危害健康报告2020〉》，中国政府网，http://www.nhc.gov.cn/guihuaxxs/s7788/202105/c1c6d17275d94de5a349e379bd755bf1.shtml，最后访问日期：2023年6月18日。

出，青少年烟草流行情况有所改善①，青少年吸烟预防效果较好②，但这些研究基本集中在法治程度较高、经济发展较好的城市。不少欠发达地区甚至部分发达地区青少年吸烟问题仍然严重③。有研究显示，中国近年来青少年烟草使用率有上升势头④。特别是电子烟领域，一方面，越来越多的厂商开始推广电子烟，并进行电子烟不会上瘾或有助于戒烟等无科学依据的宣传；另一方面，电子烟有多种口味可供选择，并且许多口味对青少年具有吸引力，这些味道可以掩盖电子烟烟液中尼古丁的刺激性，使得第一次使用电子烟的人更容易吸入，并改变与使用相关的感知风险⑤。中国实施的第二轮全球青少年烟草调查（GYTS）也表明，青少年使用电子烟的人数在增加。同时，世界卫生组织的报告显示，2021 年共有 111 个国家以某种方式对 ENDS 进行管制，其中有 32 个国家（覆盖 24 亿人口）禁止销售 ENDS，其他 79 个国家（部分或全部）采取了一项或多项立法措施来管制 ENDS，覆盖 32 亿人口。可见，各国对新型烟草制品持严格态度。因此，要避免烟草对国民特别是青少年群体的危害扩大，必须加强和落实青少年吸烟预防控制工作，重点关注电子烟等新型和新兴烟草制品的规制。

---

① 陈仕学、胡阳、黄昕等：《2019 年海口市青少年烟草暴露及其影响因素分析》，《中国健康教育》2022 年第 10 期，第 927~931 页。

② 杨纲、张馨航、王娇等：《北京市通州区青少年烟草使用状况及影响因素分析》，《中国健康教育》2022 年第 9 期，第 837~840 页。

③ 国胜、拉布·拉巴卓玛：《西藏青少年 2019 年吸烟行为现状及相关因素分析》，《中国学校卫生》2022 年第 9 期，第 1333~1336+1341 页；詹芳芳、王刚、陈苗：《天津市青少年电子烟使用状况及影响因素分析》，《中国慢性病预防与控制》2021 年第 12 期，第 902~905 页；贺蕾、郭晓亮、张海容等：《2019 年河北省中学生烟草使用及二手烟暴露状况调查》，《预防医学情报杂志》2021 年第 8 期，第 1082~1089 页。

④ Xiao D, Wang C. "Rising Smoking Epidemic among Adolescents in China". *Lancet Respir Med*, 2019, 7（1）: 3-5.

⑤ Barrington-Trimis J, Samet J McConnell R. "Flavorings in Electronic Cigarettes". *Journal of the American Medical Association*. 2014; 312（23）: 2493; Strombotne K, Buckell J, Sindelar JL. "Do JUUL and E-cigarette Flavours Change Risk Perceptions of Adolescents? Evidence from a National Survey". *Tobacco Control*. 2021; Mar; 30（2）: 199-205.

三　预防青少年吸烟的对策与完善

（一）风险预防原则与成本收益原则的适用

从上述统计数据看，国内青少年吸烟人数较多，青少年控烟形势严峻。青少年身体和心理处于快速发展变化阶段，相对于成年人更容易成瘾，且吸烟对身心伤害更巨，提前干预取得的预期效果也比成年人要更好，对国家长远发展和整体的国民公共健康的意义也更加重大。风险预防原则能够合理解释国家在预防青少年吸烟方面的责任和义务。预防并干预青少年吸烟行为，保护青少年免受烟草危害，应成为中国控烟制度的重要组成部分。

2022 年中国烟草利税总额再创历史新高，控烟政策的制定和推行必然面临激烈的利益冲突。通过成本收益原则对风险、成本和收益等进行必要的量化和评估，有助于缓解利益冲突和各方主体之间的矛盾，推动控烟政策的理性化。预防和控制青少年吸烟的成本可以分为两个方面。一是监管成本，包括对传统卷烟和新型电子烟进行必要监管的制度成本。二是财税成本。控烟必将影响烟草产业，导致利润损失。相应收益则可大致归纳为三个方面。首先，财政收益增加。实践中，尽管在逐步采取严格控烟政策后国内烟民数量下降，但烟草行业的税收依然增长。同时，预防和控制青少年吸烟可减少社会医疗费用、生产力损失等经济成本，提高国家整体财政收益。其次，预防和控制青少年吸烟有助于改善生态环境。严格控烟可以减轻烟草种植和吸食导致的污染，提升社会文明程度。最后，预防和控制青少年吸烟能够减少经济损失。调查显示，中国消费者吸烟行为每年带来的经济净损失增量超过1000 亿元[①]。预防和控制未成年人吸烟实际上是在降低未来社会经济减损的

---

① 行伟波、田坤：《控烟公共政策的潜在收益评估——基于烟草消费与公共健康视角》，《财贸经济》2020 年第 11 期。

风险。需要注意的是，青少年吸烟不仅有经济影响，还涉及难以量化的心理、精神、文化等方面问题，在决策时需有所考虑。

（二）立法层面的建议

中国控烟领域的立法整体上效力层级较低、处罚较为轻微、配套法规机制缺失，在青少年控烟问题上也有体现。未来立法层面应当进行必要的回应。

第一，积极履行《烟草控制框架公约》，推动国家层面控烟条例出台，规范烟草制品生产、销售、使用等各个环节，全面预防青少年接触烟草制品，降低青少年使用烟草制品的可能性。

第二，适当扩大处罚范围。不少国家的法律将吸烟的儿童[①]、不制止未成年人吸烟的监护人[②]、令未成年人购买香烟的成年人[③]等主体纳入处罚范围，将处罚对象从烟草制品销售者扩大为一般主体，形成"销售—使用—监督—监管"全链条威慑效果，通过将吸食烟草制品的未成年人、未尽监护职责的监护人以及未尽吸烟预防或监管职责的其他主体纳入规制范围，最大限度预防青少年吸烟。

第三，统一烟草制品包装，降低烟草包装对未成年人的吸引力。尽管已出台《境内卷烟包装标识的规定》，但对于警示的要求较低，对于包装底色未予规定。国内卷烟包装的颜色往往较为鲜艳，包装设计具有一定艺术感和较强的吸引力。其他国家和地区大都禁止烟草包装的个性化设计，要求具备足够的警示性甚至"恐吓性"。例如，泰国要求所有卷烟必须使用褐色包

[①] 意大利 1989 年颁布的《严禁吸烟法》规定，16 岁以下的儿童禁止吸烟，违者处以 20 万里拉（合 140 美元）以上罚款；对向孩子出售香烟的人，要处以 100 万里拉的罚款；管理人员若不执行这项禁令，将被处以 500 里拉以上的罚款。参见《禁烟令能否破解"一支烟"问题》，人民网：http://opinion.people.com.cn/GB/363551/373105/，最后访问日期：2023 年 12 月 20 日。

[②] 日本法律数据库，https://elaws.e-gov.go.jp/document?，最后访问日期：2023 年 6 月 20 日。

[③] 《世界各国都是怎样禁烟的》，搜狐网，https://www.sohu.com/a/144939020_186789，最后访问日期：2023 年 6 月 22 日。

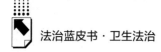

装，不能出现品牌颜色或品牌标识，外包装警示图片应占 85% 以上的面积，远超中国 35% 的占比要求。这些做法值得借鉴，以最大限度降低烟草包装对大众特别是青少年的吸引力，强化预防效果。

第四，禁止自选式销售。中国香烟多采用货架陈列的方式销售，并经常设置在收银台附近，无形中产生广告效应，增加了购买可能性。烟草制品零售商也常以便利店的形式出现，这些场所青少年能任意进出，增加了青少年接触烟草制品的机会，也容易对青少年产生诱导。《烟草控制框架公约》第16条规定，"禁止以可直接选取烟草制品的任何方式，例如售货架等出售此类产品"，中国澳门地区也在《预防及控制吸烟制度》中禁止了可自行直接选取烟草制品的方式销售烟草制品。中国应当通过立法取缔货架陈列销售烟草制品的做法，降低青少年接触烟草制品的可能性。

第五，适当提高合法购烟年龄。尽管当前各国都将合法购烟年龄与成年年龄衔接，但在国内不足以预防青少年吸烟。可借鉴《刑事诉讼法》中"在校大学生"可以适用少年法庭审理的思路，以及《民法典》中结婚法定年龄高于成年年龄的做法，充分考虑年龄段较低的成年青年的心智成长状态，综合评估烟草制品对青少年的诱惑力，通过适当提高合法购烟年龄来保护青少年。

第六，完善配套规定，构建全面预防和控制青少年吸烟的"防护网"。一是提高烟草制品税收。《烟草控制框架公约》第6条指出，"价格和税收措施是减少烟草消费的有效和重要手段"。有研究表明，在中低等收入国家，烟草价格上涨 10% 就能减少 5% 的烟草消费，在特定情形下能减少高达 8%[1]。中国应考虑进一步提高烟草制品税收，并根据国民收入水平调整，增加获取烟草制品的经济成本。二是完善烟草销售许可制度，提高烟草销售准入门槛，加大违法处罚力度。《烟草专卖许可证管理办法》对烟草制品销售许可的门槛较低，可借鉴美国做法，设置年度许可制度，提高烟草制品销

---

[1] WHO Technical Manual on Tobacco Tax Policy and Administration. Geneva: World Health Organization; 2021.

售商的运营成本，并控制销售商数量增加。同时，应当严厉打击对未成年人销售烟草制品的行为，除了警告和罚款外，还可加入吊销经营许可证的处罚措施，并建立烟草专卖许可黑名单制度，增强威慑力。三是加强电子烟领域立法，规范电子烟"产销管"全流程。尽管中国将电子烟纳入烟草制品行列，但对其规制较传统卷烟相对宽松。中国应当参照世卫组织发布的《电子尼古丁传送系统及电子非尼古丁传送系统》决定，严格电子烟监管，提高电子烟管制规范的效力层级。四是完善医疗保险制度，适当降低因主动吸烟导致相关疾病的报销比例。当前，中国医疗保险报销只关注疾病类型、治疗手段而不关注致病原因，可参照商业保险要求吸烟者对健康保险支付更多保费的做法①，在医保保费相同的情况下，下调与主动吸烟有紧密关联疾病的保险报销比例。通过医保报销比例下调倒逼"烟民"戒烟，警示未成年人远离烟草制品，也督促未成年人的监护人履行监护职责，降低青少年吸烟的可能性。

（三）执法层面

中国青少年吸烟相关行政执法仍存在较多障碍和阻力，未取得理想的效果。对此，建议从以下方面着手改进。

第一，加强部门协作，建立预防青少年吸烟专项工作机制，形成执法合力。预防和控制青少年吸烟涉及多个执法部门，应当健全执法协作机制，明确部门职责和权限，形成常态化的巡查监督制度。对重点场所进行全面排查，针对向青少年出售烟草制品或提供吸烟场所等行为进行坚决查处，提高执法效率和威慑力。

第二，坚持执法必严，强化执法效果。在青少年控烟执法领域，执法不严是亟待解决的问题。2021年9月至12月，新探健康发展研究中心在全国多个城市对学校周边卷烟和电子烟销售点、烟店进行了评估。结果显示，近

---

① 商业保险常要求吸烟者对健康保险支付更多的保费，这意味着在保费相同的情形下，吸烟者的可报销比例降低，这是因为吸烟更容易引发疾病，而这些疾病是可预防的。

半数卷烟销售点没有按照法律要求摆放"禁止向未成年人售烟"的标识，几乎所有卷烟零售商和超过 2/3 的电子烟经销商没有按照规定查验未成年人身份证明、未执行不向未成年人售烟的规定，青少年购烟屡屡成功①。显然，多管齐下加大执法力度势在必行。

第三，电子烟与传统卷烟并重，加大执法监管力度。2021 年 6 月，国家烟草专卖局、国家市场监督管理总局印发《保护未成年人免受电子烟侵害"守护成长"专项行动方案的通知》后，又陆续发布多项行政法规，地方就电子烟执法开展了专项执法行动，在电子烟执法领域取得了一定成效。当前，我国高中生卷烟的吸烟率高于电子烟吸烟率，卷烟危害也远超电子烟。为此，应当二者监管并重，不能放松针对卷烟的专项执法。

第四，创新执法技术和方式，提升执法成效。科技发展为控烟执法带来了更多"智慧"可能。比如，宁波市试行推广"智慧监控平台控烟执法子系统"，创新控烟执法技术，实行"互联网+监管"。在重点控烟执法领域安装热成像网络电子摄像头，依托 AI 行为分析技术，自动抓拍吸烟行为并发出声光警告。"智慧控烟"系统实施"联合控烟两步法"，即首次吸烟触发摄像头声光警告，吸烟者立即灭烟则劝导成功；若再次吸烟触发第二次警告，由劝导员或执法人员依法处置②。北京市控烟协会和空气道科技联合开发的新型物联网烟草烟雾监测器及系统，在北京冬奥会训练场馆、部分写字楼和知名物业试点安装后广受好评。该设备可以灵敏感知监测区域内是否有人吸烟，发现烟草烟雾会自动警示，并结合 5G 物联网通信技术，将警示信息及时发送给物业管理人员，通知其到场处置③。新型控烟技术和设备的采用，将极大提高控烟执法效率，降低取证难度，避免控烟执法过程中的冲突。今后，应当在青少年可能接触烟草制品的重点区域全面推行此类新型执

---

① 《夯实青少年控烟的法律基石》，《健康报》2023 年 5 月 31 日，第 2 版。
② 《"智慧控烟"：以科技赋能让城市管理"绣花功夫"更出彩》，搜狐网，https://news.sohu.com/a/602166505_120823584，最后访问日期：2024 年 2 月 20 日。
③ 《北京惊现控烟神器！5G 物联网技术让违法吸烟行为无处可逃》，澎湃新闻，https://www.thepaper.cn/newsDetail_forward_12139457，最后访问日期：2024 年 2 月 20 日。

法设备和技术应用，提高执法效能。

第五，加大宣传力度，将执法和宣传有效结合，营造有利于青少年控烟的社会氛围。除创新青少年控烟宣传方式外，控烟执法还需要引导形成全民参与的控烟氛围。强化个人健康责任，加大教育引导力度，控烟知识应当进入课堂和课程，让青少年切实认识到吸烟的危害。继续大力推进包括创建全国卫生城市、创建无烟政府机关、无烟学校、无烟单位等工作，推动公共场所控烟，不断提升社会文明程度，为青少年健康成长营造无烟的公共环境和社会氛围。

（四）司法层面

控烟领域的诉讼案件可以分成三类：普通民事诉讼、民事公益诉讼、行政公益诉讼。在预防和控制青少年吸烟方面，公益诉讼发挥着重要作用。近年来，检察机关和多家环保公益组织先后提起多起控烟民事公益诉讼，并引发了广泛关注。

第一，《环境保护法》《未成年人保护法》是民事公益诉讼的主要依据。其中无烟列车案和无烟商场案明确了烟草带来的室内空气污染也适用《环境保护法》，最高人民法院在针对无烟商场案的裁定中明确烟草污染诉讼属于公益诉讼的范畴。

第二，原告无须举证证明损害。法院在无烟商场案一审判决中认为，原告不需要提供公众身体和健康受到损害的证据，已有的《中国吸烟危害健康报告》等多份研究报告和学术观点表明，烟草烟雾和二手烟对公众尤其是未成年人、孕妇等群体的危害和风险，这已形成共识。

第三，加深对烟草污染范围的认知。传统对烟草危害的认知集中在吸烟造成的室内外空气污染，民事公益诉讼对烟草种植和生成过程中对水源、土壤等的污染，烟头垃圾包括电子烟烟头、烟弹废弃垃圾等的关注，拓宽了民事公益诉讼的范围，也提升了社会对烟草污染的认知度和关注度。

2020年12月14日，最高人民检察院以"检察机关依法履职促进社会治理"为主题，发布第23批指导性案例，其中包括海淀区人民检察院督促落实未成年人禁烟保护案。全国各地检察机关充分发挥未成年人公益诉讼检察职能，启动未成年人禁售烟保护领域行政公益诉讼专项监督活动，通过发送诉前检察建议、召开由各方参加的督促监管部门积极履职的会议等形式，明确各方监管职责，不断深化预防和控制未成年人接触烟草制品、免受烟草危害的共识。在收到检察建议后，相关监管部门通过开展专项治理和行政执法等方式予以落实。近年来，中国检察公益诉讼制度取得了令人瞩目的进展，未成年人保护也进入了检察公益诉讼的法定领域。随着公益诉讼与其他诉讼关系的理顺，司法将在预防和控制未成年人吸烟方面发挥更大功效。

结　语

当前，中国控烟现状不容乐观，青少年吸烟形势依然严峻。2022年，中国控制吸烟协会、中国教育学会与二十一世纪公益基金会联合主办"中国控烟校园行"，该活动将从2022年至2026年连续举办五年，旨在通过多种形式让青少年了解烟草的危害，远离烟草。2023年5月31日是第36个"世界无烟日"，中国的宣传主题为"无烟为成长护航"。可见，中国业已认识到预防青少年吸烟的重要性，但仍存在立法不完善、执法不严格难落实、司法追踪不充分等问题。对此，中国需要建立"立执司"三位一体的规制链条，充分发挥各系统、各部门的职能作用，形成多系统、多部门的衔接体系。未来，还可以创新治理方式，加入多元治理主体，完善和健全举报监督机制，形成常态化、长效化监管模式。总之，青少年吸烟预防是一个系统工程，需要全社会形成合力，这既是实现《"健康中国2030"规划纲要》和《烟草控制框架公约》的要求，更是保护国民身体健康、展现负责任大国形象的题中应有之义。

B.8
安宁疗护事业发展中的
政策与法律问题分析

王岳 王雨*

摘　要： 伴随 2017 年国家卫生健康委颁布《安宁疗护实践指南（试行）》和《安宁疗护中心基本标准和管理规范（试行）》，以及随后的分批推进试点工作，中国安宁疗护事业进入快车道。这又恰逢中国已经进入人口老龄化社会，社会需求共识也逐步形成。但是，在安宁疗护实践中仍存在政策操作性不强、法律障碍突出等瓶颈问题，妨碍其健康快速发展。今后，有必要从政策的针对性、协调性、系统性出发，创造立法环境、完善法律制度等，加以改进和完善。

关键词： 人口老龄化　安宁疗护　政策与法律

安宁疗护是中国提升公众死亡质量、践行医学模式转型、打造全生命周期医疗健康管理服务闭环的重要举措之一。自 2016 年 4 月题为"推进安宁疗护工作"的全国政协第 49 次双周协商座谈会起①，一系列安宁疗护政策与法规相继出台，极大地促进了安宁疗护事业发展。然而，实践中大量社会、法律问题对安宁疗护政策与法律提出了更高的要求。为应对老龄化带来

---

* 王岳，法学博士，北京大学医学人文学院教授，博士生导师；王雨，北京大学医学人文学院在读博士生，山西医科大学讲师。

① 《全国政协召开双周协商座谈会　围绕"推进安宁疗护工作"建言献策》，新华网，（2016-04-21）［2022-03-20］，http：//www.ngd.org.cn/xwzx/ywdt/37816.htm.XINHUANET。

的健康问题，国家亟须突破瓶颈，推出切实可行的政策与法律，引导、规范、约束、保障安宁疗护事业良性快速发展。

一 安宁疗护发展应满足人口老龄化的需求

习近平总书记在政治局集体学习时强调："要适应时代要求创新思路，推动老龄工作向主动应对转变，向统筹协调转变，向加强人们全生命周期养老准备转变，向同时注重老年人物质文化需求、全面提升老年人生活质量转变。"① 作为人口老龄化的应对措施，安宁疗护应根据人口老龄化的特征和趋势确定发展方向，提前布局以满足社会需求。

（一）中国人口老龄化特征及趋势

1. 人口老龄化进展逐步加快

老龄化社会的主要特征包括预期寿命延长、老龄人口激增、老年抚养比增高等。受益于经济社会快速发展，医疗卫生体系逐步建立健全，中国平均预期寿命从 2005 年的 72.95 岁增加到 2015 年的 76.34 岁，十年内提高了 3.39 岁②。预期寿命延长也导致老龄人口规模不断上升，根据 2020 年开展的第七次全国人口普查结果，中国 60 岁及以上人口数为 264018766 人，占总人口的 18.7%③。与此同时，逐年递减的人口出生率也加剧了人口老龄化进程（见图 1），人口低增长甚至负增长的局面已近在眼前。老年抚养比是指，每 100 名劳动年龄人口要负担抚养多少名老年人，这是从经济角度反映人口老化社会后果的指标之一。截至 2020 年，老年抚养比从 2017 年的 15.9% 快速增长到 19.7%④

---

① 习近平主持中共中央政治局第三十二次集体学习，强调党委领导、政府主导、社会参与、全民行动，推动老龄事业全面协调可持续发展，《人民日报》2016 年 5 月 29 日，第 1 版。
② 《国家数据》[2022-03-22]，国家统计局，https：//data. stats. gov. cn/easyquery. htm? cn = C01&zb = A0304&sj = 2021。
③ 《第七次全国人口普查公报（第五号）》，（2021-05-11）[2022-03-22]，国家统计局，http：//www. stats. gov. cn/tjsj/tjgb/rkpcgb/qgrkpcgb/202106/t20210628_1818826. html。
④ 《国家数据》[2022-03-22]，国家统计局，https：//data. stats. gov. cn/easyquery. htm? cn = C01&zb = A0305&sj = 2021。

（见图2）。可见中国老龄化程度不断加深，进程逐渐加快。不仅如此，20世纪60年代第二次生育高峰形成的更大规模人口即将相继跨入老年期，届时人口将急剧老龄化发展①。

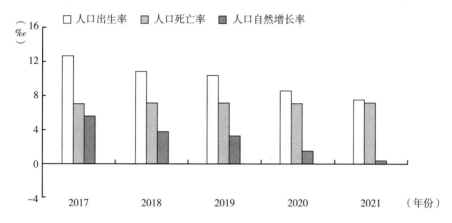

图1　2017～2021年人口出生率、死亡率和自然增长率变化②

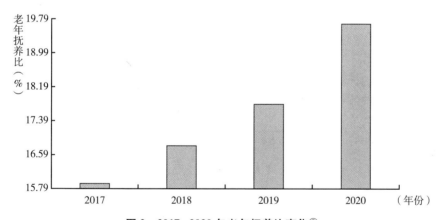

图2　2017～2020年老年抚养比变化③

① 《第七次全国人口普查公报解读》，（2021-05-12）［2022-03-22］，国家统计局，http：//www.stats.gov.cn/tjsj/sjjd/202105/t20210512_1817336.html。

② 《国家数据》［2022-03-22］，国家统计局，https：//data.stats.gov.cn/easyquery.htm? cn=C01&zb=A0305&sj=2021。

③ 《国家数据》［2022-03-22］，国家统计局，https：//data.stats.gov.cn/easyquery.htm? cn=C01&zb=A0305&sj=2021。

2.老龄人口分布差异大

首先，老龄人口城乡分布差异大。2020年中国城镇人口超过乡村人口，占总人口的63.89%①（见图3）。城镇化带来了非农产业的持续高速增长，但大量乡村劳动年龄人口涌向城市，导致乡村常住人口结构发生变化。城乡人口持续流动加剧了乡村人口老龄化程度。这意味着乡村人口老年抚养比更高，养老负担更沉重。2000~2020年，乡村常住人口的老年抚养比已从11.2%提高到28.13%，同期城镇老年抚养比仅从8%提高到14.64%，乡村劳动年龄人口的养老负担要比城镇劳动年龄人口高50%左右②。与此同时，中国城镇化仍将以较快速度提升，城镇人口规模迅速扩大，随着劳动年龄人口老去，城镇老年人口规模及占比也将快速提升。

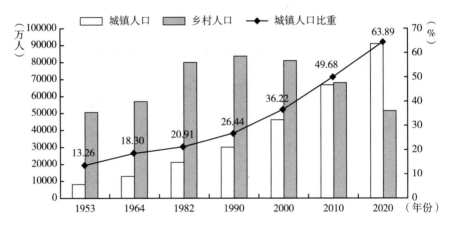

图3　1953~2020年城镇人口、乡村人口及城镇人口比重变化

其次，老龄人口区域分布差异大。不同区域人口老龄化程度不同，人口老龄化从东至西呈现由高到低的特点，东部地区程度最高，西部地区程度最

---

① 《第七次全国人口普查公报（第七号）》，（2021-05-11）［2022-03-22］，国家统计局，http://www.stats.gov.cn/tjsj/tjgb/rkpcgb/qgrkpcgb/202106/t20210628_1818826.html。

② 李建伟、吉文桥、钱诚：《我国人口深度老龄化与老年照护服务需求发展趋势》，《改革》2022年第2期，第1~21页。

低。同一区域内不同省份老龄化水平也有较大差异①。

3. 老龄人口临终前失能程度有差异

尽管老年人的生活自理能力随着死亡的临近呈下降趋势，但老龄人口临终前的失能程度存在差异。预计超过半数的老年人具备基本完好的生活自理能力，且在临终前未出现大幅衰退；约20%的老年人会在临终前3年左右快速丧失生活自理能力；另有约20%的老年人会在较长时间内缓慢丧失生活自理能力②（见图4）。

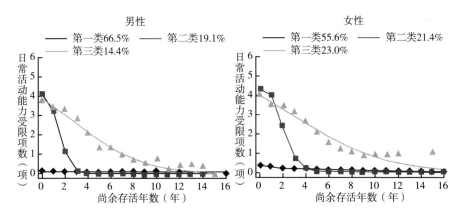

图4 老年人临终前生活自理能力受限的项数变化

（二）安宁疗护发展应满足的需求

1. 为快速增长的老龄人口提供足量优质服务

老龄化进程不断加快，老年抚养比不断攀升，单纯依靠劳动年龄人口无法承担老龄化带来的压力，特别是老年人临终前的照护重担需要借由安宁疗护分担。此外，提升老年人全生命周期生活质量的目标也需要借助安宁疗护

---

① 徐水源、程广帅：《习近平关于应对人口老龄化重要论述的核心要义与时代价值》，《人口与社会》2022年第1期，第1~8页。

② 张文娟、王东京：《中国老年人临终前生活自理能力的衰退轨迹》，《人口学刊》2020年第1期，第70~84页。

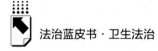

服务实现。安宁疗护在 20 世纪 80 年代传入中国后发展较缓慢，直到现在依然存在服务数量少、服务质量参差不齐等问题。中国安宁疗护需要统一服务标准、提高服务质量、扩大服务数量，预防服务纠纷，以满足老龄化背景下不断增加的需求。

2. 根据老龄化人口分布特征有效配置资源

从城乡角度来看，当前乡村老龄化程度更严重，对安宁疗护的需求更迫切。然而，医疗资源的下沉与迁移存在难度，不仅安宁疗护在乡村鲜少开设服务，乡村人口对安宁疗护的认知程度也十分有限。城镇人口规模庞大，尽管目前不及乡村老龄化程度深且有一定安宁疗护发展基础，但因较大的人口基数，未来几年内也需要快速发展大量能应对老龄化挑战的安宁疗护服务。从区域角度来看，不同区域老龄化程度有差异，发展安宁疗护的环境和能力也有区别。因此，安宁疗护的发展需因地制宜，既要考虑乡村老龄人口对安宁疗护需求的紧迫性，也要兼顾未来城镇老龄人口对安宁疗护需求的巨大缺口，不应采取"一刀切"的做法，不同地区实行不同标准。

3. 针对不同失能程度探索适合的服务模式

应根据不同失能程度对照护服务的需求进行分级。为满足人们对安宁疗护服务的需求、避免资源无效浪费，应面向轻度、中度、重度失能老人提供不同程度和内容的安宁疗护服务。另外，还应结合现有医疗资源，积极探索更加适宜、便捷的安宁疗护服务模式，高效能、低成本地帮助老年人满足临终生活期待。

二 安宁疗护政策与法律的现状和挑战

为保证长期满足人们对全生命周期高生命质量的追求，应根据安宁疗护的发展规划制定切实可行的政策法律，起到推进服务开展、把控服务质量、明确服务标准、避免或解决法律纠纷等作用。

（一）安宁疗护政策的操作性和配套性仍待提高

自 2016 年《"健康中国 2030"规划纲要》首次在国家层面提出"安宁疗护"以来，以国家卫生健康委为主要发文单位的各项政策先后出台，有力推动了安宁疗护的发展。政策从鼓励倡导开展安宁疗护服务、制定服务标准到设立服务试点、探索建立安宁疗护体系，政策内容逐步细化、可操作性逐渐增强[①]。随着安宁疗护事业的不断推进、老龄化的逐渐深入，安宁疗护政策面临以下挑战。

1.进一步推动安宁疗护服务开设

中国现有 510 个医院设有临终关怀（安宁疗护）科[②]，但面对庞大的老龄人口，这样的数量规模远不足以应对老龄化带来的需求压力。尽管老龄化工作的相关政策中提及"鼓励开设安宁疗护服务"，但仍需制定更为明确有力的政策推动安宁疗护服务开设。

2.进一步增强安宁疗护政策的操作性

由于老龄化人口分布不均、各地发展安宁疗护的环境和能力参差不齐，无法制定全国统一确定的细化规定。国内已有 91 个市（区）开展安宁疗护试点，并提出"稳步推广安宁疗护试点"，期待以试点形式在各地市开设符合实际的安宁疗护服务。国家卫生健康委还组织开展了"老年人安宁疗护准入及评估干预流程""失能老人健康状况分级评估标准""失智老人家庭照护培训指南"等相关课题研究，以制定符合中国老年人特点的健康分级标准和照护技术指南，为开展安宁疗护工作提供理论支撑[③]。未来还可以从配套保障政策和后续推进政策着手，进一步增强安宁疗护政策的操作性。

[①] 王蒙蒙、徐天梦、岳鹏：《我国现行安宁疗护的相关政策梳理、挑战与建议》，《医学与哲学》2020 年第 14 期，第 19~22 页。

[②] 《2020 年我国卫生健康事业发展统计公报》，（2021-07-13）［2022-03-23］，卫生健康委，http://www.nhc.gov.cn/guihuaxxs/s10743/202107/af8a9c98453c4d9593e07895ae0493c8.shtml。

[③] 《关于政协十二届全国委员会第五次会议第 0690 号（医疗体育类 077 号）提案答复的函》，（2018-01-05）［2022-03-23］，卫生健康委，http://www.nhc.gov.cn/wjw/tia/201801/32a6e21debb746bb9abbcc214255aa21.shtml。

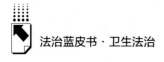

3.注重安宁疗护政策与其他政策的协同配套

作为全方位全周期医疗卫生服务的内容之一，安宁疗护主要受卫生健康部门管理。应当注意的是，安宁疗护服务的范围集中在患者临终阶段，具有一定特殊性。一方面，安宁疗护服务不以治愈患者为目标，而是帮助患者更好地迎接死亡，不宜完全按照其他积极维护健康的卫生服务管理。另一方面，安宁疗护虽然在养老服务政策中受到广泛关注，但其服务对象并不仅限于老龄人口，从养老服务延伸到安宁疗护服务是发展趋势，但仍应关注安宁疗护区别于养老问题的部分。因此，应注重安宁疗护政策与一般卫生管理政策、养老政策的协同配套。

（二）安宁疗护法律既有基础也有障碍

相较于政策的阶段性、灵活性和及时性，法律具有长期性、稳定性和成熟性等特点。针对安宁疗护中政策难以解决的共性问题，需要借助法律的力量解决。

1.安宁疗护应遵守现行法律规范

安宁疗护具有特殊性，也具有一般性。开展安宁疗护服务的机构同样应适用法律对医疗、养老等相关机构的一般规定和要求。安宁疗护的服务对象是临终患者及其家属，病痛的折磨和陪护的重担会让患者及其家属疲于应对。特别是患者临终前，身体能力、社会能力、法律能力都受到不同程度的限制，因此，遵守现行法律规范的同时也要特别关注其权益保护。

2.现有法律制度下安宁疗护实施有阻力

安宁疗护从本质上说是一种医疗服务，患者有权自主选择是否接受安宁疗护，决定采取或拒绝何种具体措施。为保护患者自主选择的权利，《民法典》第七编第1219条明确规定了患者享有知情同意权。即使患者在疾病中处于意识不清、无法表达自我等状况，法律监护、代理制度也能协助患者在监护人、代理人的帮助下行使自身权利。

但是，安宁疗护难以通过现有法律制度解决问题。安宁疗护服务患者的临终期，帮助患者及其家属迎接死亡。因此，秉持安宁疗护理念，依据患者的自主选择，在临终期拒绝采取某些过分的延命治疗，最大限度地免除患者临终难以忍受的痛苦是安宁疗护服务的题中应有之义。但相较于其他积极维护健康状态的医疗服务，安宁疗护涉及拒绝一些医疗措施，而拒绝的结果可能直接导致患者死亡。因为有较大概率使患者生命受到威胁，不仅患者家属难以接受，这也与医务人员一贯秉持的职业理念背离。无论是患者家属还是医务人员，对这类选择的执行都会有所顾虑，故安宁疗护在实践中存在较大阻力。

如患者在接受安宁疗护服务期间意识清楚，自主表达了对某些措施的拒绝，由于没有法律对其中的法律责任作出规定，医务人员可能出于对被追究法律责任的担心，不敢执行患者的选择。而患者在临终期有很大可能丧失意识或无法自主表达，在这种情况下需要其代理人代为行使患者的医疗决定权。但按照一般规律由法定监护人代理行使患者的医疗决定权，法定监护人未必会遵循患者的本意，拒绝采取某些过分延长死亡过程的医疗措施，其结果还是无法实现患者的自主决定。

可见，虽然法律规定了患者有自主选择的权利，但在临终期，患者的社会能力和法律能力都有所降低，没有家属的认可、没有医生的配合和帮助，依据现有法律，患者的自主选择很难实现。

3. 制定安宁疗护专门立法缺乏现实基础

安宁疗护最可贵的地方在于，它帮助患者和家属清楚地认识到死亡到来时，生老病死是生命的自然流转，应该珍惜死亡来临前的时光，一起回顾生命，道谢、道歉、道爱、道别，让患者安然离世，让家属坦然面对家人的离去。如果患者不能拒绝不必要的延命治疗，直到死亡都在忍受这些治疗带来的痛苦，何谈高质量的生命和高质量的死亡。因此，需要从法律层面统一对安宁疗护实践中的问题作出回应，厘清其中的法律责任，助力真正实现安宁疗护的价值。安宁疗护专门立法也由此有很高的呼声。

当然，安宁疗护专门法律当下缺乏现实基础，立法时机尚不成熟。对于安宁疗护中一些概念的界定、适用对象的范围、实施措施的范围及相关法律责任的分配都存在较大争议。在社会认识不统一的情况下，即使强行立法也

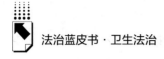

很难符合社情民意，无法得到落实。

4. 现有法律体系还有促进安宁疗护的余地

第一，签署医学预嘱实现安宁疗护。尽管安宁疗护中的法律责任还不明晰，但对于医务人员基于患者本人的明确表示，不为患者采取某些不适宜维生措施的情形争议还是较少的。这是因为患者本人的明确表示可以作为违法阻却事由，成为该行为的合法基础。然而，走到死亡尽头的安宁疗护患者很难保证届时处于意识清楚且能自主表达的状态，因此常规意义上的知情同意制度能够发挥的作用有限。

针对这种情况，可以通过提前签署医学预嘱的方式，表达本人在临终时接受或拒绝医疗护理措施的选择。医学预嘱是完全民事行为能力人对自己事务的自由选择，民事主体可以根据个人的需求，在不侵犯国家、集体和他人利益的前提下自由作出。

实践中，医学预嘱的应用也存在一定障碍。首先，民众对医学预嘱的概念不了解。中国文化背景决定了绝大多数人在死亡临近时没有或不愿提前思考关于死亡的事宜，多数家庭是在家庭成员临终阶段甚至是故去后才开始学着体会死亡的含义，对于提前选择临终期医疗护理措施的医学预嘱更不会主动了解。其次，民众对医学预嘱涉及的医学知识不了解。医学预嘱的决定事项包括预嘱生效的生命状况、具体选择的医疗护理措施等，无论是对生命状态的界定，还是医疗护理措施的具体情况都涉及专业的医学知识。对于普通民众来说，无法在不借助医学专业人士帮助的情况下，基于正确的理解作出真实的意思表示。最后，签署了的医学预嘱未必会被真正执行。尽管个人在了解医学预嘱内容的基础上，自愿签署了医学预嘱，但本人在预嘱条款生效时往往已经丧失了部分或全部能力，需要依靠其他完全民事行为能力人才能实现医学预嘱的内容。一旦监护人不向医务人员出具医学预嘱或医务人员在采取措施前不知道医学预嘱的存在，该预嘱都不会得到执行。

第二，借助意定监护保障患者自主权行使。不作特殊约定的，安宁疗护患者在意识不清、不能自主表达时由其法定监护人代为行使相关权利。但法定监护人未必是患者本人最亲密、信任的人，即使是法定监护人作出的决定也可能会与本人的真实意图截然不同。特别是当与患者的关系越密切，患者家属选择违背患者选择，尽全力延长患者生命的可能性越大。

针对这种情况，中国最早在 2015 年的《老年人权益保障法》中就规定了意定监护，即具有完全民事行为能力的成年人可以根据自己的意愿，在近亲属和近亲属之外的完全民事行为能力人中选择其未来的监护人。这样患者就可以在自己还能作决定时，自由选择了解且愿意按照患者本人意图帮助患者行使医疗决定权的人。这项制度已经被规定在《民法典》第 33 条中。

但是，意定监护的落实还存在很多问题。首先，意定监护的约定不易被人接受。由于监护人会在监护条件达成时对被监护人的人身、财产进行管理，意定监护人可能会受到被监护人近亲属的质疑。法律对意定监护的设立仅有"书面形式确定"的要求，而没有其他程序上的规定，因此实践中对意定监护真实性存疑的争议很常见。其次，意定监护的公证程序需要规范。公证是保障意定监护真实性、适法性、安全性、公示性的有效手段。司法部在 2017 年发布的公证指导案例对意定监护的公证要点作出指导，但至今还没有形成规范的意定监护公证程序。最后，意定监护不便对外进行公示。意定监护并非基于被监护人的天然亲属关系形成，因此意定监护人管理被监护人过程中涉及第三方时，需要以一定方式向第三方展示意定监护关系。例如，在上海市静安区人民法院第（2020）沪 0106 民特 209 号民事判决中，当事人设立了意定监护人并对意定监护进行了公证，随后当事人的另一近亲属向法院递交了申请确定监护人的请求并得到了支持，随后原意定监护人与法院指定监护人就监护人纠纷展开诉讼。可见意定监护关系存在于监护人和被监护人之间，但因涉及复杂的人身、财产问题，意定监护关系需要对外进行公示，且公示的方式应当简化。

三　突破政策法律瓶颈的对策建议

安宁疗护政策与法律存在的问题需要得到解决，这样才有助于安宁疗护

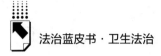

良好发展，从而应对快速深化的人口老龄化，提高老年人全生命周期的生命质量。

（一）政策方面

从政策的针对性、协调性、系统性角度，根据安宁疗护发展的需求及安宁疗护政策存在的问题，提出以下建议。

1. 满足多层次多样化的安宁疗护需求

第一，鼓励各试点市（区）制定量化实施计划。2022年1月25日，北京市卫生健康委等七个部门联合发布了《关于印发北京市加快推进安宁疗护服务发展实施方案的通知》①，其中量化制定了到2025年要实现的安宁疗护制度标准、服务数量、服务模式等方面的目标，并从资源布局、服务供给、服务规范、人才队伍建设、经济政策、信息化建设等方面细化规划了目标实现的路径。各试点制定量化实施计划有助于安宁疗护的有序规范发展，把控安宁疗护服务数量、质量的提升。

第二，整合基层卫生资源，提供居家安宁疗护服务。近年来，中国致力于医疗卫生资源的合理分配和下沉，截至2020年全国范围内有970036家基层医疗卫生机构②。对于经评估失能程度较低、对医疗资源依赖较低的人群，由基层医疗卫生机构经培训提供上门服务，开展居家安宁疗护，既能快速增加安宁疗护的服务数量，又能通过整合资源降低发展成本。

2. 统筹社会力量发展安宁疗护

第一，继续鼓励社会资本投资安宁疗护服务。为调动社会资本投资养老产业的积极性，国家发展改革委等部门于2019年2月20日联合发布了《城企联动普惠养老专项行动项目和资金管理办法（试行）》，各地方政府也出

---

① 《关于印发北京市加快推进安宁疗护服务发展实施方案的通知》，北京市人民政府，（2022-02-14）［2022-03-23］，http：//www.beijing.gov.cn/zhengce/zhengcefagui/202202/t20220217_2611431.html。

② 《中国统计年鉴2021》，［2022-03-22］，国家统计局，http：//www.stats.gov.cn/tjsj/ndsj/2021/indexch.htm。

台相应政策吸引社会资本参与安宁疗护。但现有安宁疗护资源远不足以应对深度老龄化带来的需求挑战，仍需充分利用政策提高社会资本投身安宁疗护事业的积极性，协助安宁疗护快速发展。

第二，面向社会开展安宁疗护职业培训。安宁疗护专业人才缺失是安宁疗护发展中的重要阻碍因素之一。建议面向社会开展安宁疗护公益培训，一方面提高社会对安宁疗护的正确认知，另一方面满足安宁疗护发展对人力资源的需求。对于经培训考核通过的，可予以安宁疗护资质认证。时机成熟时还可以将安宁疗护资质认证纳入国家劳动保障部门认证体系进行统一管理。

第三，面向社会进行安宁疗护科普宣传。目前中国安宁疗护的社会认知程度较低，甚至不少人将安宁疗护与安乐死等相似概念混淆。认知不足或错误对人们基于正确理解、选择安宁疗护服务产生阻碍。向大众进行安宁疗护科普宣传，既能解决人们认识不足或错误的问题，提高安宁疗护的接受度，又能引发人们对死亡的提前思考，预先签署医学预嘱，便于安宁疗护的实践推进。

3. 协调安宁疗护与其他政策配套

第一，将统一格式的医学预嘱纳入电子病历。电子病历工作的推进对保障医疗质量和安全、提高医疗服务效率、改善群众就医体验等具有重要意义。在实践中患者明确的医学预嘱是安宁疗护服务顺利开展的重要基础。为防止出现医务人员对患者的医学预嘱不知情导致作出违反患者医学预嘱的医疗措施，建议将医学预嘱纳入患者的电子病历。同时，为保证医务人员能在短时间快速了解医学预嘱的内容，建议医学预嘱使用统一格式。具体格式及内容可以参考中国卫生法学会、中国老年学和老年医学学会安宁疗护分会、中国医师协会—北京大学患者安全与医患关系研究中心共同发起和制定的"医学预嘱书"和"医疗选择代理人委托授权书"示范文本专家共识（2019年第一版）。

第二，探索适合安宁疗护的医保考评机制。医保总额控制是落实深化医药卫生体制改革精神、加强医保精细化管理、保证医保基金收支平衡的重要方式。目前已有66.7%的统筹地区对精神病、安宁疗护、医疗康复等需要长期住院治疗且日均费用较稳定的疾病开展按床日付①。考虑到安宁疗护服务临终期患者的特殊性，建议针对安宁疗护服务规律和特点探索适合的医保考评机制，实现对安宁疗护服务的合理监督，不因控制医保费用过分缩短患者接受安宁疗护服务的时间。

第三，适当放宽或豁免安宁疗护的病床周转率要求。自20世纪80年代起病床周转率就是中国医院的考核指标之一，提高病床周转率对缩短患者住院时间、实现医疗资源最大化利用具有积极意义，但安宁疗护的服务内容决定了部分患者有长期住院需求。据此，建议适当放宽或豁免对安宁疗护的病床周转率要求，避免出现为追求高病床周转率影响患者接受安宁疗护服务质量的问题。

4. 统一布局优化配置安宁疗护资源

第一，有序配置城乡安宁疗护资源。为满足乡村安宁疗护的紧迫需求、城镇安宁疗护的大量需求，建议合理有序地针对城乡不同的需求优化配置安宁疗护资源。特别是要结合当前深化县域综合医改政策，强化乡村基层医疗卫生机构提供安宁疗护能力，快速为乡村居民接受安宁疗护服务提供保障，化解乡村深度老龄化的压力。

第二，借鉴有益经验快速提升治理能力。目前已有多个国家和地区在发展安宁疗护事业上取得了阶段性成果，各个国家和地区的政策都在安宁疗护事业发展中起到关键性作用。在结合具体实际的基础上，了解和借鉴这些有益经验可以避免出现不必要的问题，帮助提升治理能力，推出更加切实可行的政策，助力安宁疗护事业发展。

（二）法律方面

基于当前安宁疗护法律既有基础也有障碍的事实，就突破法律瓶颈提出以下建议。

---

① 《国家医疗保障局关于政协十三届全国委员会第三次会议第2235号（社会管理类177号）提案答复的函》，（2020 - 09 - 22）［2022 - 03 - 23］，国家医疗保障局，http：//www. nhsa. gov. cn/art/2020/9/22/art_26_3618. html。

1. 细化现有规定，增强实践效果

第一，强化意定监护程序规定。意定监护是保障安宁疗护患者行使自主权的有力制度。为提高意定监护的公示力，保证公证的法律效力，建议确定统一的意定监护公证程序，规范意定监护的公证内容。同时，有必要建立意定监护查询登记机制，无论意定监护是否经过公证，都应在统一平台中登记意定监护相关信息，为意定监护人表明监护身份提供便利，维护意定监护的法律效力。

第二，加强预防虐待配套规定。接受安宁疗护服务的对象受制于身体能力快速衰退，其社会能力、法律能力也相应受限或丧失。尽管根据《刑法》第 260 条的规定，负有监护、看护职责的个人或单位，虐待被监护、看护人的，构成虐待被监护、看护人罪，但考虑到实践中举证等行使法律权利行为的难度，应加强对预防虐待的配套规定。建议相关医疗、养老机构在当事人或代理人同意的情况下，于当事人接受服务期间全程进行 24 小时护理监控录像，并且保存期自当事人出院或去世起计算，不得少于三年。

2. 明确关键问题，创造立法环境

第一，鼓励积极探讨安宁疗护法律问题。当前安宁疗护中的诸多问题在医疗、法律、伦理等学界存在较大争议，阻碍了安宁疗护的立法进程。建议相关部门组织安宁疗护服务从业人员、医学伦理和医事法学学者，积极探讨安宁疗护争议话题，形成较为一致的意见，解决安宁疗护专门立法中的分歧问题。

第二，加大安宁疗护相关法律宣传力度。在各界探讨形成统一看法的基础上，面向安宁疗护从业人员进行安宁疗护相关法律宣传。结合面向大众进行的安宁疗护科普宣传成果，为安宁疗护专门立法创建适合的社会环境，从而起到推动安宁疗护发展的作用。

药事管理的法律问题

Legal Issues of Pharmacy Administration

B.9

药物临床试验中的主要法律问题

孙佳佳　张旭露　顾嘉瑞　宋爱武　杨国庆*

摘　要： 医药工业是关系国计民生、经济发展和国家安全的战略性产
业，是健康中国建设的重要基础。随着中国医药创新及临床急
需重大疾病治疗药物的研发和产业化步伐日益加快，药物临床
试验的数量大幅攀升，相关法律法规亦随之不断修订和完善，
但实践中的法律问题也明显增多。针对实践中产生的包括知情
同意不规范、研究者失职或缺位药物临床试验数据不合规等法
律问题，建议立法明确药物临床试验各方主体的责任归属、强
化卫生健康部门在药物临床试验中的监管地位以及建立药物临
床试验合规管理体系，以期推进药物临床试验法律规范体系的
完善。

---

　*　孙佳佳、张旭露、顾嘉瑞，北京市炜衡律师事务所律师；宋爱武，DIA 质量社区工作组成员、
中国临床质量保证论坛主题专家组成员；杨国庆，上海复宏汉霖生物技术股份有限公司临床
质量保证副总经理。

关键词： 药物临床试验　医药创新　知情同意　研究者责任　数据合规

导　言

药物临床试验不仅关系到一国民众的医疗健康发展，在药物临床研发全球化背景下，也可能会关系到全球民众的健康福祉。《"十四五"医药工业发展规划》《"十四五"生物经济发展规划》发布以来，国家大力鼓励新药研发，药物临床试验的数量一直持续增长。伴随着试验数量增长，虽然药物临床试验相关法律法规正持续不断修订与完善，但药物临床试验实践中的法律问题较以往亦明显增加。本文通过考察药物临床试验的基本概念和流程、中国药物临床试验法律体系以及实践中的法律问题，分析问题的成因并提出建议，以期为国内药物临床试验合法合规性的完善提供路径。

一　药物临床试验概述和现状

（一）药物临床试验的发展现状

党的二十大报告强调，要深化医药卫生体制改革，促进医保、医疗、医药协同发展和治理①。国家《"十四五"医药工业发展规划》《"十四五"生物经济发展规划》亦强调要健全医药创新机制，加快临床急需重大疾病治疗药物的研发和产业化。

一方面，国家将创新性纳入国家医药评价维度，在国家深化医药改革、鼓励医药创新的大背景下，政策利好吸引了大批海外医药创新人才回国创

---

① 《习近平在中国共产党第二十次全国代表大会上的报告》，2022年10月25日，新华网，http://www.news.cn/politics/cpc20/2022-10/25/c_1129079429.htm，最后访问日期：2023年8月7日。

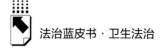
业，创新药企亦如雨后春笋般在全国各大城市创立，仅苏州一地就集聚了超过 3800 家医药创新相关的生物医药企业①。相应地，中国药物临床试验数量亦随之持续增长，根据《中国新药注册临床试验进展年度报告（2022 年）》，2022 年一年登记并公示的药物临床试验项目总量共计 3410 项。

另一方面，原国家食品药品监督管理总局在 2017 年 6 月正式加入国际人用药品注册技术协调会（The International Council for Harmonisation of Technical Requirements for Pharmaceuticals for Human Use，ICH），并于 2018 年当选为管理委员会成员，此举意味着在制药领域中国接受并参与国际通行规则的制定和实施②。中国主动拥抱国际公认药品管理组织，促进国内标准规范与国际先进标准接轨，对于推动药品注册标准的科学发展、提高药品监管力度和水平、促进医药领域供给侧改革以及提升医药产业国际竞争力，均具有重大意义。

随着药品研发快速发展和药品审评审批制度进一步改革深化，2003 年版《药物临床试验质量管理规范》（Good Clinical Practice，GCP）与国际主流认可的 ICH 发布的 Guideline for Good Clinical Practice of the International Conference on Harmonisation（"ICH-GCP"）存在较大差异，其中的一些规定已经不再适用，部分事项亦需明确和细化。国家药品监督管理局和国家卫生健康委结合国情，参考 ICH-GCP 指导原则对 2003 年版 GCP 进行了修订，但该版 GCP 于 2020 年才告颁布。此外，其他与药物临床试验亦密切相关的如《个人信息保护法》《生物安全法》等法律也是近年方才出台或进行了重大修订。因此，不论是中国药物临床试验法律体系的完善程度，还是药物临床试验的相关主体对法律规范的掌握或遵守程度都亟待提升。在医药创新企业和药物临床试验数量激增，而相应的规范体系又尚待完善的背景下，药物临床试验及其法律问题的探讨便尤为重要。

---

① 《产值 2188 亿元　苏州生物医药产业实现爆发式增长》，2023 年 7 月 18 日，凤凰网，http://js.ifeng.com/c/8RWP5yzPslL，最后访问日期：2023 年 8 月 8 日。
② 张明平、李长青：《中国加入 ICH 为全球新药申报与临床研发带来的机遇与挑战》，《药学进展》2019 年第 12 期。

（二）药物临床试验的基本概念及流程

在探讨药物临床试验法律问题之前，需要先明确药物临床试验的概念及试验的基本流程。根据中国 GCP 中的术语界定，临床试验是指以人体（患者或健康受试者）为对象的试验，意在发现或验证某种试验药物的临床医学、药理学以及其他药效学作用、不良反应，或者试验药物的吸收、分布、代谢和排泄情况，以确定药物的疗效与安全性的系统性试验[①]。

药物临床试验流程主要分为药物临床试验准备阶段、申请阶段、实施阶段、上市阶段和上市后再维护阶段等。具体来说，在准备阶段，申办者（通常是医药企业）需进行药学、药理、毒理、工艺等研究所需文件的准备。随后，申办者需向国家药品监督管理局进行开展药物临床试验的申请，并在申请获得默示许可后，在药物临床试验登记与信息公示平台上登记临床试验信息。在实施准备阶段，申办者需选择备案的药物临床试验机构和主要研究者，组织召开研究者会议，设计制定临床试验方案、知情同意书等试验基本文件。在通过国家临床试验机构的立项申请，并获得伦理委员会的同意后，才能开始实施药物临床试验。对于一些需要利用中国遗传资源的国际合作临床试验，还需获得人类遗传资源管理办公室的审批或备案。以受试者和试验目的不同为标准，药物临床试验可以划分为四期，一期主要针对健康受试者，后续阶段则主要面向适应症受试者开展。其中，安全性监管涵盖药物临床试验的全过程（见图 1）。

二 药物临床试验的主体

根据中国 GCP 的相关规定并结合前述流程，国内药物临床试验涉及的相关主体可分为两类。一为药物临床试验的主要参与主体，即申办者、受试者、医院、研究者和合同研究组织等；二为药物临床试验的外部监管机构，

[①] 《药物临床试验质量管理规范》第 11 条第 1 项。

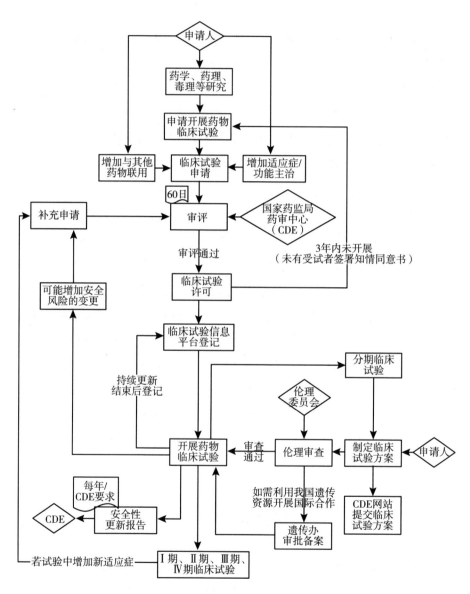

图1 药物临床试验准备及启动阶段流程

即卫生行政部门、药品监督管理部门、卫生健康主管部门等。

药物临床试验的主要参与主体之一是申办者。根据中国 GCP 的术语界定，申办者是指负责临床试验的发起、管理和提供临床试验经费的个人、组织或者机构①。作为药物临床试验的发起方和最终责任人，申办者需对药物临床试验的全流程负责，并且，申办者或受申办者委托的合同研究组织（Contract Research Organization，CRO）需建立覆盖临床试验各阶段的临床试验质量管理体系。在试验启动阶段，申办者负有前期调研、资质审查和合同管理的职责，应当组织制定内容全面、更新及时的试验方案和研究者手册；同时，申办者应当选用具备开展临床试验资质的临床试验机构和研究者，与各方主体签订权责明确的临床试验合同，并在试验过程中监督合同的落实。在申请阶段，申办者应当向药品监督管理部门、GCP 机构、伦理委员会提出试验申请并获得许可或同意意见。在实施前以及实施阶段，申办者负有对试验实施、数据的真实可靠性、知情同意书签署等活动进行监查和稽查的责任。

药物临床试验的另一参与主体是研究者。根据中国 GCP 的术语界定，研究者是指实施临床试验并对临床试验质量及受试者权益和安全负责的试验现场的负责人②。临床试验由主要研究者（Principal Investigator，PI）总负责，合作研究者（CO-Investigator，CI）、协助研究者（Sub-Investigator，Sub-I）等其他人员在其指导和协调下参与工作。由此可知，研究者的职责主要为实施临床试验。围绕临床试验的实施，研究者应当履行知情同意、试验数据记录与安全性报告等义务，以其专业性保证药物试验数据的可靠性、实施的安全性，保障受试者权益。

与研究者相对的主体则是受试者。在中国 GCP 中，受试者是指参加一项临床试验，并作为试验用药品的接受者，包括患者、健康受试者。在药物临床试验实施过程中，受试者除享有生命权、健康权、身体权等基本人权

① 《药物临床试验质量管理规范》第 11 条第 7 项。
② 《药物临床试验质量管理规范》第 11 条第 6 项。

外，还享有基于药物临床试验的特殊权利，即知情同意权。受试者在药物临床试验开展之前应当被告知可能影响其作出参加临床试验决定的各方面情况，从而使其可以依自己的意愿决定是否同意参加临床试验，并签署书面的、写明姓名和日期的知情同意书作为文件证明；同时，对受试者知情同意权的保护程度因不同的主体和情况而有所不同，中国 GCP 针对无民事行为能力人、限制民事行为能力人以及儿童等弱势受试者的知情同意均作出了特殊规定，这与《民法典》对无或限制民事行为能力人以及未成年人监护制度的规定保持了统一。此外，在无法获得受试者知情同意的紧急情况下，其监护人亦可代表受试者签署知情同意书。

伦理委员会是保障临床试验受试者权益的重要机构，是指由生命科学、医学、生命伦理学、法学、社会学等领域的专家和非本机构的社会人士组成的委员会，其职责是独立地审查、同意、跟踪试验方案及相关文件，以及获得和记录受试者知情同意所用的方法和材料等，确保受试者的权益、安全受到保护。

此外，药物临床试验的主体还有合同研究组织（Contract Research Organization，CRO）、现场管理组织（Site Management Organization，SMO）等。此类主体在药物临床试验实施流程中起到辅助作用，以保障药物临床试验的顺利进行。在中国 GCP 中，合同研究组织指通过签订合同授权，执行申办者在临床试验中的某些职责和任务的单位①，在药物临床试验过程中扮演重要角色。申办者应通过签订相关合同，将其临床试验的部分或者全部工作和任务委托给合同研究组织，由合同研究组织实施质量保证和质量控制，并通过派遣临床监查员（Clinical Research Associate，CRA），协助申办者执行试验中的部分监查、数据管理等工作。但申办者仍是最终责任人。

与服务于申办者的合同研究组织不同，现场管理组织主要服务于研究者，在主要研究者指导下辅助日常非临床工作，通过派遣临床研究协调员（Clinical Research Coordinator，CRC），减少研究者的非临床工作量，提高临

---

① 《药物临床试验质量管理规范》第 11 条第 8 项。

床试验的整体效率，并使之符合药物临床试验相关规范的要求。

除前述实施主体外，行政机关亦会进行全流程监管。临床试验机构和研究者作为医疗机构及其成员，受到卫生行政部门和卫生健康主管部门以及药品监督管理部门的监管，而申办者为药品上市所进行的临床试验则全程受到药品监督管理部门的监管，既包含申请阶段的许可审批，又包含在后续试验实施阶段对药物临床试验机构的试验方案依从性、数据记录、执行 GCP 情况等的检查。

三 中国药物临床试验法律规范体系

中国药物临床试验法律规范体系由通用纲领性文件和专门性文件构成。通用纲领性文件主要包括对药物临床试验的部分事项作出规定的相关上位法律、行政法规、部门规章、政策及指导意见，专门性文件则包括针对申请和实施药物临床试验的专门性行政法规、部门规章、部门规范性文件，以及药品上市许可和上市后再维护的相关法律规范。其中，GCP 作为专门针对药物临床试验制定、更加详尽的部门规范性文件，对保证药物临床试验过程合法合规，确保数据和结果的科学、真实、可靠，及保护受试者的权益和安全等具有指导作用，是贯穿药物临床试验全过程的核心规范。

中国药物临床试验的法律规范体系，本质上是以 GCP 为核心，以通用纲领性法律规范为指引，以专门性行政法规、部门规章和其他规范性文件等为具体实施准则的体系。下文将通过对通用纲领中涉及药物临床试验的部分以及申请与实施阶段的具体临床试验重要法律文件的分析总结，按照效力位阶层级梳理药物临床试验的法律规范体系。

其一，在全国人大及全国人大常委会颁布的上位法中，有对药物临床试验部分事项有所规定的法律，如《民法典》《医师法》《基本医疗卫生与健康促进法》《药品管理法》等法律对伦理审查和知情同意事项作出了规定；《药品管理法》规定了药物临床试验的相关主体必须遵守 GCP 以及违反

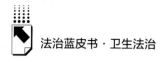

GCP 的法律责任（见表1）；上位法中亦有虽并未针对药物临床试验的专门规定，但可对试验过程和试验行为予以规范的法律规范，如对药物临床试验数据与信息可予规范的《个人信息保护法》《数据安全法》《著作权法》，以及能够适用于规范药物临床试验监管部门和被监管主体的《行政复议法》《行政许可法》等。

表 1　药物临床试验相关法律

位阶	机关	生效日期	文件名	相关规定
法律	全国人民代表大会	2021.01.01	《民法典》	知情同意和伦理审查 第 1008 条
	全国人大常委会	2021.04.15	《生物安全法》	人类遗传资源的备案 第 56 条
		2020.06.01	《基本医疗卫生与健康促进法》	知情同意和伦理审查 第 32 条
		2022.03.01	《医师法》	知情同意 第 26 条 国家实行医师执业注册制度 第 33 条
		2019.12.01	《药品管理法》	遵守药物临床试验质量管理规范 第 17 条、第 19 条 伦理审查 第 20 条 知情同意 第 21 条 申办者责任 第 22 条
		2021.06.10	《数据安全法》	第四章"数据安全保护义务" 第 27 条至第 36 条 第六章"法律责任" 第 44 条至第 52 条
		2021.11.01	《个人信息保护法》	第二章至第七章

说明：除表中列举的相关法律法规外，还存在具体领域的规范，如《人类辅助生殖技术和人类精子库伦理原则》《干细胞临床研究管理办法（试行）》等。表中"相关规定"一列仅摘取了部分临床试验相关条款或条款中的相关部分条文序号，完整条款以法律法规原文为准。

其二，药物临床试验的专门性文件则主要由针对药物临床试验的专门性行政法规、部门规章及相关规范性文件组成（见表2），且相关实施准则亦系围绕 GCP 所制定的具体监管规范。

表2 药物临床试验相关法律规章

位阶	文件名称	颁布机关	发布时间
行政法规	《药品管理法实施条例》（2019 年修订）	国务院	2019.03.02
	《医疗机构管理条例》（2022 年修订）		2022.03.29
	《人类遗传资源管理条例》		2019.05.28
部门规章	《药品注册管理办法》	国家市场监管总局	2020.01.22
	《涉及人的生命科学和医学研究伦理审查办法》	国家卫生健康委、教育部、科学技术部、国家中医药管理局	2023.02.18
	《涉及人的生物医学研究伦理审查办法》	原国家卫计委	2016.10.12
部门规范性文件	《药物临床试验机构监督检查办法（试行）》	国家药监局	2023.11.03
	《药物临床试验质量管理规范》（2020 年修订）	国家药监局、国家卫生健康委	2020.04.23
	《药品注册核查工作程序（试行）》	国家药监局	2021.12.20
	《药物警戒质量管理规范》	国家药监局	2021.05.07
	《关于做好药物临床试验机构备案工作的通知》	国家药监局	2019.11.29
	《药物临床试验机构管理规定》	国家药监局、国家卫生健康委	2019.11.29
	《关于开展药物临床试验数据自查核查工作的公告》	原国家食药监局	2015.07.22
征求意见稿	《药物临床试验机构监督检查要点和判定原则（征求意见稿）》	国家药监局食品药品审核查验中心	2023.07.03

四 中国药物临床试验在实践领域存在的主要问题

（一）知情同意不规范，难以有效保护受试者合法权益

1. 知情同意的相关法律规定

在法律层面，《民法典》第 1008 条规定药物临床试验应当经过伦理委

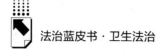

员会的伦理审查以及受试者的书面知情同意，实质上是通过将受试者知情同意权写入《民法典》人格权编而实现私法赋权，给予了受试者在私法领域寻求救济的权利①。而针对药品研发生产经营使用管理、医师执业管理的专门法律《药品管理法》《医师法》《基本医疗卫生与健康促进法》②，以及专门性部门规章《药品注册管理办法》③《涉及人的生物医学研究伦理审查办法》中亦存在关于伦理审查和知情同意的规定，体现了在公法层面对受试者知情同意的保护。中国 GCP 中对于知情同意的详细规定，则体现了在具体落实层面对受试者的保护。

2. 知情同意实务领域存在的问题

前述 GCP 等规范已就伦理审查和知情同意等作出规定，明确了知情同意书应当包含的内容、不同主体的知情同意情形以及知情同意的相关标准，以保障受试者的知情同意权。然而，查阅相关案例可以发现，司法实践中仍存在因受试者未被充分告知、保险补偿条款争议、受试者不认可签署主体等知情同意问题引发纠纷，进而法院认定知情同意环节存在侵权或违约情形的案例。

第一，因受试者未被充分告知而引发的纠纷。中国 GCP 规定，研究者或指定研究人员应当充分告知受试者有关临床试验的所有相关事宜④。在（2006）宁民一终字第 1211 号案中，法院认为，尽管原告未遭受身体健康的损害后果，且形式上签订了知情同意书，但医院和药厂仍负担根据试验进展情况进行说明和充分履行知情同意的义务，需告知试验行为对受试者疾病的影响。而医院和药厂的未充分告知行为，影响了受试者是否选择继续试验，侵害了受试者的决定权。同样，在（2017）内 0502 民初 8898 号案中，法院认为，医院以格式条款打印相关知情同意书面材料，其中临床研究方法表述为"随机、双盲双模拟、阳性药与安慰剂对照、多中心临床试验方

---

① 参见孟祥菡《我国人体临床试验受试者知情同意权的法律保护》，《人权》2022 年第 1 期。

② 《药品管理法》第 21 条、《医师法》第 26 条、《基本医疗卫生与健康促进法》第 32 条。

③ 《药品注册管理办法》第 32 条、《涉及人的生物医学研究伦理审查办法》第 18 条。

④ 《药物临床试验质量管理规范》第 23 条第 4 项。

法"，该表述并不能让受试者或家属明确理解此种方法的准确含义，且确认签名的人员姓名书写存在错误，表明医院未尽到充分的说明义务。因此，即便形式上签署了知情同意书，但申办者和试验机构未就试验实质内容以受试者能够明确理解的程度对受试者进行告知的，仍会被认定为未履行充分告知义务。

第二，因知情同意书载明的保险条款而引发的纠纷。中国 GCP 规定，申办者应当采取保险等适当方式保证受试者和研究者能够收到补偿或者赔偿①。在（2017）粤 01 民终 268 号案中，受试者签署的知情同意书中"对于损害或者并发症的赔偿"条款载明资助方已提供保险。法院认为，知情同意书应被认定为由申办者、资助方提供的格式条款。在受试者与申办者、资助方对"对于损害或者并发症的赔偿"这一条款存在争议的情况下，按照通常理解及不利于提供格式条款一方的解释规则，应采纳受试者一方关于该条款涉及保险的解释，即该保险应当以受试者为被保险人，目的在于为试验过程中遭受损害的受试者提供补偿，此应属于申办者对受试者作出的承诺。若申办者并未为受试者购买保险，则足以认定其违约事实。因此，知情同意书中的格式条款应当适用不利于提供方的解释规则。

第三，因受试者不认可签署主体引发的纠纷。在（2015）昆民三终字第 52 号案中，法院认为，知情同意书上仅有受试者女儿的签字，在受试者本人予以否认的情况下，医院未能向法院提交证据证实其已经将该项治疗研究内容向受试者本人进行了明确告知并取得同意，亦不能举证证实存在不宜征询本人意见而由其亲属代为同意的客观情况。因此，在不存在涉及无或限制行为能力人、儿童等特殊主体的情况下，近亲属代签知情同意书不能被认定为取得受试者的知情同意。

（二）研究者失职致使受试者权益受损

1. 研究者责任的法律规定
通过对《医师法》《药品管理法》和 GCP 等相关规范的梳理总结，研

---

① 《药物临床试验质量管理规范》第 39 条。

究者承担以下法定责任：在遵守试验方案的前提下开展临床试验并亲自作出医学判断或临床决策，亲自诊查、调查并填写相关医学文件；向受试者充分说明临床试验具体方案及试验药品，并取得受试者知情同意；及时处理不良事件；监督所有研究人员依法依规执行试验方案、履行工作职责，并采取措施实施质量管理，保护受试者权益和安全，保证临床试验数据真实、准确、完整等。

2. 研究者的实务问题

（1）研究者涉腐问题多发

上海市金山区市场监管局曾对四家临床试验服务机构的商业贿赂行为作出处罚，分别处以罚款12万元至240万元不等。值得注意的是，这四家公司被处罚的原因均系对其开展药物临床试验合作的临床试验机构负责人员进行商业贿赂。2022年8月，上海市金山区市场监管局又发布一则行政处罚，江苏某生物技术公司作为临床CRO公司，为维护与时任某医院新药临床研究中心主任的关系而对其进行商业贿赂，被处以罚款10万元。由此可见，随着医疗改革的不断深化和健康中国战略的持续推进，医疗领域的腐败问题也日益凸显，尤其是在药物研发竞争白热化的背景下，药物临床试验领域的权力寻租问题逐渐成为医疗腐败新的表现形式。

2020年8月，中央纪委国家监委在关于重点领域正风反腐观察系列报道中指出，医疗领域贪污腐败问题严重，直接侵害国家和人民利益①。中央纪委国家监委以如下案件为药物临床试验中研究者腐败的典型案例：上海市公共卫生临床中心药物临床试验机构办公室原主任顾某任职期间，利用主管医用器械、药品临床试验监控管理等工作便利，通过提前药品临床试验排期、违规从事临床试验等方式为多人牟取利益、多次收受多家药企贿赂共计150余万元，并收受多家公司干股；同时利用管理试验费用的职务之便，非法侵占试验费用十余万元，最终被给予政务开除处分并被判处有期徒刑5年。该判决

---

① 《重点领域正风反腐观察，深挖彻查医疗腐败》，中央纪委国家监委网站，2020年8月4日，https://www.ccdi.gov.cn/toutiao/202008/t20200804_223204.html，最后访问日期：2023年8月7日。

书亦指出了多家药企向顾某行贿的事实，其中包括上海韧致医药科技有限公司、扬子江药业集团上海海尼药业有限公司、翰博瑞强（上海）医药科技有限公司、重庆恒真维实医药科技有限公司、天津凯莱英医药科技有限公司等[①]。

根据相关新闻报道，受试者入组的速度和质量决定了研究的进度，如果临床试验无法按期完成，会影响整个研发进度；药品临床试验的排期亦直接影响药品注册上市时间，从而间接影响药企相关药品项目的市场收益。因此，在药物临床试验领域，药企向相关研究机构或研究者行贿的情况屡见不鲜[②]。

（2）研究者的缺位

2023 年抗肿瘤创新药物临床研究论坛有发言称："很多医生不做临床研究，全部是把它交给 CRA（Clinical Research Associate，临床监查员）、CRC（Clinical Research Coordinator，临床研究协调员），特别是 CRC。"在这之后不久，医药行业又出传闻，北京某著名三甲医院临床中心某 CRC 代替医生发药时，将 4mg 的地塞米松误写成 40mg，因剂量错误导致研究参与者（受试者）健康受到损害[③]。

有专家解释，在各种压力下，协调员会代替研究者完成部分工作。实践中，有些研究者法律意识不强，曾出现知情同意不规范、不履行知情同意书约定等情形；研究者不遵守相关法律规定，将本人的医院信息系统账号密码交给他人（如临床研究协调员），由研究协调员使用其账号书写研究病历，甚至开具临床试验处方的情况亦常有发生。但根据 GCP 第 6 条的规定，研究者在临床试验过程中应当遵守试验方案，凡涉及医学判断或临床决策均应当由临床医生作出。上述情况中协调员超越职责替代研究者进行医疗诊断，不仅会给临床试验质量造成严重影响，还会使受试者的生命安全受到威胁。

---

① 参见上海市金山区人民法院（2020）沪 0116 刑初 168 号刑事判决书。
② 高瑜静：《药物临床试验腐败案公开，近 20 家药企卷入》，《中国经营报》2020 年 6 月 13 日，http://www.cb.com.cn/index/show/bzyc/cv/cv13460731643。
③ 史晨瑾：《临床试验踩"红线"：专家挂名百余项目，协调员越界诊疗》，微信公众号"健康国策 2050"，2023 年 7 月 1 日，https://mp.weixin.qq.com/s/9jCH22qYG5qfcbPnSJkVQ。

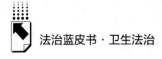

（三）数据合规问题

在药物临床试验过程中，研究者会从中获得各种数据，而这种数据又可以帮助研究者测试试验药品的有效性和安全性，因此，药品注册申请人应当谨慎保管试验过程中的相关数据。

1. 数据合规的法律规定

药物临床试验过程中的数据，包括在方案设计、组织实施、监查、稽查、记录、分析、总结和报告等过程中所产生的相关数据，应当被妥善地记录、处理和保存，并且应当符合《世界医学大会赫尔辛基宣言》原则及相关伦理要求。

除了专门对数据安全进行规制的《个人信息保护法》《数据安全法》等法律外，医药行业也对行业数据安全和质量进行了规范，这类文件更有针对性（见表3）。

表3   数据合规的主要规范

通用数据规范	医药行业数据规范
《民法典》 《个人信息保护法》 《网络安全法》 《数据安全法》 《最高人民法院 最高人民检察院关于办理危害药品安全刑事案件适用法律若干问题的解释(2022)》	《药品管理法》 《生物安全法》 《药物临床试验质量管理规范》 《临床试验数据管理工作技术指南》 《临床试验的电子数据采集技术指导原则》 《药物临床试验数据监查委员会指导原则》 《国家食品药品监督管理总局关于开展药物临床试验数据自查核查工作的公告》(2015年第117号) 《国家药监局关于发布药品记录与数据管理要求(试行)的公告》(2020年第74号)

2. 数据合规的实践问题

（1）"7·22"核查风暴

2015年7月22日，原国家食品药品监督管理总局发布了《关于开展药物临床试验数据自查核查工作的公告》（2015年第117号），该文件被医药行业称为"7·22"核查风暴的开端，要求以"最严谨的标准、最严格的监管、最严厉的处罚、最严肃的问责，确保广大人民群众饮食用药安全"，从源头保障药品安全有效。该文件从七个方面规定了药品注册申请人的自查内容，包括数据的一致性、受试者筛选、入组和剔除情况、临床方案违背例数等[①]。医药企业、临床试验机构和 CRO 三方积极响应号召，积极接受现场核查，并开展了多批次的自查工作。"7·22"核查风暴历时较长，最终，涉及的 1622 个自查申请中，超过 80% 的申报材料由企业主动撤回[②]。

"7·22"核查风暴带来的影响并不仅限于此，文件的严格要求使一些药企损失惨重。例如，2004 年 3 月，贵州信邦制药与广东泰禾生物签订《人参皂苷-Rd 原料药及人参皂苷-Rd 注射液技术转让联合研制协议》，根据协议，贵州信邦制药要向广东泰禾支付人民币 4300 万元，以获得中药 I 类新药人参皂苷-Rd 的新药证书、专利使用权和专用生产权。2012 年 6 月，国家药品审评中心组织召开了药品审评会。然而，彼时恰好原国家食品药品监督管理总局发布了《中药新药治疗中风（脑卒中）临床试验指导原则》，由于临床数据合规存在问题，贵州信邦制药不得不撤回注册申请。2015 年 11 月，原国家食品药品监督管理总局正式发布《中药新药治疗中风研究技术指导原则》，临床自查核查风暴让原本就在临床数据方面存在问题的贵州信邦制药彻底对该产品绝望，最终同意终止人参皂苷-Rd 的新药研究及注册，并对已向广东泰禾生物支付的款项全额计提减值准备[③]。

（2）药品检查工作报告

从国家药品监督管理局食品药品审核查验中心 2022 年 6 月 26 日发布的《国家药监局核查中心 2021 年度药品检查工作报告》来看，审查中心重视

---

① 《国家食品药品监督管理总局关于开展药物临床试验数据自查核查工作的公告（2015 年第 117 号）》，国家药品监督管理局网站，2015 年 7 月 22 日，https://www.nmpa.gov.cn/yaopin/ypggtg/ypqtgg/20150722173601172.html，最后访问日期：2023 年 8 月 31 日。

② 雷公：《"722 风暴"再袭！国家药审中心出台新规，覆盖所有品种》，搜狐网，2021 年 12 月 20 日，http://news.sohu.com/a/510322368564023。

③ 《722 核查风暴持续发威！两家药企损失近亿元》，百济健康商城，https://www.baiji.com.cn/news/baiji_news/2017/0407/291593.html。

对药品注册的核查，通过对申报资料的真实性、一致性以及药品上市商业化生产条件进行核实，来检查申请人研制过程的合规性、数据可靠性等。在药品注册核查项目中，不合格率为0.8%，在药物临床试验数据核查中发现的主要问题包括：原始病历记录不详细、不完整；方案偏离未报告；个别量表的填写和修改不规范；试验用药的记录不准确；安全性信息记录不完整；合并用药记录不全等，违反了《医师法》《药品管理法》和GCP关于研究者和临床医生责任及数据合规方面的相关规定。

五　中国药物临床试验法律制度展望

中国药物临床试验的法律体系在2020年新版GCP以及相应的具体规范出台后，无论是与国际接轨程度还是体系自身的完善程度，都已经有了巨大提升。但伴随药物临床试验数量的增长，实践问题依然层出不穷，中国药物临床试验法律仍存在需要发展完善的部分。

第一，提高GCP的效力位阶，或在上位法中明确药物临床试验各方主体的责任及惩罚性条款。与欧美的临床试验法规性文件相比（如欧盟Clinical Trial Regulation，美国Code of Federal Regulations Title 21–Food and Drug Administration 即 FDA 21 CFR 中相关条款），中国GCP仅为部门规范性文件，其效力位阶相对较低，实践中难以有效约束相关主体，因此临床试验实施过程中不规范的现象时有发生，这也将受试者的生命安全和身体健康置于风险之中。例如，虽然GCP已明文要求申办者需建立药物临床试验质量管理体系，对如何把控试验质量也作了相关规定①，但由于其位阶问题，实践中申办者往往并不完全遵照其执行。因此，建议提高GCP的效力位阶，或在上位法中进一步明确相关主体的责任，以更好地促进药物临床试验的合规化，也得以间接强化对受试者健康和安全的保障。不过值得注意的是，国家药监局2022年5月发布了《药品管理法实施条例（修订草案征求意见

---

① 《药物临床试验质量管理规范》第30条。

稿)》，对临床试验申办者的责任、申办者变更的衔接、伦理审查要求等均进行了细化，其中第 18 条即为要求申办者承担建立药物临床试验质量管理体系责任的条款。虽然该征求意见稿目前尚无新进展，但一旦该条例的修订版本得以正式颁布，则诸如建立药物临床试验质量管理体系等要求将成为行政法规层面的规定，不仅将大幅提升对相关主体的约束力，更能够推动药物临床试验的规范化进程。

第二，明确或进一步强化卫生健康委在药物临床试验中的监管地位。在临床试验的监督和检查过程中，卫生健康委应和药监局相互配合，相互支持。虽然 2020 年 GCP 是由国家药监局和国家卫生健康委联合发布的，但 GCP 并未明确卫生健康委在药物临床试验中的监管地位，在试验实施过程中均由药监局承担培训和检查职责。实践中，药物临床试验的主要实施地多为医院，且临床试验的实施人或研究者大部分为各知名医院的科室主任或学科带头人，而作为医院和研究者上级主管部门的卫生健康委却未被赋予对应的监管地位，这将导致医院和研究者在出现临床试验法律问题时得不到相应的处罚。因此，只有明确或进一步强化卫生健康委在药物临床试验中的监管地位，才能充分发挥其卫生健康管理职能，才能全局把控药物临床试验的全过程，保障用药安全。

第三，建立药物临床试验合规管理体系。其一，围绕知情同意合规化，加快构建标准化操作流程并出台具体操作指引，以更好地保障受试者的知情同意权。基于前文对知情同意领域实务问题的分析，知情同意合规可归纳为以下三个要件：①须符合 GCP 关于知情同意书的形式要求，即包含临床试验的基本情况、受试者收益与风险及权利保护等内容，尤其是对风险的告知；②须使用受试者能够充分理解的方式，充分告知受试者知情同意书的内容；③在试验实施过程中，发生可能影响受试者参与试验的相关情况时，须及时告知并保证受试者拒绝参加或退出试验的权利。作为试验实施主体的申办者和临床试验机构应基于上述标准搭建一套知情同意标准化操作流程，以实现对受试者充分告知的结果；作为监管主体的国家或地方药物监督管理部门亦应建立知情同意的统一操作流程，如将肿瘤临床研究受试者知情同意共识等专家共识上升到国家层面，以便向临床试验的实施主体提供具体的操作指引，进而更好地保护受试者的合法权益。其二，围绕研究者失职或缺位的法律责任，在未来立法中作出明文规范。《医师法》等相关法律规范并未对研究者缺位的法律责任作出明确规定，《药品管理法》虽规定了相关责任人未遵守药品生产质量管理规范的法律责任和罚则，但仍较模糊。对于研究者个人的责任，可参考《医师法》第 56 条[①]的规定，对违反法定责任的研究者主体予以处罚，如取消违法研究者继续参与临床试验的资格等，业界对此也有较高的呼声。其三，围绕药物临床试验数据质量管理体系和数据监查体系，建立统一管理标准以保障试验数据的安全性与合规性。首先，对于临床数据质量管理体系的建立，有关部门应针对临床数据问题制定统一管理标准，以便临床数据在医药企业和不同监管、评审机构之间流通。临床试验是一项系统性的工程，包括申办者、研究者等在内的各方参与主体在此过程中都应各司其职，在遵守自身行业规则的同时采取必要措施，互相配合、监督和帮助，以做好临床试验数据的安全合规工作。其次，建立独立的临床试验数据监查委员会，加快完善临床试验数据监查体系。根据国家药品监督管理局药品审评中心 2019 年 9 月发布的《临床试验数据监查委员会指导原则》（以下简称《指导原则》），临床试验数据监查委员会（Data Monitoring Committee，DMC）是一个独立的具有相关专业知识和经验的专家组，负责定期审阅来自一项或多项正在开展的临床试验的累积数据，从而保护受试者的安全、保证试验的可靠性及试验结果的有效性。DMC 和其他各相关方相比，最主要的区别在于，为保障临床试验受试者的利益并提高试验的完整性

---

① 《医师法》第 56 条规定，违反本法规定，医师在执业活动中有下列行为之一的，由县级以上人民政府卫生健康主管部门责令改正，给予警告，没收违法所得，并处一万元以上三万元以下的罚款；情节严重的，责令暂停六个月以上一年以下执业活动直至吊销医师执业证书：（一）泄露患者隐私或者个人信息；（二）出具虚假医学证明文件，或者未经亲自诊查、调查，签署诊断、治疗、流行病学等证明文件或者有关出生、死亡等证明文件；（三）隐匿、伪造、篡改或者擅自销毁病历等医学文书及有关资料；（四）未按照规定使用麻醉药品、医疗用毒性药品、精神药品、放射性药品等；（五）利用职务之便，索要、非法收受财物或者牟取其他不正当利益，或者违反诊疗规范，对患者实施不必要的检查、治疗造成不良后果；（六）开展禁止类医疗技术临床应用。

和可靠性，DMC 需审阅临床试验数据的有效性和安全性，执行周期性的或临时动议的风险获益评估，为申办者提供建议。《指导原则》规定，是否需设立 DMC 可视研究项目的具体需求而定。例如，大多数探索性早期试验、没有重大安全性问题的短期研究可能无须设立专门的 DMC；而对于确证性临床试验，特别是大样本、安全性风险高，包含适应性特征的复杂设计，或者观察周期较长的临床试验来说，设立 DMC 就显得非常必要。虽然根据《指导原则》的内容，DMC 的设立并不具有强制性，但鉴于"7·22"核查风暴带给药企等相关方的经验教训，为避免数据不合规带来的一系列后果，建议药企仍应对研究项目设立专门的规范化 DMC，以保证项目的数据合规性。有效的合规体系有利于推动实现行业法规信息来源规范，进而确保相关主体适时遵守相关法律规范，确保组织能够向员工和社区展示其对实施良好组织行为的承诺，也有助于查明并预防犯罪和不道德行为发生；能够制定响应程序，有助于迅速、彻底调查涉被指控的不当行为，并及时启动适当的纠正措施；能够降低组织面临的民事损害赔偿和处罚、刑事制裁风险并获得行政救济，如程序例外情况等。需争取在临床试验监管主体要求、实施主体内控以及外部协作管理三个部分搭建共识性的合规管理体系，确保监管科学化规范化，药物临床试验的准备、申请、实施和上市等各个环节都有指引可依循。

B.10
中国药品专利链接制度的
立法发展与完善

张浩然　付安之[*]

摘　要： 经历多年探索，2021年《专利法》第四次修改正式引入了药品
专利链接制度，借鉴国际立法实践建立起了药品专利链接制度的
基本架构，该制度处于探索运行阶段，制度运行具体环节需要实
践摸索，配套制度有待进一步完善。尤其针对药品专利链接制度
可能被滥用的情形，现有立法并未作出充分的预估和规制。从鼓
励仿制药与创新药竞争的政策需求出发，未来有待对药品专利信
息公示制度、专利挑战制度、首仿药独占期制度作进一步完善。

关键词： 药品创新　知识产权　药品专利链接　公共健康

一　药品专利链接制度建立的背景

知识产权尤其是专利制度作为激励和调整医药产业持续创新的基本制
度，需要在激励创新和药物可及性两方面进行保障和平衡：一方面，创新药
物研发具有"高投入、高风险、长周期"的特点，为保护研发投资和激励
创新，需要通过知识产权制度赋予创新者在一定期限内对其创新成果的垄断
权，使得创新药在独占期内可以收回研发成本、获取利润；另一方面，药品

---

[*] 张浩然，中国社会科学院法学研究所助理研究员，中国社会科学院知识产权中心研究员；付
安之，国家知识产权局条法司干部。

作为公共健康必需品，法律保护应当在鼓励药品创新与保障公共健康和实现药品可及性之间建立恰当平衡。一般而言，专利药（或称原研药）在专利独占期内价格较高，社会公众较难负担，允许其他厂商生产与原研药具有相同活性成分、相同剂量、相同给药途径、相同剂型、相同适应证的药物（即仿制药）是保障药品可及性和公共健康的重要手段。因此，需要构建原研药与仿制药厂商之间的合理竞争秩序，以确保向公众提供安全、有效、可支付的药品供应。

传统上，专利权人通过专利侵权诉讼制度保护创新成果，通过专利无效和竞争法制协调竞争关系。1984 年美国出台《药品价格竞争与专利期恢复法》（*Drug Price Competition and Patent Term Restoration Act*，或称 Hatch-Waxman 法案），将药品上市审批制度与专利侵权诉讼相衔接，根据专利诉讼结果决定是否批准仿制药上市，开创了药品专利保护的新范式[①]。根据该法案，仿制药公司只需证明其版本的药物在生物学上等同于一种品牌药物，而无须重复证明新药安全性和等效性所需的全部昂贵且耗时的临床试验。作为允许仿制药厂申请者使用临床数据的补偿或交换，Hatch-Waxman 法案授予原研药厂最多五年的专利期限补偿，并实现仿制药的批准与原研药物的专利状态"链接"，将仿制药是否侵犯原研药专利权作为仿制药上市审批的前置条件。该法案通过后，创新药和仿制药数量均实现大幅上涨，该制度在促进美国药品创新与仿制药低成本获取上发挥了巨大作用。在全球范围内，美国通过多边、双边贸易协定，推动加拿大、澳大利亚、新加坡、韩国、秘鲁、中国台湾地区等建立了专利链接制度。在国际条约层面，作为全球最普遍接受的多边协议，1994 年《与贸易有关的知识产权协定》（TRIPs 协定）在订立时未规定药品专利链接制度，伴随着药品专利链接制度在相关国家接受范围不断扩大，其作为"TRIPs-Plus"制度，开始出现在新一轮国际经贸规则中。2016 年美国、日本、韩国、澳大利亚等 12 个国家签署了《跨太平

---

① Ron A. Bouchard et al. , Empirical Analysis of Drug Approval-Drug Patenting Linkage for High Value Pharmaceuticals, 8 Northwestern Journal of Technology and Intellectual Property, 174-227 (2010).

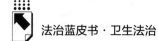

洋伙伴关系协定》（TPP），美国作为 TPP 的主导者将药品专利链接制度写入了 TPP 的知识产权保护章节，2017 年特朗普政府宣布退出 TPP 之后，在日韩等国主导下，TPP 转化为《全面与进步跨太平洋伙伴关系协定》（CPTPP），药品专利链接条款因存在争议被冻结，其尚未成为全球普遍接受的知识产权规则。在欧洲，欧盟并未建立任何形式的药品专利链接制度，欧盟委员会认为专利链接制度与欧盟法相冲突，在专利法层面，药品上市行为并不构成侵权行为①；在药品上市审批中，药品监管和上市批准机构的任务是核查医药产品是否安全、有效和符合质量要求，不得考虑如产品专利状态等其他因素②。意大利曾在国内立法中采纳了专利链接制度，2011 年欧盟委员会正式根据欧盟法宣告"上市审批程序不受工商业财产权保护的影响"，通知意大利废止专利链接制度③。

在中国，过去法律层面并未规定药品专利链接制度。在药品上市审批程序中，受美国法影响，2002 年制定、2005 年和 2007 年两次修改的《药品注册管理办法》曾构建起了药品专利链接的类似制度，要求药品申请上市时提交他人在中国的专利及其权属状态说明，并提交对他人专利不构成侵权的声明。对存在专利侵权纠纷的情形，即如果专利权人主张上市药品存在专利侵权，早期国家食品药品监督管理局会要求申请人作不侵权声明，并判断其是否存在侵权，如果拒绝声明或构成侵权的将不予审批④。此后，国家食品药品监督管理局的立场发生了一定变化，即认为药品注册的条件是安全、有效和质量可控，并不要求对注册药品进行专利审查，对潜在的专利纠纷仅向

---

① European Commission, Pharmaceutical Sector Inquiry (8 July 2009), http://ec. europa. eu/competition/sectors/pharmaceuticals/inquiry/staff_working_paper_part1. pdf, 最后访问日期：2022 年 9 月 24 日。

② Article 81 of Regulation (EC) 726/2004; Article 126 of Directive (EC) 2001/83.

③ European Commission, Pharmaceuticals, Commission Calls on Italy to Comply with EU Rules on Marketing Authorization of Generic Drugs, http://europa. eu/rapid/press-release_IP-12-48_en. htm? locale=en, 最后访问日期：2022 年 9 月 24 日。

④ US-China Joint Commission on Commerce and Trade Medical Device and Pharmaceutical Subgroup Pharmaceutical Task Force Meeting (April 11-12, 2005 Washington, DC), https://2016. trade. gov/td/health/jcctpharma2005. pdf, 最后访问日期：2022 年 9 月 24 日。

申请人"提示其关注专利问题",不再进行实质的审查和处理[1]。针对药品上市审批过程中专利权人主张专利侵权的情形,国家食品药品监督管理局将暂停药品上市审批程序,建议双方当事人通过法定程序解决专利权纠纷,直至纠纷解决再恢复审批程序。因此,《药品注册管理办法》相关制度虽具有专利链接制度之"形",却并未发挥其事前解决纠纷的实质功能,其一旦存在专利侵权纠纷即暂停药品上市审批,导致实践中专利制度成为创新药厂阻止仿制药上市而限制、排除竞争的工具[2]。

为更充分地保护创新和调整原研药与仿制药的竞争秩序,2017年中办、国办联合印发的《关于深化审评审批制度改革 鼓励药品医疗器械创新的意见》提出,"探索建立药品专利链接制度"。2020年中美签署的《中美第一阶段经贸协议》第1.11条也规定了"专利纠纷早期解决的有效机制"。基于此,2021年《专利法》第四次修改在第76条规定了药品专利纠纷早期解决机制即专利链接制度,即药品上市审评审批过程中因申请注册的药品相关的专利权产生纠纷的,当事人可以向人民法院起诉或者向国务院专利行政部门请求行政裁决,"国务院药品监督管理部门在规定的期限内,可以根据人民法院生效裁判作出是否暂停批准相关药品上市的决定"。为充分实施专利链接制度,2021年7月,国家药监局、国家知识产权局共同制定了《药品专利纠纷早期解决机制实施办法(试行)》[以下简称《实施办法(试行)》],明确了药品上市审批与专利权纠纷解决的具体衔接办法;最高人民法院发布了《关于审理申请注册的药品相关的专利权纠纷民事案件适用法律若干问题的规定》,国家知识产权局发布的《药品专利纠纷早期解决机制行政裁决办法》规定了专利权纠纷解决的司法程序和行政程序。

---

[1] 国家食品药品监督管理局:《关于甘露聚糖肽有关知识产权问题的意见》(国食药监注〔2006〕252号),2006年6月13日。

[2] 参见张浩然《竞争视野下中国药品专利链接制度的继受与调适》,《知识产权》2019年第4期。

二 中国药品专利链接的制度构造

为达到药物创新与仿制药可用性的公共目的，实现创新保护与健康权保障的协同发展，中国专利链接制度包括药品专利信息公示、仿制药专利声明、专利挑战与批准等待期制度、首仿药市场独占期制度，以实现专利权人与仿制药厂的利益平衡。

（一）药品专利信息公示制度

药品专利链接制度对创新药相关的专利信息进行公示，明确了创新药公司的权利行使范围，有利于仿制药企业全面了解创新药核心专利的状况，针对性地寻求许可、进行规避设计研发、确定药品仿制的时机，从而进行合理的研发投资管理。对此，国家食品药品监督管理总局（CFDA）在 2017 年12 月 29 日推出了《中国上市药品目录集》数据库①，《中国上市药品目录集（使用指南）》第 9 条提出，国家药品监督管理机构"保证目录集内容准确和持续更新，保障数据库稳定运行，实现信息的及时公开"。《实施办法（试行）》第 2 条规定，国务院药品监督管理部门组织建立药品专利信息登记平台，对获得审批的上市药品专利信息进行公开，公开的范围包含药品和相关专利信息的权利要求，不限于药品名称、剂型、规格、专利类型、专利状态等内容。可以登记的专利类型包括药物活性成分化合物专利、含活性成分的药物组合物专利、医药用途专利。《实施办法（试行）》明确，未在药品专利信息登记平台登记相关专利信息的，不适用链接程序规定。同时，2021 年 7 月 5 日施行的《最高人民法院关于审理申请注册的药品相关的专利权纠纷民事案件适用法律若干问题的规定》第 2 条和国家知识产权局发布的《药品专利纠纷早期解决机制行政裁决办法》第 4 条强化了药品

---

① 国家食品药品监督管理总局药品审评中心：《中国上市药品目录集数据库》，https：//www.cde.org.cn/hymlj/index，最后访问日期：2023 年 9 月 24 日。

专利信息公示的法律后果，建立了类似"禁止反言"的规则，对于不登记的无法适用药品专利纠纷早期解决机制。

然而，药品专利信息公示制度除了限制专利权行使的范围、划出界线外，同时应当防止专利登记的滥用。因为在药品生命周期中，创新药会不断申请专利，以形成专利集群、扩大药品专利保护范围和保护期限，延迟仿制药上市：在申请保护药品活性成分的专利的"第一专利"后，创新药申请人会申请不同层次、种类的专利，在活性成分基础上保护药品制备方法、晶型、治疗方法、化合物中间体、药物剂型等改进型或外围专利，即以"第二专利"进行布局，策略性地选择不同专利申请的申请日，可以使这些专利具有不同期限届满日[1]。针对此，在美国专利链接立法中，美国食品药品监督管理局（Food and Drug Administration，FDA）对橘皮书上登记的专利并不承担主动审查义务[2]，但实践中授权仿制药申请人可就橘皮书登记专利准确性提起诉讼。新兴的专利链接立法规定了登记部门对登记专利的主动审查权限：如2012年《韩国药事法》规定，食品药品安全局（Minister of Food and Drug Safety，MFDS）对申请人提交的信息进行主动审查，并可以进行更正或删除[3]；2017年加拿大《专利药品（合规通知）条例》[Patented Medicines (Notice of Compliance) Regulations，简称NOC条例]修改规定，登记机关可以主动对专利登记簿进行审查，以确定是否符合登记要求并进行变更和删除[4]。

在"专利集群"背景下，为避免专利登记被滥用，应当借鉴美国、加拿大、韩国专利链接制度的经验，继续完善药品专利链接制度。例如，对已

---

① 张浩然：《竞争视野下中国药品专利链接制度的继受与调适》，《知识产权》2019年第4期。

② 在aaiPharma, Inc. v. Thompson案中，美国第四巡回上诉法院确认FDA并没有义务确保橘皮书中专利的准确性，See aaiPharma, Inc. v. Thompson, 296 F. 3d 227, 242-243, 63 USPQ2d 1670, 1680 (4th Cir. 2002)。

③ Pharmaceutical Affairs Act (Act No. 14170, May 29, 2016) §50-2, §50-3.

④ Regulations Amending the Patented Medicines (Notice of Compliance) Regulations 2017 (SOR/2017-166) §2.

经在专利信息登记平台登记的专利，《实施办法（试行）》仅要求药品上市许可人对收到的相关异议及时核实处理并予以记录。还应当赋予第三人进行删除异议的权利，以及赋予登记机关主动审查的权力，而避免滥用登记专利进行异议和诉权滥用①。对故意将保护范围与已获批上市药品无关或者不属于应当登记的专利类型的专利登记至中国上市药品专利信息登记平台的，《实施办法（试行）》仅规定在侵犯专利权人相关专利权或者其他给当事人造成损失的情形下，应当依法承担相应责任。上述责任应当主要理解为民事赔偿责任，对此，可以借鉴澳大利亚经验，为威慑创新药厂用效力不明确的专利妨碍仿制药公司申请注册，可设置一定数额的罚金或行政处罚②。

（二）仿制药专利声明制度

在药品专利链接制度构造中，仿制药专利声明提供了一种药品上市前的纠纷解决机制，避免药品上市之后存在侵权风险，对专利权人造成难以逆转的损害，同时也避免专利权人上市后利用诉讼手段延迟仿制药上市。根据《实施办法（试行）》第 6 条，化学仿制药申请人提交药品上市许可申请时，应当对照已在中国上市药品专利信息登记平台公开的专利信息，针对被仿制药每一件相关的药品专利作出声明。在内容上，声明可分成四大类型（见表1）：一类、二类声明的药品审评审批不受药品专利的影响，三类声明的药品申请者由于不谋求在专利期限内上市，与药品专利权人无争议，四类声明申请者谋求在专利期限内上市仿制药，形成药品专利挑战。仿制药申请

---

① 在美国，仿制药申请人在侵权诉讼中有权对橘皮书中所列专利的适格性提出反诉。See Caraco Pharmaceutical Laboratories, Ltd. v. Novo Nordisk A/S, No. 10-844（U.S. April 17, 2012），21 U.S.C.，§ 355（j）（5）（C）（ii）；近来的专利链接立法规定了登记部门对登记专利的主动审查和依第三人异议进行审查的权限，如 2012 年《韩国药事法》规定，食品药品安全局对申请人提交的信息进行主动审查，并可以进行更正或删除，See Pharmaceutical Affairs Act（Act No. 14170, May 29, 2016），§ 50-3；2017 年加拿大 NOC 条例规定，登记机关可以主动对专利登记簿进行审查，以及根据第三人异议进行审查，以确定是否符合登记要求并进行变更和删除，See Regulations Amending the Patented Medicines（Notice of Compliance）Regulations 2017（SOR/2017-166），§ 2。

② 〔澳〕彼得·达沃豪斯：《知识的全球化管理》，邵科、张南译，知识产权出版社，2013，第 262 页。

被受理后 10 个工作日内，国家药品审评机构应当在信息平台向社会公开申请信息和相应声明；仿制药申请人应当将相应声明及声明依据通知上市许可持有人，上市许可持有人为非专利权人的，由上市许可持有人通知专利权人。在此方面，全球立法实践基本保持一致。

表 1　专利声明的类型及内容

一类声明	中国上市药品专利信息登记平台中没有被仿制药的相关专利信息
二类声明	相关专利已经终止或无效，或已经取得专利实施许可
三类声明	申请人承诺在相关专利期限届满前仿制药不上市
四类声明	相关专利应宣告无效，或仿制药未落入相关专利权的保护范围

（三）专利挑战与批准等待期制度

在药品专利链接制度设计下，仿制药上市审批以不侵犯他人专利权为前提，如果涉及他人专利的应当就不侵犯他人专利权或专利无效提出专利挑战；专利挑战启动后，仿制药上市审批进入批准等待期，在此期间，如果法院未确认不侵犯专利权，审批机关不得批准仿制药上市。对于仿制药申请人而言，专利挑战制度可以鼓励仿制药申请人提前界权，避免上市后侵权的风险，加之首仿药独占期的激励，有助于协调相关市场主体一致行动清理"虚弱专利"或"垃圾专利"。在创新药"专利集群"策略下，登记专利数量不断增多、名义专利保护期限不断延长，专利挑战制度对此形成了有效消解。例如，自美国 Hatch-Waxman 法案实施以来，通过专利挑战上市的比率逐年上升，首次专利挑战的时间越来越短，虽然新的专利不断被提出、创新药名义专利保护期限不断延长，创新药实际的市场独占期却一直保持稳定。1995~2014 年，新分子药物平均市场独占期一直稳定在 12~13 年①，其中对创新性较高的"第一专利"挑战数量少、胜诉率低，80%以上针对后续延伸

---

① Henry Grabowski et al. , "Updated Trends in US Brand-Name and Generic Drug Competition," 19 *Journal of Medical Economics* , 836-844 (2016).

申请的"第二专利"进行专利挑战。因此,专利挑战制度对消除名义保护期与实际保护期之间的差距、避免"常青"专利起到了重要作用,在现行专利审查机制识别创新失灵时,专利挑战制度构建了一种市场主体内部的自我清理机制,为避免专利权滥用提供了有效的补充①。

除鼓励专利挑战清理垃圾专利之外,专利挑战和批准等待期制度最大的争议在于其无条件赋予了专利权人阻止仿制药上市的"临时禁令",似乎会对仿制药厂的利益形成直接抑制。然而,该制度是否必然对仿制药申请人的实质利益产生影响、被专利权人滥用而延缓仿制药的上市时间,取决于专利侵权诉讼周期、仿制药审查周期的协调,在理想情况下,事先解决专利侵权纠纷的时间将与专利审批期间重合,不会对仿制药实质利益造成损害,实现帕累托效率的最优。

在美国专利链接制度中,30个月的自动中止期实际是基于对仿制药审批期限以及法院审理专利侵权案件周期的估算,FDA仿制药的审批时间平均在25个月15天,一审法院审理药品专利侵权诉讼的时间平均在25个月13天,在理想情形下,仿制药申请人提出上市申请,25个月后法院作出侵权与否的判决,FDA在25个月左右同时完成对仿制药的安全性和有效性审查,根据法院侵权与否的判决确定是否通过仿制药简略审批程序(Abbreviated New Drug Applications,ANDA)审批,在侵权诉讼周期明显超过仿制药审批期间的特殊情形下存在30个月的中止期上限,FDA可直接根据安全性和有效性结论决定是否批准上市,并不会显著延缓仿制药的上市时间。专利链接制度将专利侵权的审查与仿制药安全性、有效性的审查同步进行,避免留待药品上市之后提起专利诉讼对仿制药上市时间的不必要延缓。同时,为避免诉讼期间过长而设定一定中止期上限,超过该期间上限可直接批准仿制药上市,避免仿制药申请人权益长期处于不确定状态。因此,审批中止期实质上是行政审批与司法审判效率相协调或时间成本优化的结果,如

---

① C. Scott Hemphill, Bhaven N. "Sampat, Evergreening, Patent Challenges, and Effective Market Life in Pharmaceuticals," 31 *Journal of Health Economics* 327 (2012).

果侵权诉讼周期短于仿制药审批的周期，则中止上市审批实质上实现了系统运行成本的内部优化，并不会明显延缓仿制药的上市时间。不同国家或者地区基于其侵权诉讼周期情况，设置了不同的批准等待期，加拿大批准等待期为 24 个月，韩国批准等待期为 8 个月[1]。

在中国专利法上，按照中美第一阶段经贸协议[2]以及《专利法》第 76 条，《实施办法（试行）》第 7 条、第 8 条以及《关于审理申请注册的药品相关的专利权纠纷民事案件适用法律若干问题的规定》第 4 条规定，专利权人或者利害关系人对四类专利声明有异议的，可以自国家药品审评机构公开药品上市许可申请之日起 45 日内，就申请上市药品的相关技术方案是否落入相关专利权保护范围向人民法院提起诉讼或者向国务院专利行政部门请求行政裁决。专利权人或者利害关系人在上述期限内未向人民法院提起诉讼的，药品上市许可申请人可以向人民法院起诉，请求确认申请注册药品未落入相关专利权保护范围。国务院药品监督管理部门对化学仿制药注册申请设置 9 个月的等待期。等待期自人民法院立案或者国务院专利行政部门受理之日起，只设置一次，等待期内国家药品审评机构不停止技术审评。从专利实践来看，中国专利无效周期在 6~9 个月，各地法院审理专利案件一审平均时长在 200 天左右[3]，药品上市审查期间也长于 9 个月。理想情况下，在 9 个月的批准等待期内，可以事先实现专利侵权纠纷的有效判定和解决，并不会对仿制药上市造成不当延迟。然而，以上仅仅是在理想情况下的计算和考

---

[1] 张浩然：《竞争视野下中国药品专利链接制度的继受与调适》，《知识产权》2019 年第 4 期。

[2] 《中华人民共和国政府和美利坚合众国政府经济贸易协议》规定："中国应在全国范围内建立与上述第一段相符的药品相关制度，包括规定专利权人、被许可人或上市许可持有人有权在被指控侵权的产品获得上市许可前提起诉讼，就可适用专利的有效性或侵权的纠纷解决寻求民事司法程序和快速救济。中国还可提供行政程序解决此类纠纷。"

[3] 据统计，2011~2015 年，北京知识产权法院审理专利案件平均 186 天，上海知识产权法院平均 196 天，广东知识产权法院平均 97 天，深圳中院平均 176 天，长沙中院平均 233 天，武汉中院平均 205 天，杭州中院平均 264 天，南京中院平均 192 天，济南中院平均 165 天，成都中院平均 155 天，沈阳中院平均 213 天。参见超凡知识产权研究院《专利侵权诉讼周期分析报告》，http://www.sohu.com/a/134589714_221481，最后访问日期：2022 年 9 月 24 日。

量，在利益驱动下，专利权人可能滥用诉讼权利、拖延诉讼来延迟仿制药上市。未来有必要通过立法加强对类似非常情形的规制，建议中国进一步借鉴加拿大的模式①，规定创新药厂必须在收到仿制药申请人通知后一定期限内进行起诉，如果不起诉的无正当理由则不得再向仿制药申请人主张权利；为避免道德风险和个案诉讼周期过长，建议借鉴美国、加拿大等国的实践，针对涉及专利挑战的专利侵权或无效案件设置相应审限、规定优先审理机制以及赋予法官程序权利加快案件审理②，在专利挑战程序中设置诚实信用、防止权利滥用的一般条款③，授权审批机关可针对恶意拖延行为酌情缩短或延长批准等待期④。

（四）首仿药市场独占期制度

市场独占期是指首个挑战药品专利成功并首个获得审批上市的仿制药，给予固定期限的市场独占权，在这个期限内国家药品监督管理部门不再批准新的同品种仿制药上市。除通过经济激励刺激仿制药申请人清理无效或不相

---

① Patented Medicines（Notice of Compliance）Regulations（SOR/1993-133），§6.01.

② 加拿大 NOC 条例规定，因专利挑战提起的侵权诉讼适用《联邦法院规则》（*Federal Courts Rules*）的特殊处理程序，在诉讼请求提出后 10 日内，案件处理法官应当尽快召开案件处理会议。See Patented Medicines（Notice of Compliance）Regulations（SOR/93-133）§6.10。根据加拿大《联邦法院规则》，在特殊处理程序中，案件处理法官可以根据案情作出任何便于公正、快速、节省成本判决的指示，规定后续程序所需时限，进行任何其认为必要的纠纷解决或预审会议等。See Federal Courts Rules（SOR/98-106）§385。

③ 《韩国药事法》规定，专利权人阻止仿制药上市的诉讼请求应当基于善意提出，存在胜诉的可能，并不得不合理地拖延诉讼。See Pharmaceutical Affairs Act（Act No. 14170, May 29, 2016），§50-5（1）.2。加拿大 NOC 条例 2017 年修改后规定，创新药申请人、仿制药申请人以及专利权人应当尽力履行条例义务，并合理地配合加快诉讼或反诉进行。See Patented Medicines（Notice of Compliance）Regulations（SOR/93-133）§6.09。

④ 在美国专利链接制度中，各方应当进行合理配合以推进诉讼，如果一方未积极配合采取行动，法院可酌情延长 30 个月的自动中止期，See 21 U.S.C. §355（j）（5）（B）（iii）；2017 年加拿大 NOC 条例修改后规定，如果任何一方不积极履行义务或合理地配合，审批机关可酌情延长或缩短 24 个月的自动中止期间。See Patented Medicines（Notice of Compliance）Regulations（SOR/93-133）§7（8）；Department of Industry, Regulatory Impact Analysis Statement，http：//canadagazette.gc.ca/rp-pr/p1/2017/2017-07-15/html/reg18-eng.html，最后访问日期：2022 年 9 月 24 日。

关专利外，首仿药独占期制度促使其拥有更强的动力进行仿制药研发和规避设计，进行二次创新①。在美国，专利链接制度实施以来，仿制药商更多地进行规避设计，申请专利权以保护更有效的制造工艺、新配方或新形式的活性成分②。同时，这种激励一定程度上以公共福利牺牲为代价，独占期内仅存在一种仿制药与创新药竞争时药品的平均价格仅仅会降低 6% 左右③，短期内并不会带来公共福利的明显提升。因此，是否授予独占期应当从一国的诉讼成本、专利质量以及仿制药的研发能力进行考量，美国、加拿大、韩国均对此作了不同取舍：美国规定了 180 天市场独占期，韩国为 9 个月，加拿大则未在药品专利链接制度中设置独占期制度。

相比美国和韩国，中国规定了相对较长的 12 个月首仿药独占期，根据《实施办法（试行）》第 11 条的规定，对首个挑战专利成功（指化学仿制药申请人提交四类声明，且根据其提出的宣告专利权无效请求，相关专利权被宣告无效，因而使仿制药可获批上市）并首个获批上市的化学仿制药，给予市场独占期。国务院药品监督管理部门在该药品获批之日起 12 个月内不再批准同品种仿制药上市，市场独占期限不超过被挑战药品的原专利权期限。市场独占期内国家药品审评机构不停止技术审评。但从美国反向支付协议并通过首仿药独占期限制其他仿制药市场上市的实践来看，建议根据实践情况考虑对市场独占期制度作进一步限制。一是首仿药独占期授予一定期限内，首仿药不进行产品上市的，将丧失其市场独占期④；二是仿制药与专利权人之间达成反向支付协议的，强制提交反垄断局进行审查，存在反向支付

---

① C. Scott Hemphill, Mark A. Lemley, Earning Exclusivity: Generic Drug Incentives and the Hatch-Waxman Act, 77 Antitrust Law Journal, 947-989 (2011).

② Martha M. Rumore, The Hatch-Waxman Act -- 25 Years Later: Keeping the Pharmaceutical Scales Balanced, http://www.pharmacytimes.com/publications/supplement/2009/genericsupplement0809/generic-hatchwaxman-0809，最后访问日期：2022 年 9 月 24 日。

③ FDA, Generic Competition and Drug Prices, https://www.fda.gov/AboutFDA/CentersOffices/OfficeofMedicalProductsandTobacco/CDER/ucm129385.htm，最后访问日期：2022 年 9 月 24 日。

④ 21 U.S.C., § 355 (j) (5) (D).

并限制仿制药上市的应当认定构成垄断加以处罚①。此外，为充分鼓励仿制药发起专利挑战，发挥首仿药独占期制度效能，建议考虑进一步放宽首仿药独占期获得的条件，根据目前的规定，仿制药申请人提出的宣告专利权无效请求应当在提交四类声明之后，且相关专利权被成功宣告无效，才可称为专利挑战成功。在此规定下，即使仿制药申请人获得未落入保护范围的判决或裁决，也不算专利挑战成功，无法获得首仿药独占期，获得条件较为严格。然而，首仿药独占期的功能不仅在于激励仿制药申请人清理无效或不相关专利，其另一个重要功能是鼓励仿制药厂进行仿制药研发和规避设计，在原研药的基础上作出二次创新，在当前创新药市场和高端仿制药市场均由跨国药企所主导，国内创新药与高端仿制药发展均面临不足的情况下，从增加药品供给、保障公共健康角度，对仿制药规避设计和二次创新同样具有必要性，有必要进一步将专利不侵权纳入授予首仿药独占期的范围。

总体而言，2021 年《专利法》第四次修改之后，借鉴国际立法实践，中国已经建立起了专利链接制度的基本架构，但针对药品专利链接制度可能被滥用的情形，现有立法并未作出充分的预估和规制，其制度效果很大程度上要依靠专利链接制度的运行实践加以检验和调适。2021 年药品专利链接制度投入运行后，截至 2023 年 9 月 24 日，中国上市药品专利信息登记平台②上，化学药、中药、生物制品专利信息公示分别为 851 条、350 条、136 条。2021 年 11 月，北京知识产权法院受理了首例药品专利链接纠纷案，截至 2023 年 6 月，可查询的已公开诉讼案件决定或裁决共计 31 件，其中有 11 件因专利权被宣告无效而驳回原告起诉。2021 年 10 月，国家知识产权局收到了首批药品专利纠纷行政裁决案 23 件，截至 2023 年 6 月，公开的行政裁

① See Pub. L. No. 108-173, §1112（2003）；我国台湾地区"台湾药事法"第 48~19 条规定：新药药品许可证申请人、新药药品许可证所有人、学名药药品许可证申请人、学名药药品许可证所有人、药品专利权人或专属被授权人间，所签订之和解协议或其他协议，涉及本章关于药品之制造、贩卖及销售专属期间规定者，双方当事人应自事实发生之次日起 20 日内除通报卫生主管机关外，如涉及逆向给付利益协议者，应另行通报公平交易委员会。

② 国家食品药品监督管理总局药品审评中心：中国上市药品专利信息登记平台，https：//zldj. cde. org. cn/list？listType=PublicInfoList，最后访问日期：2023 年 9 月 24 日。

决共计 54 件,其中有 11 件认定仿制药未落入涉案专利权保护范围,有 17 件认定仿制药落入涉案专利权保护范围,因主动撤回结案案件 19 件,因专利权被宣告无效而被驳回结案案件共 5 件,因登记专利不符合登记条件不予受理或者驳回结案案件 2 件①。目前,专利链接制度处于探索运行阶段,适用专利链接制度的案件较少,已有案件对专利链接制度的一些基本程序、要素作出了澄清,如晶型的制药用途权利要求不属于可以在中国上市药品专利信息平台上的登记主题②,登记专利需是原研药实际采取的技术方案③,仿制药申请人负有提交仿制药技术方案的义务④,以仿制药申报材料为基础进行侵权判定⑤。这为中国专利链接制度的运行积累了有效经验,同时也暴露了专利链接制度对滥用行为规制不足的问题。一是专利登记信息标准不统一,信息正确性、时效性无法保障。《实施办法(试行)》要求药品上市许可持有人在专利登记平台准确、及时登记专利信息,但对不实登记没有规定有效的责任和规制手段,实践中有些药品上市许可持有人在登记时仍然有违反或者不实登记,如有的将晶型或其他类型不属于准予登记的专利类型进行登记,还有些药品上市许可持有人将药品相关权利要求写错,从而削弱了专利链接早期纠纷解决的功能⑥。二是专利声明随意,缺乏有力监管措施和惩罚机制。《实施办法(试行)》虽然对仿制药声明进行了规范,但是对监管及后期的惩罚措施并未明确设置,因此可能会让一些仿制药企业在声明过程中不实申报,以试图绕开药品链接制度对其产生的制约。例如,艾迪骨化醇案⑦,仿制药申请人并非针对相关独立权利要求进行声明,而是针对从属

---

① 苏艳桃:《完善我国药品专利链接制度:保护创新、促进公平竞争》,https://mp. weixin. qq. com/s/spKiviZJNcIZ-hfMoWkeYQ,最后访问日期:2023 年 9 月 24 日。

② 参见国家知识产权局(2022)国知药裁 0002 号行政裁决书、国家知识产权(2022)国知药裁 0015 行政裁决书、最高人民法院(2023)最高法知民终 7 号民事判决书。

③ 参见北京知识产权法院(2022)京 73 民初 208 号、210 号民事判决书。

④ 参见国家知识产权局(2022)国知药裁 0010 号行政裁决书。

⑤ 参见国家知识产权局(2022)国知药裁 0001 号行政裁决书。

⑥ 参见徐婕超《中国药品专利链接制度简介与当前实践简析》,https://mp. weixin. qq. com/s/2d5QpG1aqBAeS-vJCKCzQg,最后访问日期:2023 年 9 月 24 日。

⑦ 最高人民法院(2022)最高法知民终 905 号民事判决书。

权利要求进行不落入声明，这样的声明方式并未得到有效规制，甚至在实践中不易发现，这将导致药品专利链接专利声明和挑战制度被架空。类似问题要求，在制度架构基本确立之后进一步完善专利链接制度的配套措施，借鉴已有立法实践并结合现实问题，建立对制度滥用行为的有效规制。

三　药品专利链接制度的发展展望

目前，中国专利链接制度尚处于初创阶段，立法明确专利链接制度的基础架构，制度运行的具体环节需要实践摸索，配套制度有待进一步完善，其制度完善需要明确自身产业发展的基本政策取向而进行适应性改造。因为专利链接制度不仅有利于专利权人保护，同时有利于清理垃圾专利、保障仿制药与原研药之间的竞争，在制度基本建立之后，国家应当根据产业利益需求有所侧重地发挥制度功能。从产业结构看，中国药品产业以仿制药为主，仿制药市场占整体药品市场规模的60%以上，占化学药全部市场规模的95%。从公共健康角度看，在创新药和仿制药层面中国均面临不同的发展瓶颈，制约着药品可及性：一方面，国内创新药上市数量难以满足公共健康需求；另一方面，仿制药产能"过剩"和"短缺"并存，仿制药低水平重复现象突出，大量药企集中于低研发、低资金准入门槛的廉价仿制药市场，高端仿制药领域缺乏有效竞争，国内高端仿制药上市数量少、价格居高不下。从中长期来看，国内医药企业与国外企业客观上存在较大的创新能力差距，对专利制度功能的需求应当更加侧重于限制跨国药企滥用权利、促进药品市场的竞争。从全球范围来看，药品专利历经大规模的数量扩张，大量授予专利对进入市场的阻碍效应逐渐显现，庞大的专利数量（包含大部分效力不稳定专利）所带来的高昂的权利界定成本对仿制药进入市场形成阻碍，这成为新时代专利制度亟须解决的问题。因此，在药品专利链接制度运行调适和未来完善过程中，应当更加侧重于药品专利链接制度的促进竞争功能、防止权利滥用，从以下方面进行完善：①对药品专利信息登记平台登记专利信息规定登记机关主动审查的义务，赋予第三人提出异议和申请删除的权利，以及赋予登记机关主动审查的权力,从而避免滥用登记专利进行异议和诉权滥用,故意将不相关专利进行登记的,规定相应行政处罚责任;②在提出专利挑战之后,为避免道德风险和个案诉讼周期过长,针对涉及专利挑战的专利侵权或无效案件设置相应审限、规定优先审理机制以及赋予法官程序权利,加快侵权纠纷审理,并在专利挑战程序中设置诚实信用、防止权利滥用的一般条款,授权审批机关可针对恶意拖延行为酌情缩短或延长批准等待期;③扩大首仿药独占期的授予范围,对专利不侵权挑战成功的情形授予独占期,鼓励仿制药厂更多进行规避设计和二次创新,同时,加强对首仿药独占期权利行使的约束,首仿药独占期授予一定期限内,首仿药不进行产品上市的,将丧失其市场独占期,对仿制药与专利权人之间达成相关协议的强制提交反垄断局进行审查,存在反向支付并限制仿制药上市的应当认定构成垄断加以处罚。

B.11

超说明书用药的法律问题

郑雪倩*

摘　要:　在《医师法》出台前,中国法律并未明确规定超说明书用药。
从相关法律法规来看,医师用药应当遵循药品说明书,药品说
明书具有法律地位。2022年3月施行的《医师法》首次将超说
明书用药写入法律,但临床实践中仍存在一些情况,如名称使
用问题、循证医学开始第一例超说明书用药问题、药品生产企
业修改说明书不及时问题、药品说明书和医保报销衔接问题、
临床试验性治疗相关问题以及同情用药相关问题等。针对超说
明书用药的实践保障,建议强化国家有关部门政策法律保障、
药品说明书修订制度保障、医疗机构执行程序保障和合理用药
多元监督保障。

关键词:　超说明书用药　药品说明书　临床用药

　　根据中国药理学会《超说明书用药专家共识》,超说明书用药的定
义——又称"药品说明书外用法""药品未注册用法",是指药品使用的适
应证、剂量、疗程、途径或人群等未在药品监督管理部门批准的药品说明书
记载范围内的用法。

　　在《医师法》出台前,法律并未明确规定可以超说明书用药。但是临
床上有些罕见病、儿童患者以及部分肿瘤等疾病的诊疗中,没有明确的治疗

---

　　* 郑雪倩,中国卫生法学会副会长、北京市华卫律师事务所主任。

药物，而某些药物在实践中超出药品说明书之外的用法被证实对治疗上述疾病有效。多个行业协会发布超说明书用药专家共识，如广东省药学会发布了《超药品说明书用药目录（2021 年版）》，是自 2015 年以来的第七版；四川省药学会发布了《四川省药学会超说明书用药专家共识》；中国药理学会治疗药物监测研究专业委员会药品风险管理学组发布了《超说明书用药专家共识》等，指引临床超说明书用药的使用，具有行业规范作用。

《医师法》已于 2022 年 3 月正式实施，首次将超说明书用药写入法律，是这部法律的一大亮点。《医师法》第 29 条第 2 款明确规定："在尚无有效或者更好治疗手段等特殊情况下，医师取得患者明确知情同意后，可以采用药品说明书中未明确但具有循证医学证据的药品用法实施治疗。"该规定对实践中长期存在的问题作出了积极回应，同时也引发了一些讨论，临床应用中也存在困惑，需要考虑未来实践保障解决之道。

一 药品说明书的法律地位与作用

药品说明书是药品生产企业提供的、载有与药品应用相关的重要信息、指导临床用药并经国家药品监督管理部门批准的文书材料。

第一，药品说明书是经过药品监督管理部门批准的。药品说明书是药品生产企业在新药审批时一并提交的材料，药品监督管理部门在审评药品时要对说明书一并核准，因此上市药品的说明书是经过药品监督管理部门批准的。

第二，法律明确规定临床用药应遵循药品说明书。根据《药品管理法》第 72 条："医疗机构应当坚持安全有效、经济合理的用药原则，遵循药品临床应用指导原则、临床诊疗指南和药品说明书等合理用药……。"《医师法》第 29 条第 1 款规定："医师应当坚持安全有效、经济合理的用药原则，遵循药品临床应用指导原则、临床诊疗指南和药品说明书等合理用药。"法律明确了医疗机构、医师在临床用药中要遵循药品说明书。

第三，药品说明书是经过科学研究的。药品上市前要经过严格的临床前

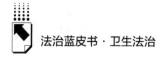

试验和临床试验，才能申请注册，药品说明书中记载的适应证、用法用量等是经过充分数据证实的，保证药品的安全性和有效性。

第四，药品说明书是指导临床用药的依据。药品说明书是基于药物研究成果所制作的重要技术性资料，是指导临床合理用药的主要依据，医师用药应遵循药品说明书的规定。

第五，药品说明书是医保报销目录的依据。某些药品在医保目录中明确标有限于某种或某些疾病才给予报销。医保部门严格按照药品说明书审核医师的用药，超出医保限定的适应症用药，就会导致医保拒付现象。

综上所述，药品说明书虽然不属于法律，但具有一定的法律地位，中国法律明确规定用药应当遵循药品说明书。

二　超说明书用药临床应用的困惑

（一）名称使用的问题

《医师法》第 29 条虽然规定"在尚无有效或者更好治疗手段等特殊情况下，医师取得患者明确知情同意后，可以采用药品说明书中未明确但具有循证医学证据的药品用法实施治疗"，但没有规定这一用法的具体名称，实践中出现了"超说明书用药""药品拓展性临床应用"等不同表述。

行业协会层面，中国药理学会治疗药物监测研究专业委员会药品风险管理学组、广东省药学会、四川省药学会采用的是"超说明书用药"，湖北省医院协会药事专业委员会采用的是"药品拓展性临床应用"。

2023 年 3 月 29 日，国家卫生健康委官网发布了《关于政协第十三届全国委员会第五次会议第 02169 号（医疗卫生类 193 号）提案答复的函》，其中提到"我委组织有关专家编写医疗机构拓展性使用药品管理的规范性文件""对药品的拓展性临床使用实行分级管理"，采用的是"拓展性使用药品""药品的拓展性临床使用"。

2017 年 12 月 15 日，国家食品药品监督管理总局药品审评中心组织起草了《拓展性同情使用临床试验用药物管理办法（征求意见稿）》，该文件针对的是同情用药，即"患者不能通过参加临床试验来获得临床试验用药物时，允许在开展临床试验的机构内使用尚未得到批准上市的药物给急需的患者"。文件名称中也采用了"拓展性"一词，可能与超说明书的拓展性使用存在混淆。

目前，国家卫生健康委正在研究《医疗机构药品拓展性临床应用管理规范（征求意见稿）》，将"医疗机构医师在尚无更好治疗手段等特殊情况下，由本机构建立管理制度，对药品说明书中未明确、但具有循证医学证据的药品用法进行管理，由医师征得患者明确知情同意后实施临床药物治疗的过程"定义为"药品拓展性临床应用"，该文件仍在讨论中。

当下在名称上出现了多种情况，尚无定论。考虑到说明书具有法律地位，从文义上来讲，"超说明书"带有违规意味，虽然通俗易懂，但不宜作为法律文件的用词。因此，"药品拓展性临床应用"这一名称更佳。"拓展"一词从汉语词典的解释来看，是指在原有基础上增加新的东西。用在此处正是指在原有说明书记载的药品用法之外增加新的用法，也更适合作为法律文件的用词。

国家层面目前尚未出台相关文件，今后可能需要选择明确一个名称，并且明确该名称的内涵、包含的具体内容，以更好地规范行为。

（二）循证医学开始第一例超说明书用药的问题

超说明书用药在实践中有两种情况：一种是药品说明书中未明确但临床使用比较成熟，有中华医学会的临床诊疗指南，国外上市药品说明书中有明确规定，属于高级别的循证医学证据；另一种情形是在临床中没有形成诊疗指南或没有确切的循证医学证据，仅有国内外公开发表的超说明书用药有效的个案文章或有小范围的专家共识，属于低级别的循证医学，或者是针对罕见病、无有效治疗用药的疾病，需要医师在临床进行探索性治疗，也有可能是医师为探索性、实验性治疗循证医学开始的第一例用药。

《医师法》第29条未对后一种情况作出规定，由此临床医师们产生了

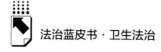

困惑：循证医学开始的第一例用药如何实施？没有第一例的开始，何来循证医学的经验积累？这将影响临床医学的探索和发展。

从法律上来讲，在以往的实践中，医师进行超说明书用药临床应用是选择已经上市的药物，并参照《执业医师法》第 26 条规定的"实验性临床医疗"，"医师进行实验性临床医疗，应当经医院批准并征得患者本人或者其家属同意"。虽然没有明确规定可以进行探索性的治疗、超说明书用药，但是强调了医师在临床医疗中为解决患者病痛，经过患者的知情同意，按照临床指南规范等，可以进行探索性、实验性治疗，进行超说明书用药。

《医师法》修改调整了《执业医师法》第 26 条关于"医师进行实验性临床医疗，应当经医院批准并征得患者本人或者其家属同意"的规定。《医师法》修改为第 26 条规定："医师开展药物、医疗器械临床试验和其他医学临床研究应当符合国家有关规定，遵守医学伦理规范，依法通过伦理审查，取得书面知情同意。"对此立法者曾表示，取消这样的描述不等于取消临床医师进行的实验性临床医疗。因"实验性临床医疗"已囊括在"其他医学临床研究"中。因此，超说明书用药的第二种情况即循证医学开始的第一例，可以按照《医师法》第 26 条规定的医学临床研究进行伦理审查和患者知情同意来处理。

超说明书用药循证医学开始的第一例属于是没有临床成熟的经验、处于探索阶段的研究工作。研究过程具有不确定性和风险性，必须按照国家规定，遵守伦理原则，通过伦理委员会对试验方案、研究方案进行伦理方面的审查。要让受试者充分了解风险并明确同意参与研究，得到受试者的书面知情同意，才能够实施。

中国目前涉及医学临床研究的规定有《药物临床试验质量管理规范》《医疗器械临床试验质量管理规范》《涉及人的生物医学研究伦理审查办法》《医疗卫生机构开展临床研究项目管理办法》等，国际文件有《世界医学大会赫尔辛基宣言》《纽伦堡法典》等。超说明书用药循证医学开始的第一例应当合法合规、合乎伦理开展临床研究。

（三）药品生产企业修改说明书不及时的问题

由于中国药品说明书的更新比临床应用实践发展更为滞后，为给患者及时提供治疗，临床中就会出现超说明书用药情况。那么，为什么药品生产企业不及时更新药品说明书、扩大药品适应证，以避免临床超说明书用药？对于药品生产企业来说，有以下原因。

第一，扩大药品适应症、修改药品说明书的程序需要花费大量时间和金钱。根据《药品注册管理办法》，药品说明书中涉及有效性内容以及增加安全性风险的其他内容的变更，持有人应当以补充申请方式申报，经批准后实施。按照 2021 年国家药品监督管理局药品审评中心发布的《已上市化学药品和生物制品临床变更技术指导原则》，对于已上市药品临床重大变更，药品上市许可持有人须在实施变更前，向国家药品监督管理局提出补充申请。重大变更分为 A 类和 B 类。重大变更 A 类包括已批准适应症的变更、用法用量的变更，对药品安全有效使用产生的影响及风险程度较高，通常需要严格设计并实施的临床试验数据和/或非临床研究数据支持。重大变更 B 类不改变已批准的适应证和用法用量，通常需要药品上市后药物警戒（安全性警戒）数据支持。所以，药品说明书对适应症、用法用量的修改需要经过国家药品监督管理局的批准，每一条内容都需要提交大量资料，如增加新适应证，需要进行临床试验，而进行临床试验的时间投入和资金投入都是巨大的，一定程度上导致药品生产企业不再去更新药品说明书。

第二，药品生产企业往往追求利润，药品投入市场后广为销售，为企业带来大量收益，即使药品说明书不作更新修订，药品仍然不愁销售，企业盈利仍然不受影响，这也造成了药品生产企业怠于投入时间和金钱去更新药品说明书。

第三，在药品说明书不作出更改的情况下，临床上为保证患者获得治疗，只得超说明书用药，并摸索制定超说明书用药的原则、条件等。药品生产企业发现即使不去修订药品说明书，临床上也能够使用，因此也不愿付出大量精力去更新药品说明书。

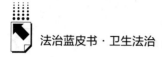

第四，药品说明书修改监管不到位。《药品注册管理办法》第76条规定："药品批准上市后，持有人应当持续开展药品安全性和有效性研究，根据有关数据及时备案或者提出修订说明书的补充申请，不断更新完善说明书和标签。药品监督管理部门依职责可以根据药品不良反应监测和药品上市后评价结果等，要求持有人对说明书和标签进行修订。"《药品说明书和标签管理规定》第12条规定："药品生产企业应当主动跟踪药品上市后的安全性、有效性情况，需要对药品说明书进行修改的，应当及时提出申请。规定中的'及时'究竟指多久？根据药品不良反应监测、药品再评价结果等信息，国家食品药品监督管理局也可以要求药品生产企业修改药品说明书。"规定明确药品生产企业在药品上市后应跟踪药品的使用情况并及时提出申请修改药品说明书，但在实践中药品生产企业主动更新说明书的积极性并不高，且"及时"没有具体的时间概念，药品监督管理部门对这项工作的管理也较为薄弱，即使药品生产企业不更新药品说明书，也没有依据和手段对其进行约束。

综合以上因素，药品生产企业更新药品说明书不及时、不积极，为给患者提供及时治疗，临床上超说明书用药现象普遍，出于保障患者利益和推动医学发展的考虑，行业协会发布专家共识、用药参考等，尽量规范超说明书用药行为。《医师法》为解决实践中的问题，也明确赋予医师在一定条件下超说明书用药的权利，并要求医疗机构应当建立管理制度，严格规范用药行为。但这些手段都没能从根本上解决超说明书用药的问题。应从正向进行思考，减少超说明书用药现象，及时修改药品说明书，按照药品说明书用药，保证药品的安全性、有效性，保障患者安全和经济利益，才是未来发展的正道。

（四）药品说明书和医保报销的衔接问题

某些药品在医保目录中明确标有限于某种或某些疾病才给予报销。医师在开具处方时，除了选择符合该疾病诊断的治疗药物外，还需要结合医保规定的适应证选药，医保部门严格按照药品说明书审核医师的用药，超出医保限定的适应症用药，就会导致医保拒付，有可能会导致患者家庭经济负担增加。目前对于超说明书用药的医保报销问题，尚无相关文件出台，临床中患者使用超说明书用药获得医保报销的权利也是需要考虑的问题。

还有部分药品生产企业的说明书申报有失误，导致患者报销遇到问题。例如，治疗非小细胞肺癌的替雷利珠单抗，说明书"适应症"中记载了"本品联合 XX 用于不可手术切除的局部晚期或转移性非鳞状非小细胞肺癌"，没有在适应症中记载替雷利珠单抗的单独使用用法，只是在"用法用量"以及"临床试验"部分记录了可以单独使用。这就导致了药品实际使用中的问题，被认为替雷利珠单抗必须联合用药，不能单独用药。致使医保只报销联合用药，而单独用药的患者无法报销，医师也不敢超出医保目录范围和适应症范围给患者开药。然而实际上替雷利珠单抗可以单独用药，只不过是联合用药的效果更好，导致出现问题的原因在于药品生产企业申报说明书时存在失误，对"适应症"部分的书写不适当，使患者的权益受损，药品生产企业也为此着急。

（五）临床试验性治疗相关问题

《医师法》第 25 条规定："需要实施手术、特殊检查、特殊治疗的，医师应当及时向患者具体说明医疗风险、替代医疗方案等情况，并取得其明确同意；不能或者不宜向患者说明的，应当向患者的近亲属说明，并取得其明确同意。"特殊检查、特殊治疗包含的内容，按照《医疗机构管理条例实施细则》第 88 条规定，"特殊检查、特殊治疗"包括"临床试验性检查和治疗"。

临床试验性治疗是针对已上市的药品，包含两种情况。第一类是超说明书用药，从药物作用原理上推断对说明书以外的疾病有效。例如，某种免疫抑制剂的说明书适应证只记载了银屑病，没有记载大疱病、特异性皮炎等，从原理上对这类病也应当有效，而这些患者在没有有效治疗方法的情况下，也想尝试使用。第二类是对诊断不明、难以判断的疾病进行试验性的用药治疗，从治疗效果反推患有哪种疾病。例如，怀疑

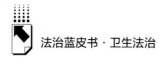

某患者患有结核性脑膜炎，但不能确定，那么先按照结核性脑膜炎治疗，如果有效则确诊该病，如果无效则排除该病，可能再按照其他如病毒性脑膜炎治疗尝试。

本报告仅讨论临床试验性治疗中的第一类即超说明书用药问题，该如何处理？

临床试验性治疗的超说明书用药，介于临床诊疗和真正意义上的临床研究之间。真正意义上的临床研究是对未上市新药的研究，而超说明书用药是针对已上市药品说明书之外的用法。如果出现单个患者的情况，超说明书用药对患者来说很大程度上期望有效，可以按照《医师法》第25条临床试验性治疗处理，取得患者的知情同意，用药费用由患者承担。如果为判断该药对一批患者的效果情况，按照《医师法》第26条的医学临床研究处理更加适合，提交伦理委员会讨论和审查决定。此种情况是由医师个人发起的临床研究，按照《医疗卫生机构开展研究者发起的临床研究管理办法（试行）》等规定，不得违反临床研究管理规定向受试者收取与研究相关的费用。可临床医师没有支持这类研究的经费，该药已是批准上市的药品。在用药费用的处理上，这类研究对于增加药品说明书的适应证有很大意义，也是药品企业将来修改说明书的重要依据，可以动员药品生产企业提供经费、购买保险；或者由医疗机构提供科研基金、医师个人申请课题基金等；考虑到已上市药品的有效性、安全性有一定保障，如果患者自愿购买药品也是可以的，但需要相关规范性文件提供支持。

以上情况是按照临床研究处理，还是临床试验性治疗处理，未来可以考虑明确二者的适用范围，并对费用的承担作出规定，解决临床实践中的困惑。

三 同情用药

从名称上来讲，同情用药和拓展性用药不同。同情用药是有指向性地针对某种疾病的试验药物拓展到非试验的患者使用，并不是药物适应症范围的拓展。此拓展非彼拓展，二者的名称在实践中应当进行区分。

同情用药的定义，《药品管理法》第 23 条作出了规定："对正在开展临床试验的用于治疗严重危及生命且尚无有效治疗手段的疾病的药物，经医学观察可能获益，并且符合伦理原则的，经审查、知情同意后可以在开展临床试验的机构内用于其他病情相同的患者。"

依据原《药品管理法》，仍在临床试验阶段的药物，是不能用于未进入临床试验的患者的。该设计主要考虑患者的安全性，但对于那些危及生命又无药可医的患者而言，如果可能对患者产生收益且有效的药，只是未经批准上市就不能使用，让患者失去最后可能延长生命的希望，这与临床医学伦理原则不符。

2019 年修订的《药品管理法》规定，在临床试验机构，可以实施同情用药，就是对还没有批准的药物，有证据证明可能对治疗患者病情有益，在患者也知情的前提下，在临床试验医疗机构内部，没有条件加入临床研究的患者，可以给予治疗。根据这条规定，必须是在开展该临床试验机构内部的患者才可以用，超出本机构范围则不可以使用。

该规定解决了一部分患者的用药问题，但仍存在未解决的问题。例如，对于某癌症患者，经过各种治疗，国内已经无药可治。得知国外有一种药物，在国外已经上市或者正处在临床试验阶段，患者意图自行购进国内使用，这种情况下该如何处理？美国曾有一个案例，一个叫乔丹的小孩患神经系统罕见病，没有药可治，了解到一种正在进行试验的药物可能有希望治疗，故申请使用。2018 年 5 月 30 日，美国出台"尝试权法案"（*Right to Try Act*），规定在动物试验安全、没有大的伤害前提下，对已经用尽已批准的治疗方案但无法取得满意效果且无法参加临床试验的终末期患者，可以使用正在试验中的研究性药品赋予危重患者更充分的自主权。

对于国外已经上市或临床试验证明有益的药品，无药可治的患者自愿申请使用的，可以提交给医疗机构医疗质量委员会及伦理委员专家评判能否使用，可以按照同情用药给患者试用，充分体现人道主义精神，给予患者更多的关爱。根据《药品管理法》第 65 条："医疗机构因临床急需进口少量药品的，经国务院药品监督管理部门或者国务院授权的省、自治区、直辖市人民政府批准，可以进口。进口的药品应当在指定医疗机构内用于特定医疗目的。个人自用携带入境少量药品，按照国家有关规定办理。"明确将医疗机构因临床急需进口少量药品的审批权限，下放至经国家药监局或国务院授权的省级政府，降低审批级别，意味着减小审批难度，可以使这一制度在解决罕见疾病患者治疗中发挥更有效的作用。

2017 年国家食品药品监督管理总局药品审评中心起草的《拓展性同情使用临床试验用药物管理办法（征求意见稿）》至今尚未出台。该征求意见稿第 2 条规定："拓展性同情使用临床试验用药物是指在一些情况下，患者不能通过参加临床试验来获得临床试验用药物时，允许在开展临床试验的机构内使用尚未得到批准上市的药物给急需的患者。拓展性同情使用临床试验用药物是临床试验的一种形式，也称拓展性临床试验。"第 4 条规定："下列情况可考虑使用尚未得到批准上市的药物给急需的患者：（一）患者因不符合试验入组/排除标准而不能参加新药注册临床试验；（二）因地域或时间限制等原因无法参加新药注册临床试验；（三）注册临床试验已经结束但该研究药物尚未获批在中国上市，且已有的研究数据初步显示该药在中国拟注册适应症人群中可能的有效性和安全性。"该文件的出台实施，将对规范中国同情用药制度起到推进作用。

四　超说明书用药实践保障建议

（一）国家有关部门政策法律保障

为进一步规范超药品说明书用药的管理，促进合理用药，国家卫生健康委、国家药监局等相关部门应考虑尽快颁布相关规范性文件。国家卫生健康委已经在起草药品拓展性临床用药管理办法，草案要求以充分的循证医学证据为基础，对超说明书用药实行分级管理。此外，认为还应明确临床研究和临床试验性治疗的适用范围，与同情用药进行区分管理，并对临床超说明书用药的低级别循证医学研究使用作出规定。为解决患者治病的特殊需求，强化医疗机构的主体责任，最大限度降低用药风险，为提高药品治疗有效性、安全性提供管理规范。

（二）药品说明书修订制度保障

国家药品监管部门应进一步重视药品说明书的管理和完善工作，考虑从正向角度，减少超说明书用药现象，对循证医学证据充分、临床普遍使用的超说明书用药品种，及时督促企业修改说明书。

一是建立快捷有效的药品说明书修改机制。按照 2021 年国家药品监督管理局药品审评中心发布的《已上市化学药品和生物制品临床变更技术指导原则》，将重大变更分为 A 类和 B 类，在申报材料、程序上作出了区分，对药品说明书的变更作出了创新性规定，在此基础上还可以更加完善，建议分为三种类别。第一，将重大变更 A 类也区分两种情况，区分处理，优化审批修改流程。对于有高级别循证医学证据支持的，如中华医学会临床诊疗指南、国外药品说明书已经记载的适应症使用，可以作为修改说明书的依据，无须再做临床试验的分为一类。对不具备高级别循证医学支持的适应症变更，应要求做临床试验后方能修改的分为一类。第二，对于文字表述有瑕疵导致理解错误的情况，归为重大变更 B 类，不需要再做临床试验，提供药物警戒报告等即可。第三，制定特殊流程制度，推进特殊情况下快速有效修改药品说明书的路径。据了解，已有几类儿童用药经过快捷途径的审批，药品说明书修改增加了儿童用药，及时满足临床需求。这样将更新药品说明书所需的材料以及流程作了区分，简化了部分有依据的修改更新流程，可能会提高药品生产企业及时修改药品说明书的积极性，也有利于临床正确使用药物。

二是建立药品说明书修改更新定期评估激励机制。《药品注册管理办法》《药品说明书和标签管理规定》等明确规定，药企在药品上市后应跟踪药品的使用情况并及时提出申请修改药品说明书，但实践中即使药品生产企业不更新药品说明书，也没有手段对其进行约束。应建立药品说明书

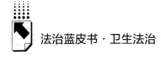

修改更新定期评估机制，由药品监督管理部门对药品生产企业作出定期修改更新药品说明书的要求，企业应每年例行对药品说明书是否修改更新作出评估，确定药品说明书需要修改更新的，应进入修改程序。建立鼓励生产企业及时修改更新药品说明书激励机制，鼓励生产企业加大超说明书用药的试验性研究投入，为更新药品说明书提供试验证据。加大行政约束力度，督促药品生产企业及时修改更新药品说明书，实施有效管理，减少超说明书用药现象。

（三）医疗机构执行程序保障

医疗机构应按照《医师法》规定建立院内超说明书用药管理制度及激励机制和考核制度。医疗机构建立院内超说明书用药管理制度，对超说明书用药的院内流程进行明确，超说明书用药的申请审批程序、告知及伦理要求、风险防范及应急预案、终止标准等，完善全程监督机制。

建议区分高、低级别循证医学超说明书用药的不同管理制度。在高级别循证医学证据情况下进行超说明书用药，如有中华医学会的临床诊疗指南、国外已上市药品说明书明确使用等，可以制定超说明书用药清单，清单经医疗质量委员会、伦理委员会通过，医师在清单范围内超说明书用药无须再个案申请批准，向患者告知超说明书用药的风险和替代治疗方案、取得患者知情同意后可以超说明书用药；在低级别循证医学证据情况下超说明书用药，属于探索性、实验性临床医疗，应当慎重对待，按照《医师法》第26条的规定遵守医学伦理规范，依法通过伦理审查，取得患者书面知情同意。

对于临床试验性治疗，在无有效疗法、不能立即开展临床研究的情况下，具有细胞或动物实验的有效性和安全性支持数据，风险收益比合理，伦理委员会批准使用，有足够的措施确保患者风险最小化，可以按照《医师法》第25条规定，医师应当及时向患者具体说明医疗风险、替代医疗方案等情况，并取得患者的明确同意。

医疗机构应建立医疗质量委员会（医政管理部门）、伦理委员会等伦理审查制度，伦理审查应当遵守国家法律法规规定，尊重医师对罕见病、疑难重症等疾病的探索精神，同时遵守对患者有益、不伤害以及公正原则，并经过患者的充分理解知情，签署书面知情同意书，才能够实施。

（四）合理用药多元监督保障

卫生健康委、药监局、医保局等行政部门，药品生产企业、医疗机构、社会大众、媒体应对药品的合理使用形成多元化监督机制。

卫生健康委对医疗机构、医师合理用药、超说明书用药制定管理办法，并与药监部门协同对合理用药和超说明书用药进行监控，完善监督机制。药品监督管理部门可以利用互联网、大数据实时监控，药品在临床使用中超适应症、用量、用法和药品不良事件等，并及时将信息反馈给药品生产企业，提示指导药品生产企业作出相应处理。

药品生产企业应强化主体责任，认识到药品是为保障人类健康而生产，而不仅是为追求利润而制造的。作为药品生产企业不仅仅是生产销售药物追求利润，也负有社会责任，同时也是推进健康中国建设的重要一员。因此，药品生产企业要牢记药品安全承诺责任，严格自律，加强自我监督约束，积极及时申请修改更新药品说明书，强化维护患者利益、促进医学发展、推进社会共进的企业责任。

医疗机构应建立合理用药、超说明书用药相关监督制度，及超说明书用药实验研究制度，并与药品生产企业、卫生健康委、药品监督管理部门、医疗保障部门建立多方沟通机制，共同协商讨论超说明书用药出现的问题并提出解决建议。将符合法律规定的超说明书用药药品纳入医保目录，为患者争取更大的利益。

患者、社会大众可以通过专门的反馈渠道对药品说明书问题反映和提出建议，促进药品说明书的及时更新和药品合理使用。新闻媒体可以发挥舆论监督作用，对超说明书用药的不良事件进行客观报道、正确反馈。由此，通过建立政府、社会、机构、媒体、患者多元化监督治理机制，可以促进药品说明书的及时修改更新，从根本上解决超说明书用药的问题，满足人民群众的用药需求。

超说明书用药的制度建设和人民群众生命健康息息相关。今后，应考虑从根本上解决超说明书用药的问题，将超说明书用药问题回归正向解决方式，及时修改更新药品说明书，减少超说明书用药现象，保障人民群众的用药安全和身体健康，完善药品报销机制，维护患者合法权益。卫生与药品监督管理部门应严格落实监管责任，药品生产企业、医疗机构也应当主动践行责任，多主体、多方位、多方式共筑用药安全防线。

医疗数字化的法律监管

Legal Regulation of Medical Digitization

B.12
中国互联网医疗发展调查报告

王圣杰　贺婷婷　郭文利　赵悦蓉*

摘　要： 中国开展互联网医疗的规范性文件基本完备，互联网医疗的类型主要包括单独医院型、医疗机构合作型以及第三方医疗服务平台型三种方式。当前，国内互联网医疗服务的范围和深度仍有不足，制度规范仍有短板。在个人信息保护、医疗服务安全性和规范性、医患纠纷、药物管理等方面还存在诸多法律风险。应当推动建立符合互联网医疗需求的医疗卫生体系；加快建立统一权威的全民健康信息平台；优化配套管理制度，加强顶层设计及监管；构建医疗数据管理体系，平衡数据共享与个人信息保护；创新多元线上诊疗模式，调动医患线上诊疗积极性；加快医保支付数字化改革。

关键词： 互联网医疗　互联网医院　个人信息保护

---

* 王圣杰，浙江省台州市中级人民法院研究室主任；贺婷婷，浙江省湖州市长兴县人民法院审判管理办公室（研究室）副主任；郭文利，北明软件有限公司总裁助理、法学博士；赵悦蓉，浙江省台州市人民法院研究室法官助理。

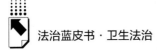

互联网医疗是指通过信息技术手段为患者提供就医诊疗服务,包括门诊挂号、问诊、治疗、开具药方、护理等等。作为信息技术发展的产物,互联网医疗在2020年之前已经逐步发展,近年来更是获得快速发展。互联网医疗利用信息技术手段不仅将传统医疗方式中只能到达特定医疗卫生场所才能完成的集中式诊疗转化为患者可以在任何地方都可以寻医问药,医疗服务工作者可以随时提供服务的分布式诊疗,而且可以积聚更多的专业资源,高效完成诊疗需求和专业服务的匹配。为深入了解这一新兴医疗服务方式,促进其健康发展,通过访谈、调查相关应用等方式开展了调研,形成本报告。

一 中国互联网医疗基本情况

(一)互联网医疗的规范性文件

随着互联网医疗的发展,相应的规范性文件不断出台和完善。从各类文件颁行的时间线划分,可以分为三个阶段。

1. 初期(2001~2016)

初期的互联网医疗规范主要集中在线上医疗信息咨询服务,并不包含甚至在一定程度上限制线上诊疗等医疗行为。2001年,原卫生部制定出台《互联网医疗卫生信息服务办法》(2009年修正),以规范互联网医疗卫生信息服务,限定医疗信息服务提供单位(包括医疗机构、从事预防保健服务的企事业单位或其他社会组织)仅能通过互联网提供医疗卫生信息咨询服务,不能从事网上诊断和治疗活动,并将互联网远程会诊作为医疗行为由《关于加强远程医疗会诊管理的通知》进行规范;后于2004年制定了《互联网药品信息服务管理办法》,对通过互联网提供药品以及医疗器械信息的服务活动进行规范;2009年,原卫生部在前期规范基础上修订颁行《互联网医疗保健信息服务管理办法》(2016年废止),对利用互联网提供医疗保健信息的运营主体、审批流程、服务内容、监管和对应法律责任作出了更为细致的规范。部分地方制定了相应的地方性法规或规范性文件,如黑龙江省卫生厅 2009 年发布了《黑龙江省互联网医疗卫生信息服务管理办法》。

2. 中期（2016~2019）

2016 年中共中央、国务院印发《"健康中国 2030"规划纲要》，要求建设健康信息化服务体系并推进健康医疗大数据应用。自此，互联网与医疗健康开始深度结合。国务院办公厅 2018 年发布《关于促进"互联网+医疗健康"发展的意见》，包含了健全"互联网+医疗健康"服务体系、支撑体系以及加强监管和安全保障等三大主题、14 项重点内容等较为全面、深入的规划意见，包括将"互联网医疗"内容扩展到线上医疗服务（主要针对常见病、慢性病）、公共卫生服务、家庭医生服务、药品供应保障服务、医疗保障结算服务等深度医疗服务，并提出建立医疗数据库和电子档案、电子病例，以及加强医疗大数据产权保护和隐私保护，为产业发展和规范设置提供了较为明确的指引。在该时期，国家卫生健康委还发布了《关于深入开展"互联网+医疗健康"便民惠民活动的通知》、医疗保障局发布了《关于完善"互联网+"医疗服务价格和医保支付政策的指导意见》。最重要的是，《互联网诊疗管理办法（试行）》《互联网医院管理办法（试行）》《远程医疗服务管理规范（试行）》等三个规章颁行出台，对互联网诊疗、互联网医院以及远程医疗等目前互联网医疗的主体活动作出了明确规定，也是开设互联网医院以及开展线上诊疗等医疗行为最直接的规则渊源。在此期间，一些地方也对应发布相关规范性文件，如《吉林省互联网医院管理办法（试行）》《海南省互联网医院管理办法（试行）》《安徽省互联网医院管理办法（试行）》《上海市互联网医院管理办法》等。

3. 近期（2020年至今）

受疫情影响，中国明显加速了互联网医疗工作的推进和规范性文件的出台。仅 2020 年就有《关于推进新冠肺炎疫情防控期间开展"互联网+"医保服务的指导意见》《关于做好公立医疗机构"互联网+医疗服务"项目技术规范及财务管理工作的通知》《关于在国家远程医疗与互联网医学中心开展新冠肺炎重症患者国家级远程会诊工作的通知》《关于积极推进"互联网+"医疗服务医保支付工作的指导意见》《关于深入推进"互联网+医疗健康""五个一"服务行动的通知》等文件。2022 年国家联防联控机制医疗救治组发布《关于做好新冠肺炎互联网医疗服务的通知》，对医疗机构（包含互联网医院、开展互联网诊疗服务的医疗机构）通过互联网诊疗平台进行诊疗并开处方以及配送医药服务等事项作出了规定，进一步推动了线上诊疗、开立处方、协同配送药品等服务的发展应用。

（二）单独医院型互联网医疗

单独医院型互联网医疗模式是指依托单独实体医疗机构通过互联网技术，提供网络便民服务、互联网诊疗服务、远程医疗服务的医疗服务方式。现阶段，单独医院型互联网医疗为患者提供的主要服务场景如下。

一是网络便民服务。通过微信公众号、小程序、自主开发的 App 或与第三方联合开发的 App 患者端，提供在线挂号、缴费、查询、扫码报到、排队叫号、就医消息通知等服务。运用人工智能技术、自然语言处理技术，开发问答式智能导诊、智能问答、智能预问诊等功能，初步了解患者病情、需求，帮助其精准选择挂号科室。同时也设置医生端（手机 App 和 PC 网页版），便于医生在线查看患者情况、挂号情况，医院通过 Web 进行管理。例如，浙江省湖州市长兴县人民医院在其微信公众号以"掌上医院"提供预约挂号服务，可以预先挂号也可以当天预约，可以添加本人及其家人信息，预约成功后按照预约的时间凭验证码、医保卡（电子医保）至门诊大楼自助机或挂号窗口签到取号就诊，超过就诊时间 10 分钟则视为放弃。

二是线上复诊服务。为方便行动不便人群及异地复诊等，医生在网络门诊定期坐诊，或利用碎片化时间，以图文、电话、视频等方式，为患者提供咨询、报告解读等服务。例如，某大学医学院附属医院微信注册就医服务号设置互联网医院栏目，医生为患者首诊面诊后，周一至周日 8：00~23：59 提供在线复诊服务，系统会根据就诊人信息自动识别复诊科室、医生。部分医生还在百度健康微信公众号上注册，患者初诊后扫码添加公众号，便于后续在线复诊、开药。

三是"互联网+护理服务"。2019 年以来，国家出台"互联网+护理服务"试点政策，至 2022 年底全国有 2000 余个医疗机构开展该服务。医疗机构利用在本机构注册的执业护理人员，依托互联网等信息技术，以"线上申请、线下服务"模式为主，为高龄或失能老人、康复期患者和终末期患者等行动不便的人群提供网约服务。服务项目包括慢病管理、康复护理、专项护理、健康教育、安宁疗护等，如静脉采血、吸痰护理、膀胱冲洗护理、氧气吸入护理、外科伤口护理等。用户选择服务项目的下单模式包括随机预约、指定医院和指定医护。上门服务的护理人员必须符合国家实施方案标准。医院通过其自有平台或与医疗服务类 App 合作，将有需求的用户与闲置的护士资源精准对接，一方面满足部分群体的居家护理需求，另一方面提升了护士执业价值感，促进患者康复，节约医疗资源。据山东省聊城市第四人民医院公众号 7 月 21 日信息，其对接医疗服务类 App"九州优护"，组建网约护士队伍，推进"互联网+护理服务"工作。又如，东南大学附属中大医院在其"互联网医院"小程序上提供上门服务预约，为出行不便的患者提供服务。

四是"互联网+药学服务"。2018 年《国务院办公厅关于促进"互联网+医疗健康"发展的意见》《关于加快药学服务高质量发展的意见》等文件出台后，利用互联网技术为患者提供药物配送、用药指导等服务开始出现。2020 年以后，该种服务方式为疫情防控区的患者尤其是慢性病患者提供便利，患者可以选择通过互联网医院复诊，由医生开具处方，药师线上审方，最后通过物流为患者配送药品。另外，线上药学门诊也逐步发展，药师在业余时间接诊，根据患者提供的信息提供用药指导、不良反应甄别及药物信息解答等服务，并形成接诊档案。

（三）医疗机构合作型互联网医疗

调研发现，不同医疗机构也借助互联网技术开展了合作型互联网医疗服务合作。医疗机构间的合作型医疗通过借助第三方公司视频会议工具如腾讯会议等完成，或者借助专门的远程会诊平台如上海白玉兰远程会诊平台完成。这种互联网医疗模式的具体合作方式可以分为上级医疗机构和下级医疗机构之间的合作、不同地域医疗机构间的合作。

医疗机构间的合作型互联网医疗在具体医疗方式上主要包括两种。一是"远程会诊"。具体表现形式为：患者初诊在医疗机构，合作医疗机构采用远程方式，两家医疗机构同时对患者进行问诊，或者初诊医疗机构已经对患者完成了初步诊疗，然后再将相关检查情况提供给合作医疗机构，合作医疗机构会结合患者自述、初诊医疗机构说明以及相关诊断给出相关医疗建议，初诊医疗机构根据相关建议予以执行。二是"远程治疗"。具体表现形式为：初诊医院已经在前期诊断基础上作出了相关治疗建议，但初诊医院在完成相关治疗方案时缺乏相应能力，需要合作医疗机构提供支持，甚至主要由合作医疗机构远程操作完成治疗方案，初诊医疗机构承担辅助功能。

（四）第三方医疗服务平台型互联网医疗

调研发现，除上述样态之外，也存在第三方医疗服务平台借助互联网技术，为医疗机构及医生、患者之间搭建市场化在线平台，为医患双方提供综合医疗服务。

一是非互动医疗健康信息服务。非互动医疗健康信息服务，主要是指互联网平台提供数据库，通过人与机器的交互，为医生和患者提供信息查询服务。例如，丁香医生中的丁香园用药助手是一款专门的药物信息专业查询工具。丁香医生下的"查疾病、查医院、查疫苗"服务，提供常见疾病的名称和症状、疫苗接种与禁忌，以及各类医院信息，患者可参考这些信息进行初步的自我诊断和选择。

二是在线诊疗服务模式。在线诊疗服务模式主要是指符合条件的第三方互联网企业与医疗机构、医生之间达成合作协议，通过网络平台、微信小程序、App 等形式，为患者提供线上诊疗服务。例如，在好大夫在线、微脉、丁香医生等综合性平台上，患者通过疾病、医院、科室等分类自主寻找对应医生，或者通过平台极速分诊推荐医生，医生根据患者的不同需求，提供在线问诊、预约挂号、康复随诊、私人医生、团队接诊等不同服务。平台工作人员需审核医患身份真实性、医患关系真实性，并要求发表者签署承诺书为发表内容负责。具体又可以细分为以下四种。其一，极速分诊服务。该服务由平台提供，患者可以输入本人病情描述和健康信息，由平台提供分诊和推荐医生，医生实时响应。其二，在线问诊（轻问诊）服务。包括电话、图文、视频问诊，医生根据患者的语言描述、提供的图文材料或者视频通话线上面诊的方式，为患者提供一对一的定向问诊服务。其三，线上医生+线下诊所挂号服务。鉴于在线问诊的局限性，互联网平台还提供对应医生的预约挂号服务，患者可以直接在平台上查看医生线下坐诊时间，线上预约挂号，转诊为线下问诊。其四，私人医生服务。为建立医生与患者之间持久的联系，互联网平台还提供私人医生服务，医生对患者提供一定期限的康复随访或者专属的私人医生服务，可以得到医生的全面照顾，还可以进入医生的会员俱乐部，与医生、其他会员进行互动。

三是医药电商服务模式。随着互联网的发展，网上零售药品模式蓬勃发展，以京东健康、美团买药为例，互联网企业与线下连锁药店合作，通过平台建设为医药零售企业提供线上医患药物咨询渠道和物流服务。消费者在App上可点击附近药店或者线上药房商城，进行医药咨询和药品购买，互联网平台提供即时或快递送药上门服务。

四是平台推广服务模式。调研发现，还存在经过平台认证的医生在小红书、抖音等社交平台发布医疗健康短视频或文章，内容包括门诊案例、回答网友提问、健康科普等，为患者答疑解惑的同时，也为医生或医疗机构打响一定的知名度。目前，抖音平台关闭了认证医生的私信功能，医疗咨询均由链接引流至互联网医疗平台或者医疗机构线上平台进行医患交流。小红书平台虽然没有对私信进行限制，但也规定了看诊必须通过专业平台，禁止医生在未经严谨辩证诊断的情况下在私信、评论区、直播等场景给个体随意提供明确的医疗建议；允许医生引导患者到合规问诊平台或者医生所在医院就诊，但禁止提供联系方式（如微信、电话等）或其他非合规站外引流行为。平台对申请认证的医生进行职业资质认证并监督审查，对违规引流、违规营销行为采取私信禁言、限流甚至封禁等处罚措施。

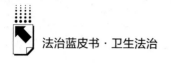

二 互联网医疗发展的不足与风险

（一）互联网医疗发展的不足

互联网医疗服务的范围和深度不足。国务院办公厅《关于促进"互联网+医疗健康"发展的意见》（以下简称《意见》）为互联网医疗构建了相对完整且具有前瞻性的发展体系和应用场景，包含了三大体系（健全医疗服务体系、完善支撑体系、强化监管和安全保障）14个重点项目类别。例如，在健全医疗服务体系中既包含发展互联网医疗服务和创新公共卫生服务，也包括优化家庭医生签约服务、药品供应保障服务、推进人工智能应用服务等七大项目。新冠疫情防治工作较大刺激了互联网医疗服务的发展，在线诊疗、远程医疗、线上购药、线上信息咨询等都有对应的应用平台。但从各类应用的活跃程度看，仍集中在医疗机构设置的互联网医院以及诊疗服务系统。特别是在《互联网诊疗管理办法（试行）》《互联网医院管理办法（试行）》出台后，医疗机构也逐渐从原先的门户网站、微信、自创App等技术平台逐步扩展到具备更广泛服务内容的互联网医院，除了传统的线上医疗信息、预约诊疗等服务之外，也对一些常见病、慢性病以及复诊的病患提供线上诊疗。医疗机构提供线上医疗服务给病患带来了直观的便利，而且基于自身的规范性、专业性，更容易被社会接受，也容易得到更多关注和政策支持。相对医疗机构的互联网医院和线上诊疗，互联网药品供应处于起步阶段，互联网公共卫生服务和家庭式服务等方面还缺少相对成熟的服务方式和应用平台。

与此同时，现阶段互联网医疗的深度应用也存在不足。一方面体现在互联网医院、互联网诊疗发展失衡。目前互联网医疗服务的主要平台和提供主体还是医疗机构，但受限于医疗机构自身线下诊疗普遍超负荷运行，大型优质的医疗机构除了提供预约挂号和医疗信息服务之外，难以从现有医护力量中抽出资源投入在线诊疗和其他实体性的医疗服务；而分级诊疗和医疗联合体体系尚未完全整合,缺乏有效顺畅的机制将医疗需求从大型医院向中小型专科医院或者社区医院、诊所转移,也加剧了这种实际需求与医疗供给的失衡,导致互联网医院、诊疗只成为医疗机构的线上分身,而无法落实《意见》中关于通过互联网技术实现医疗联合体"双向诊疗、远程医疗""基层检查、上级诊断"的预期要求。另一方面体现在公共服务、定制服务、前沿服务发展不足。按照《意见》设定,要通过互联网技术实现对居民健康数据(特别是老少孕弱群体的健康数据)、公共医疗卫生数据等数据资源的整合和应用,推进重大疾病、突发公共卫生事件的防控和应对,提升对特定群体的针对性医疗保护,还要提升医疗活动中人工智能的应用。当前,已有不少企业提供实时健康数据监测工作和对应数据库,医疗机构自身的数据资源和架构更是庞大,但在各类数据联系、分享、分析、应用上,还缺少有效的对接方式。由于缺少健康医疗数据共享的规章制度和管理机制,在权责不清的情况下,医疗机构对数据合作非常谨慎,通常"不敢合作、不愿合作",担心因共享数据引发纠纷或数据安全问题,这给数字医疗以及医学研究等带来桎梏。缺少了这些数据的深度应用,互联网医疗只能停留在诊疗的初级阶段,无法充分发挥其在优化医疗资源配置和功能实现、促进分级医疗体系完善、提升公共医疗服务水平和特殊人群医疗保护等方面的作用。

互联网医疗服务的制度规范仍有短板。第一,制度规范缺乏体系化和整体性。互联网医疗产业牵连面广,多个领域交叉,也就导致缺乏行业的整体规范,产业发展在现实中存在"多龙治水"的情况。虽然国务院办公厅对互联网医疗的全局性问题提出了发展意见,但涉及市场准入和资质要求、诊疗分级和标准、处方和用药规范、质量监管和责任分担机制、支付和结算体系建立、数据保护和产权管理等核心要点问题,卫生健康、工信、食药监以及医保等部门单位仍缺乏有效制度衔接,未能形成统一协调的政策法规体系。比如,对作为互联网医院和互联网诊疗运行基础的医护人员多点执业问题,虽然《互联网医院管理办法》中允许使用非本机构登记执业医师,但在《医师法》《医师执业注册管理办法》等上位法以及专门规定中并未针对互联网医疗的特殊情形,对申报审核等流程进行明确调整和优化,难免给推

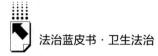
进互联网医院、线上诊疗工作造成实际障碍。第二，基础环节仍有制度短板。首先，从中央文件能够看出国家对互联网医疗推进分级诊疗、优化医疗资源配置以及提供更经济、安全、便捷医疗服务的期待，但在制度保障层面，还是依赖传统的医疗机构（特别是主要城市中的大型医院）来推进互联网医院和线上诊疗、远程医疗等重点项目。一方面，这些公立医院虽然优质，但基于线下资源充沛且由于基本处于满负荷运行状态，其参与互联网医疗的动力不足；而另一方面，基层乃至乡村的医生却因为准入规定不清和基础设施条件限制，难以有效参与行业资源配置。对于社会中其他产业主体和力量，现行法规规定对互联网医疗的准入资质限制较紧，也会争抢头部资源，最终难以将各类别的医疗资源配置到互联网上更好地开发利用。除此之外，对互联网医疗中容易出现风险和争议的医疗行为过错认定问题、数据权属以及隐私权保护等问题，都是前沿但也相对突出的法律问题，缺乏相关制度明确的规定。例如，各级医疗机构在诊疗过程中自然形成各类医疗数据，数据的所有权属于医疗机构还是患者个人不明，若数据流通后再利用产生的经济价值归属也不明确，引发纠纷后认定成难题。浙江省杭州市桐庐人民法院审理的一起受贿罪案件中，被告人王某利用自身在医院工作的便利，指使金某非法侵入医院计算机系统获取医院用药数据（即"统方"），因"统方"权属不明，因此定罪时只能认定为非法获取计算机信息系统数据罪。有些数据安全问题虽然出台了规范性文件，如国家卫生健康委2022年出台《医疗卫生机构网络安全管理办法》，但也多从操作合规和监管的角度制定规则，对由违规引发的第三方责任认定和承担则没有相关规则覆盖。其次，医保结算支持不足。患者通过互联网医院应用进行医保支付仍存在很大困难，目前在互联网纳保支付的政策中，仅明确优先保障门诊慢特病等复诊续方需求，包括诊疗项目在内的其他医疗服务项目暂无明确约定。在覆盖人群上，纳保政策也仅限于已经初诊过的本市医保复诊患者，多数地方尚不支持医保异地结算。这在很大程度上制约了互联网医疗的发展。最后，首诊门槛困境。现行法律规定互联网医院仅能进行复诊，但实践中部分患者是首诊还是复诊很难界定，尤其是第三方医疗服务平台提供的医疗服务，医生来自全国，服务对象覆盖全国，在这种情况下，即使平台要求提供相应的复诊凭证，其复诊凭证的标准难以界定：是在该医院或该医生的线下就诊记录，还是就该疾病的线下就诊记录。例如，患者在该医院因感冒就诊过，后因其他病情在线问诊，在医院的记录中已经有患者信息存在，患者可以挂号在线问诊的，是否是首诊并不清晰。

（二）互联网医疗存在的法律风险

互联网医疗作为新型医疗方式，其法律风险主要包括以下方面。

一是个人信息保护风险。互联网医疗平台往往会与院内外多系统联通，而电子处方、病历等都含有患者的隐私信息，如身份证号、医保卡号、家庭住址、电话等，任何一个环节处理不到位都可能存在信息泄露风险，继而影响患者对互联网医疗服务需求的释放。例如，2020 年至今，浙江法院审结的 62 件一审涉互联网医疗案件中，有 13 件涉及医院或者医生泄露患者个人信息，占比 20.97%。

二是医疗服务的安全性和规范性风险。从互联网诊疗层面看，提供服务的医务人员的执业资质、诊疗流程的规范性、处方的合理性等都缺乏相关监督管理，患者对互联网医院的信赖度还不高，通常将其当作辅助参考或复诊的路径，不利于数字医疗的推广。从互联网药学服务层面看，目前也仅有部分行业协会发布了相关规范，仍未形成统一服务规范和标准。例如，2018年 9 月中国药师协会等学术团体发布《药师提供互联网科普与咨询服务的专家共识》，明确药师在互联网平台的相关活动须遵循的基本原则、职业责任等。

三是医患纠纷风险。互联网医疗因其自身建设和运用场景的特殊性，以及患者的认知能力差异，发生医患纠纷概率可能要高于传统医院，主要反映在以下三方面。其一，医患供需不平衡引发的矛盾。由于线上诊疗对操作、诊疗习惯转变等要求较高，高年资医师上线诊疗的动力不足，而患者寻求线上诊疗更倾向于专家，导致医患供需不平衡。目前医生大多是在线下诊疗的基础上，利用碎片化时间开展线上诊疗，具有时间上的不确定性，而患者可能误以为医生会 24 小时在线，双方信息不对称，沟通不畅，导致线上诊疗满意度低。调研组通过某健康在线问诊某医院一位副主任医师，17：56 上传症状、血检单等，医生于当晚 22：24 回复，后续追问均为即时回复，首次回复间隔 4 小时以上，而且时间较晚，可以看出医生是利用休息时间在线诊疗。其二，处方精准性难保证。互联网医院诊疗只能通过患者陈述了解病情，无法像线下一样进行面诊、查体和检查，虽然患者会提供部分检查报告辅助，但对于患者的既往病史、过敏史等掌握不全面，在处方时可能会存在风险。例如，调研组某成员在感染新冠肺炎后，通过某健康在线问诊某医院一位主治医生，上传症状及肺部 CT 后，医生在线回复明确肺炎诊断，并开具广谱抗生素的处方，在处方前未问询既往病史及过敏史。其三，高期待引发的纠纷。由于在线诊疗存在局限性，部分疑难杂症很难通过在线沟通作出判断，故部分医生了解患者病情后告知患者需去线下门诊进一步就诊，让患者产生线上诊疗费"打水漂"的想法，而互联网诊疗费通常较高，评分较高的主治医师图文咨询就要 80~200 元，电话视频需要 180~360 元。另外，即使医生在线给出判断和处方，也会附加温馨提示"网络咨询意见仅供参考，不能代替临床诊疗，病情如有恶化，请及时前往医院就诊"，这让本就对互联网医疗持怀疑态度的患者更加纠结。

四是药物管理风险。在医药电商模式下，医药销售潜在风险较高。在药品销售过程中，患者实名制执行不严、跨平台的信息壁垒、售前引导和售后服务不健全，尤其是很多药品有处方、单次购买量的限制，在线购药加大了药品流通的监管难度，给医药市场药物管理带来了严重安全隐患。

三　完善中国互联网医疗的建议

（一）推动建立符合互联网医疗发展需求的医疗体系

目前互联网医疗的主要应用形态是以实体医疗机构为主体的互联网医院和以此为平台的互联网诊疗和远程医疗，并辅之以互联网药品服务和医疗信息服务，这一基本发展模式下大型优质医疗机构成为推动互联网医疗的主要力量，但缺乏足够的内生动力，现阶段也缺乏有效的机制调动这些医疗机构投入更多的资源发展互联网医疗，导致诊疗服务和配套变革都相对缓慢。要改变这一现状，需要加大医疗基础要素变革，通过医疗体系改革为互联网医疗提供必要保障。其包括进一步推进分级诊疗改革，将常见病、慢性病复诊等类型病症向基层医疗机构转诊分流，推进互联网医疗首诊开放；进一步放宽医师多点执业的限制，放宽对医师在互联网平台开诊的审查审批，释放医疗机构特别是基层医疗机构的医护资源；进一步明确非医疗机构从事互联网医疗服务工作的项目领域和资质条件，在保证医疗安全的前提下引导社会力量投入，推动互联网医疗产业发展。

（二）加快建立统一权威的全民健康信息平台

国务院文件已明确提出，要建立和完善互联网医疗支撑体系，加快实现医疗健康信息互通共享以及相应数据资源和管理的标准体系。这是推动互联网医疗深度和规范发展的基础工程，既有利于医疗数据的综合应用，也有利于数据的安全保存和后期监管。目前国家和地方四级的数据连通已经基本实现，国家卫生健康委也发布了《医疗卫生机构网络安全管理办法》来强化该项工作规范运行。但连通只是物理上的，下一步要加大力度在应用上下功夫，确保四级连通以后，能够为整个"互联网+医疗健康"提供平台支撑。还应尽快将其他相关医疗和健康数据全面纳入数据平台，建立以个人为基础单位的健康信息数据库，才能为整个互联网医疗健康提供有力支撑。

（三）优化配套管理制度，加强顶层建设及监管

一是构建符合互联网医疗服务性质的违规和侵权追责制度基本体系。前文提及的诸多规范性文件，多为主管部门制定的管理性规定，针对互联网医疗关联行为的违规事项进行规制，但对违规导致的侵害结果以及对应责任，还缺少明确规定。特别是针对互联网医疗中可能出现体检机构、执业医师就职机构、服务平台、药品器械供应商、病例保管机构等多方责任主体共存的

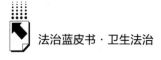

情形，传统的医疗侵权纠纷法律规定可能会难以应对未来出现的纠纷和合规风险。

二是对医疗病例、诊疗行为等衍生的数据资源和知识产权的权属认定和使用侵权等纠纷也会出现，在关注隐私权保护的同时，也需要关注人工智能等新技术形态下知识产权法和反不正当竞争法等法律制度的完善，为参与互联网医疗的企业有效维权提供保障，推动行业不断向纵深发展。

三是进一步细化与互联网医院发展相配套的政策法规、行业标准。例如，明确互联网医院运营门槛及职业准入、互联网医院管理组织架构、职责、医务人员准入退出标准、线上诊疗服务标准及规范、线上诊疗监督评价标准、病历及药品管理制度等。建议将互联网医院纳入当地医疗质量控制体系和实体医疗机构的绩效考核，医院也将本院医务人员线上线下诊疗试行同质化医疗行为监管，也作为其考核评价、职称评定的依据。在将线上诊疗纳入工作量考评的同时，也将其纳入监管，确保线上诊疗的质量和安全，逐步形成事前准入、事中监管、事后追溯的全流程监管体系。

（四）构建医疗数据管理体系，平衡数据共享与个人信息保护

设立医疗数据专门管理机构，实现健康医疗数据分类分级管理，根据数据敏感性、风险等级，低风险高价值数据应优先用于科研、民生等。同时建立匿名化数据使用标准，对高风险高价值数据匿名化使用，加强患者个人信息保护。

由政府主管部门牵头，完善本级卫生信息系统，推动公共卫生、医疗服务等相关业务领域的平台信息化建设，结合 AI、可穿戴设备等工具详细记录居民在各大医院的就诊病历、既往病史等，实现上述领域的数据与健康信息平台互联对接，形成内容完整全面的个人健康档案。另外，还要加强互联网医院间、医院与药方间的协作互补。

（五）创新多元线上诊疗模式，调动医患线上诊疗积极性

一方面，进一步推动互联网医院向智慧医院建设发展，充分发挥 5G 技

术、人工智能、移动可穿戴设备等现有技术功能，提高在线诊疗的便捷性和交互体验感，满足高年资专家及患者的操作需求，也方便医生获取数据以及后续监测，同时丰富线上诊疗模式，探索跨科室诊疗、跨院诊疗等，拓展互联网医院的使用广度和深度。另一方面，探索调动高年资专家医生的积极性，规范各平台收费标准，避免出现同一医生在不同诊疗平台问诊收费差别较大或者同职称的医生收费差距较大等情况。例如，有的平台会在医生介绍页面标注"业内专家""质量认证""复诊之星"等，在便利患者寻求更好医疗服务的同时，也会产生较大的费用差异，同为三甲医院儿科的主治医师，有上述标注的问诊费用高达 288~368 元，无标注的有的仅需 79 元，而上海的一些主任医师线下挂号费也仅 50 元。

（六）加快医保支付数字化改革

加快打造医保数字化支付通道，推进互联网纳保支付，逐步解决医保脱卡支付受限、异地结算受限、报销比例差异等问题，进一步发挥互联网医疗的便民、惠民作用，提高患者的使用积极性。同时也要注重医保结算、报销审核，避免出现恶意套取医保基金等违法违规行为，造成国家医保基金流失风险。

B.13
中国互联网医疗法律治理的
进展与完善

周 辉　崔 倩　闫文光　秦瑞翰*

摘　要： 经过多年发展，医疗和互联网融合催生了远程医疗、互联网医院和互联网诊疗等互联网医疗产业形态，伴随产业形态发展的是中国互联网医疗法律制度，其经历了探索期、发展期和规范期，形成了现阶段中国互联网医疗法律规制的框架。现阶段，由于新业态不断形成，中国互联网医疗法律规制还存在完善顶层设计、明晰主体责任、平衡数据合规和利用、完善监管职能等问题。确保互联网医疗安全、高质量发展，需要各方主体参与完善法律规制体系，宏观层面可通过促进平台互联互通、推进技术监管、探索新型数据信托模式等平衡互联网医疗产业合规与发展，微观层面可通过推进互联网诊疗线上线下活动衔接、压实远程医疗平台责任、完善互联网医院准入制度等优化互联网医疗法律制度细节，实现互联网医疗产业各环节健康发展。

关键词： 互联网医疗　互联网诊疗　远程医疗　互联网医院　法律治理
　　　　　数据合规

---

* 周辉，中国社会科学院法学研究所网络与信息法研究室副主任、副研究员；崔倩，中国社会科学院大学法学院硕士研究生；闫文光，中国人民大学法学院博士研究生；秦瑞翰，中国标准化研究院长三角（嘉兴）分院标准化工程师。

一 中国互联网医疗的主要类型

近年来，随着云计算、大数据、区块链、5G、人工智能等信息通信技术的快速发展、社会健康需求扩增，"互联网+医疗健康"在全球范围迅猛发展，带来了一系列高效、便民的医疗服务①。2020年以来，互联网医疗展现出巨大的潜力和价值，在缓解医生紧张、减少交叉感染、大数据监测②以及在促进医疗资源流动等方面起到了积极作用，有效推动了优质医疗资源"下沉"，缓解了看病难、看病贵等难题，提升了人民群众看病就医的获得感③。经过多年探索，中国的互联网医疗蓬勃发展，实现了以治病为中心向以健康为中心的战略转变，在门诊预约、互联网医院、远程医疗、健康监测与健康管理、网上药店、网络支付等方面取得了一定发展，将疾病预防、医疗科普、科学防疫等融入人民群众日常生活，不断提升公共服务均等化、普惠化、便捷化水平。

在具体模式分类上，国外研究普遍认为互联网医疗包括数字医疗、电子医疗、移动医疗、远程医疗、移动健康（m-Health）、健康信息技术（IT）、可穿戴设备以及个性化医疗等，属于广义上的分类④；国内则认为互联网医疗分为三类，即互联网诊疗、互联网医院和远程医疗。相对前者而言，后者应当是一种狭义上的分类，来源于2018年国家卫生健康委、国家中医药管理局出台的《关于印发互联网诊疗管理办法（试行）等3个文件的通知》，

---

① Moreno, Carmen, et al., "How Mental Health Care Should Change as a Consequence of the COVID-19 Pandemic", *The Lancet Psychiatry*, 2020, (09), pp. 813-824.

② 石晶金、胥婷、于广军：《互联网医疗在我国新型冠状病毒肺炎疫情防控中的探索与实践》，《中国卫生资源》2021年第2期，第208、212页。

③ 郭方园：《我国互联网医疗发展的现状、困境与对策》，《新经济》2022年第6期，第16页。

④ Alain Labrique, Smisha Agarwal, Tigest Tamrat, Garrett Mehl. "WHO Digital Health Guidelines: a Milestone for Global Health", *NPJ Digital Medicine*, 2020, 3 (01), pp. 1-3. 6; U.S. "Food and Drug Administration. What is digital health", https://www.fda.gov/medical-devices/digital-health-center-excellence/what-digital-health, Last vist date: 2021-02-02.

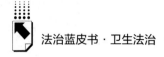

首次廓清了互联网医疗的范畴，给互联网医疗行业做了一次全面的梳理①。从中国互联网医疗的监管实践出发，本文采用后者的分类方法。

（一）互联网诊疗

互联网诊疗是指医疗机构利用在本机构注册的医师，通过互联网等信息技术开展部分常见病、慢性病复诊和"互联网+"家庭医生签约服务②。互联网诊疗行业经过长期发展，已经形成了一批具有代表性的平台，如阿里健康、好大夫在线、微医、平安好医生、春雨医生、北京协和医院、医渡云、丁香园等，探索出了远程专家门诊、在线咨询、心理救助、医保用药、防疫科普、分级诊疗、慢病管理、送药上门、出国医疗和健康险等全图谱式服务。当前，互联网诊疗具有强监管性、技术依赖性等特点，行业进入规范有序发展的新阶段。

第一，强监管性。2022年6月9日，国家卫生健康委办公厅、国家中医药局办公室联合发布《互联网诊疗监管细则（试行）》，要求医疗机构开展互联网诊疗活动，处方应由接诊医师本人开具，严禁使用人工智能等自动生成处方；严禁在处方开具前，向患者提供药品；严禁以商业目的进行统方；互联网诊疗的医疗服务收费项目和收费标准应当在互联网诊疗平台进行公示，方便患者查询；医务人员如在主执业机构以外的其他互联网医院开展互联网诊疗活动，应当根据该互联网医院所在地多机构执业相关要求进行执业注册或备案③。《互联网诊疗监管细则（试行）》的出台划定了行业发展的规范和底线，有利于促使互联网诊疗行业告别"野蛮生长"，进入高质量发展新阶段。

第二，技术依赖性。互联网诊疗活动高度依赖互联网技术提供商、互联网诊疗App提供商以及电子终端产品提供商，依靠网络及终端进行信息交

---

① 刘梦琪：《我国互联网医疗发展的现实困境及立法对策探析——兼评〈互联网诊疗管理办法（试行）〉等三份文件》，《西南大学学报》（社会科学版）2022年第2期，第40页。

② 《互联网诊疗管理办法（试行）》第2条。

③ 《互联网诊疗监管细则（试行）》第16条、第21条、第23条。

互，在方式上只能通过声音、文字进行，这使得医患双方获得方便的同时给诊疗的有效性和安全性带来了风险，如医方的身份很难确认，现实中有冒用临床专家互联网诊疗软件账号开展问诊的情况。此外，由于对互联网技术的依赖性，互联网诊疗的顺利开展需要高速和稳定的互联网、集成更多应用的终端设备以及更加智慧的功能设计，如果软硬件设备环境达不到线下场景所必需的实时性，则轻者降低医疗的质量与准确性，重者可能导致医疗事故的发生。

（二）远程医疗

根据《远程医疗服务管理规范》，远程医疗包括远程会诊与远程门诊两种形式，具体手段有远程心电诊断、远程超声诊断、远程影像诊断、远程病理诊断等。狭义的远程医疗服务项目，包括非专业医务人员从事就可能带来健康方面危害的诊疗活动，也包括监护和慢性病管理等需要专业知识和技能的医疗照护以及医疗机构之间的转诊①。广义的远程医疗服务项目不仅包括诊疗活动和监护，还包括医学教育和指导，如《关于促进健康服务业发展的若干意见》将远程医疗的范围认定为远程影像诊断、远程会诊、远程监护指导、远程手术指导、远程教育等。世界卫生组织将远程医疗等同于远程健康，包括通过信息和通信技术进行信息交换，来进行医疗诊断、治疗、疾病和伤痛的预防、研究和评估，以及对卫生保健提供者进行继续医学教育等内容②。

根据国家卫生健康委、国家中医药管理局发布的《远程医疗服务管理规范（试行）》，远程医疗服务有两种模式：第一，医疗机构直接向其他医疗机构发出邀请，受邀方运用通信、计算机及网络技术等信息化技术，为邀请方患者诊疗提供技术支持的医疗活动；第二，邀请方或第三方机构搭建远

---

① 于佳佳：《非法行医语境下医疗行为的目的解释》，《兰州学刊》2017 年第 8 期，第 112～123 页。

② World Health Organization, Telemedicine, "Opportunities and Development in Member States", *Global Observatory for eHealth Series*, 2018, （02）, p. 24.

程医疗服务平台，受邀方以机构身份在该平台注册，邀请方通过该平台发布需求，由平台匹配受邀方或其他医疗机构主动对需求作出应答，运用通信、计算机及网络技术等信息化技术，为邀请方患者诊疗提供技术支持的医疗活动①。需要注意的是，远程医疗是医疗机构之间的业务协作行为，既不能由某家医疗机构直接通过平台去寻找另外一家医疗机构的某位医生（绕开该医生所属的医疗机构）来实施远程医疗，也不能由受邀方绕开邀请方直接触达邀请方的患者来实施远程医疗。

（三）互联网医院

互联网医院是在实体医院初诊基础上，通过互联网技术在线开展部分常见病、慢性病复诊的全流程诊疗服务，允许医师掌握患者病历资料后，在线开具部分常见病、慢性病处方，代表性的如浙江大学附属第一医院互联网医院、四川大学华西互联网医院、广西壮族自治区人民医院互联网医院、银川好大夫互联网医院、贵州朗玛互联网医院、阿里健康网络医院、乌镇互联网医院等。根据国家卫生健康委发布的《互联网医院管理办法（试行）》，互联网医院必须有实体医疗机构作为线下支撑，互联网医院所能开展的科室设置和诊疗科目不得超出所依托的实体医疗机构的科目范围②。依托实体医院的支撑，互联网医院相对于互联网诊疗而言，其科室设置和人员配备都更加齐全。

在实践中，根据设立主体不同，主要包括三种类型。第一，传统医院设立：传统医院自主建设和经营，组织其医师进行网上问诊服务。第二，传统医院和互联网企业共同设立：传统医院主导建设和组织医师资源，互联网企业提供技术服务并参与运营，双方共同分配诊疗费等收入。第三，互联网企业设立：互联网企业自主申报成立互联网医院公司，在成立实体医院的同时建设和运营互联网医院。但在实践中，多数互联网医院是小型的或是专科类

---

① 《远程医疗服务管理规范（试行）》"一、管理范围"。
② 《互联网医院管理办法（试行）》附录《互联网医院基本标准（试行）》"一、诊疗科目"。

的医疗机构，传统大型综合型医院的参与率不高。以重庆为例，在 2020 年 9 月公布的获得互联网医院执业牌照的 14 家医院中，民营医院占 42%，公立医院中三级甲等占比也仅为 21%[1]。此外，已经设立的互联网医院中，真正能有效持续运行的寥寥无几，大多医院仅开发了"互联网医院"的功能，但实践中患者往往选择前往实体医院就医[2]。

需要注意的是，互联网医院与远程医疗存在清晰的界限：若邀请方通过信息平台直接邀请其他医疗机构的医生提供在线医疗服务的，则其实际上从事互联网医院业务，须申请设置为互联网医院，按照《互联网医院管理办法》管理[3]。此外，在互联网医疗的三种模式中，互联网医院与互联网诊疗仅可进行常见病、慢性病的复诊，不得对首诊患者开展互联网诊疗活动，而远程医疗可以针对全病种、针对诊疗的各个阶段进行，不受任何制约。差异的原因和远程医疗的定位有密切联系，远程医疗的核心目的是面向基层、边远和欠发达地区，提高优质医疗资源可及性，提升基层医疗服务能力，因此在提升公共服务可及性、均等化和约束远程医疗范围间进行了平衡[4]。

二　中国互联网医疗法律规制的进展

目前，互联网医疗需主要遵循的相关法律法规和政策见表 1，通过梳理分析可以发现，其与整个网络空间的法律规制基本同步，中国互联网医疗法律规制也经历了探索期、发展期、规范期三个阶段。

---

① 李珩、王玉英：《互联网医院来了》，《重庆日报》2020 年 9 月 3 日，第 5 版。
② 刘梦祺：《我国互联网医疗发展的现实困境及立法对策探析——兼评〈互联网诊疗管理办法（试行）〉等三份文件》，《西南大学学报》（社会科学版）2022 年第 2 期，第 37~48 页。
③ 《远程医疗服务管理规范（试行）》"一、管理范围"。
④ 《医疗联合体管理办法（试行）》第 35 条、第 43 条。

表1　中国互联网医疗相关法规政策

位阶	法规
法律	《民法典》
	《刑法》
	《网络安全法》
	《数据安全法》
	《个人信息保护法》
	《基本医疗卫生与健康促进法》
	《医师法》
	《生物安全法》
	《治安管理处罚法》
行政法规	《人类遗传资源管理条例》
	《关键信息基础设施安全保护条例》
	《互联网信息服务管理办法》
	《医疗器械监督管理条例》
	《医疗机构管理条例》
	《医疗纠纷预防和处理条例》
	《医疗事故处理条例》
部门规章	《人工智能辅助治疗技术管理规范(试行)》
	《电子病历应用管理规范(试行)》
	《互联网诊疗管理办法(试行)》
	《互联网医院管理办法(试行)》
	《互联网医院基本标准(试行)》
	《远程医疗服务管理规范(试行)》
	《国家健康医疗大数据标准、安全和服务管理办法(试行)》
	《人口健康信息管理办法(试行)》
	《医疗机构病历管理规定》
	《网络与信息安全事件应急预案(试行)》
	《全国医院信息化建设标准与规范(试行)》
	《全国基层医疗卫生机构信息化建设标准与规范(试行)》
	《全国医院数据上报管理方案(试行)》
	《电子病历系统功能规范(试行)》
规范性文件	《关于促进和规范健康医疗大数据应用发展的指导意见》
	《"互联网+护理服务"试点工作方案》
	《"十三五"全国人口健康信息化发展规划》
	《"十四五"全民医疗保障规划》

位阶	法规
规范性文件	《国务院办公厅关于促进和规范健康医疗大数据应用发展的指导意见》
	《关于加强医疗卫生机构统方管理的规定》
	《医院信息平台应用功能指引》
	《国家卫生计生委关于推进医疗机构远程医疗服务的意见》
	《真实世界数据用于医疗器械临床评价技术指导原则(试行)》
	《用于产生真实世界证据的真实世界数据指导原则(试行)》
	《卫生行业信息安全等级保护工作的指导意见》
	《临床试验数据管理工作技术指南》
	《互联网个人信息安全保护指南》
	《人类遗传资源采集、收集、买卖、出口出境审批行政许可事项服务指南》
	《医疗器械网络安全注册技术审查指导原则》
	《关于促进"互联网+医疗健康"发展的意见》
	《加强网络安全和数据保护工作指导意见》

(一)探索期

在这一时期,由于中国互联网技术本身就处于萌芽起步阶段,互联网在中国的普及程度较低,智能手机等终端尚未正式出现和大规模应用,依附其上的互联网商业模式也就无从谈起,因而互联网医疗此时处于探索阶段。因此,相应的法律规制主要从医疗信息化以及将互联网作为药品交易渠道的角度,探索互联网医疗法律规制。1999 年 1 月 4 日,原卫生部发布了《卫生部关于加强远程医疗会诊管理的通知》,对远程医疗会诊进行了规定:"远程医疗会诊是应用计算机及网络、通讯技术进行异地医疗咨询活动,属于医疗行为,必须在取得"医疗机构执业许可证"的医疗机构内进行。各级卫生行政部门依据管理权限,审定入网医疗机构;医疗机构应在能够取得清楚影像资料的条件下,方可开展远程医疗会诊工作。"2001 年 1 月 8 日,原卫生部发布了《互联网医疗卫生信息服务管理办法》(已废止),规定"互联网医疗卫生信息服务是指通过开办医疗卫生网站或登载医疗卫生信息向上网用户提供医疗卫生信息的服务活动"。可以看出,远程医疗在中国的起步较早且发展较快，原卫生部作为健康医疗行业的主管部门也较早注意到该模式的发展态势，在互联网尚未广泛应用的世纪之交就已经对其概念和范围进行了界定并纳入监管范围，在一定程度上遏制和预防了风险事件的发生。2005年9月29日，原国家食品药品监督管理局发布了《互联网药品交易服务审批暂行规定》，规定"互联网药品交易服务，是指通过互联网提供药品（包括医疗器械、直接接触药品的包装材料和容器）交易服务的电子商务活动"。2009年5月1日，原卫生部发布《互联网医疗保健信息服务管理办法》规定"互联网医疗保健信息服务是指通过开办医疗卫生机构网站、预防保健知识网站或者在综合网站设立预防保健类频道向上网用户提供医疗保健信息的服务活动"。

综上所述，在这一时期，中国起步较早的主要是远程医疗、互联网药品交易以及医疗信息等服务，更多是建立在信息网络发展基础上的医疗信息化活动，而互联网医院和互联网诊疗则尚未形成较大规模，因此尚未纳入监管范围。

（二）发展期

就远程医疗的发展而言，原国家卫生计生委2014年发布了《关于推进医疗机构远程医疗服务的意见》，文件对"远程医疗服务"进行了界定，即"一方医疗机构邀请其他医疗机构，运用通讯、计算机及网络技术，为本医疗机构诊疗患者提供技术支持的医疗活动。医疗机构运用信息化技术，向医疗机构外的患者直接提供的诊疗服务，属于远程医疗服务"。从这个定义可以发现，远程医疗是一种限定服务主体的活动，仅限于医疗机构之间。而"医疗机构"在《医疗机构管理条例》中则包含"从事疾病诊断、治疗活动的医院、卫生院、疗养院、门诊部、诊所、卫生所（室）以及急救站等医疗机构"[①]。从医疗机构所包含的范围来看，实际上可以提供远程医疗服务

---

① 《医疗机构管理条例》第2条。该法1994年2月26日以国务院令第149号发布，根据2016年2月6日《国务院关于修改部分行政法规的决定》第一次修订，根据2022年3月29日《国务院关于修改和废止部分行政法规的决定》第二次修订。三部法规对"医疗机构"的定义均一致。

的主体类型十分丰富。同时，《关于推进医疗机构远程医疗服务的意见》还明确了远程医疗服务范围，包括"远程病理诊断、远程医学影像（含影像、超声、核医学、心电图、肌电图、脑电图等）诊断、远程监护、远程会诊、远程门诊、远程病例讨论及省级以上卫生计生行政部门规定的其他项目"，从这一范围来看，远程医疗更多是针对诊断讨论活动。2015年《国务院办公厅关于推进分级诊疗制度建设的指导意见》进一步强调了远程医疗在促进医疗资源纵向流动中的作用，远程医疗继续得到发展[1]。

就互联网医院发展而言，2015年底全国第一家互联网医院——乌镇互联网医院成立，对于互联网医院来说是一个新的发展节点[2]。在这一阶段，地方率先出台了一些关于互联网医院的制度，积极探索互联网医院试点，银川是其中的代表和先头兵。2016年到2017年，银川市政府进行了大规模互联网医院试点，发布了多项关于互联网医院的政策，包括《银川互联网医院管理办法（试行）》（银政办发〔2016〕249号）、《银川市互联网医院管理办法实施细则（试行）》（银政办发〔2017〕38号）、《银川市互联网医院医疗保险个人账户及门诊统筹管理办法（试行）》（银政办发〔2017〕39号）、《互联网医院执业医师准入及评级制度》（银政办发〔2017〕37号）、《银川互联网医院投诉管理办法（试行）》（银政办发〔2017〕70号）、《银川市互联网医疗保险基金安全管控办法（试行）》（银政办发〔2017〕71号）、《银川市互联网医院数据安全保密管理制度》（银政办发〔2017〕72号）、《银川市互联网医院医疗风险防范管理办法（试行）》（银政办发〔2017〕73号）等制度文件。这些制度涉及互联网医院的管理、医师管理、医疗保险、服务投诉处理等多个方面，还规定了数据安全制度，可谓超前。

互联网诊疗的身影在这一阶段的政策文件中似未出现，但实际上互联网医院、远程医疗发展过程中推行线上问诊和电子处方，催生的D2P（Doctorto Patient）模式的远程医疗，已经接近今天的互联网诊疗形态，因

---

[1] 参见《国务院办公厅关于推进分级诊疗制度建设的指导意见》"一、总体要求"。

[2] 崔兴毅：《居家就医，互联网医院能让你如愿吗》，《光明日报》2021年4月11日，第6版。

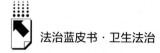

此虽然政策层面尚无明文，实质上已开始有互联网诊疗的雏形①。

综上来看，该时期的法律规制以体现促进性的内容为主，目的在于为互联网医疗发展提供较为宽松的制度环境和支撑的政策环境。究其原因，一方面，互联网技术的繁荣发展和广泛应用，催生了大量的互联网服务模式，以移动互联网为代表的新兴业态异军突起，基于互联网的规模经济、共享经济、长尾经济蓬勃兴起，催生了传统医疗服务的巨大变革，释放了互联网的巨大价值；另一方面，公立医院改革、深化医药卫生体制改革等多项政策推动医改进程加速，在国家的大力支持下，医院信息化系统、区域医疗信息化平台飞速发展，使得互联网医疗成为政府和市场双重看好的领域。这一时期的代表性法律政策文件是国务院 2015 年发布的《关于积极推进"互联网+"行动的指导意见》。该指导意见提出，"推广在线医疗卫生新模式。发展基于互联网的医疗卫生服务，支持第三方机构构建医学影像、健康档案、检验报告、电子病历等医疗信息共享服务平台，逐步建立跨医院的医疗数据共享交换标准体系。积极利用移动互联网提供在线预约诊疗、候诊提醒、划价缴费、诊疗报告查询、药品配送等便捷服务。引导医疗机构面向中小城市和农村地区开展基层检查、上级诊断等远程医疗服务。鼓励互联网企业与医疗机构合作建立医疗网络信息平台，加强区域医疗卫生服务资源整合，充分利用互联网、大数据等手段，提高重大疾病和突发公共卫生事件防控能力。积极探索互联网延伸医嘱、电子处方等网络医疗健康服务应用。鼓励有资质的医学检验机构、医疗服务机构联合互联网企业，发展基因检测、疾病预防等健康服务模式"②。在该阶段，得益于国家对"互联网+"的强力支持和包容审慎的监管态势，互联网医院与远程医疗开始大量出现并衍生出丰富的运营模式，在电商平台的模式经验基础上，互联网医院和远程医疗领域出现了类

---

① 健闻智库、国家卫生健康委发展研究中心黄二丹团队、上海交通大学医学院"荣昶·博医"卓越医学生培养计划团队等：《互联网诊疗高质量发展调研报告》，八点健闻：https：//www.100ec.cn/Public/Upload/file/20230307/1678158347990249.pdf，最后访问日期：2023 年 11 月 9 日。

② 周忠良：《"互联网+医疗"的现状、问题与发展路径》，《人民论坛》2021 年第 22 期，第89 页。

似的平台，如微医（原名"挂号网"）、丁香园、好大夫在线、春雨医生等在线医疗健康平台纷纷涌现，提供患者导医、预约挂号、健康咨询、医疗科普、医药电商等服务，医药领域也出现了第三方互联网平台，药店连锁企业开始进入互联网医药零售领域，允许取得相关资格的电子商务企业向个人消费者提供非处方药产品交易服务，但要求提供互联网药品信息服务的网站取得相关服务资格[①]。该阶段和探索期的最大不同，可能在于医疗活动从信息变革转向了服务变革，探索期活跃的远程医疗这类医疗咨询活动实质上只不过是改变了医疗信息沟通渠道，而在发展期催生的线上问诊、电子处方、预约挂号、划价缴费、健康服务等医疗服务活动则不仅仅是医疗信息化的再度提升，更是医疗服务在互联网潮流中的模式变革，需要涉及医院管理、医师管理、医疗保险、信息安全等领域的协同制度供给，但该阶段尚缺乏统一、专门的法律法规，这种制度需求和供给不匹配催生了下文规范期内法律法规的活跃活动。

（三）规范期

随着互联网医疗市场的进一步壮大，在为人民群众带来便利的同时，也逐渐暴露了许多问题，互联网医疗的无序发展给各类用户的利益、公共利益都带来了不同风险，需要及时加以规范引导。在此背景下，中国政府开始加强互联网医疗领域顶层制度设计。2018 年，国务院办公厅发布的《关于促进"互联网+医疗健康"发展的意见》，在提出促进互联网与医疗健康深度融合发展的政策措施同时，突出强调加强行业监管和安全保障，强化医疗质量监管，保障数据安全。同年，为贯彻落实《关于促进"互联网+医疗健康"发展的意见》有关要求，进一步规范互联网诊疗行为，发挥远程医疗服务积极作用，提高医疗服务效率，保证医疗质量和医疗安全，国家卫生健康委和国家中医药管理局一次性发布了《互联网诊疗管理办法（试行）》

[①] 冯贺霞、李韬、王佳：《我国数字健康发展历程、特征及展望》，《医学信息学杂志》2021 年第 5 期，第 10 页。

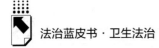

《互联网医院管理办法（试行）》《远程医疗服务管理规范（试行）》三份文件，对互联网医疗主要领域设定了针对性监管规范，成为互联网医疗领域发展与监管领域的里程碑文件。

2020年以后，互联网医疗呈现爆发式增长态势。2020年，工业和信息化部办公厅、国家卫生健康委办公厅发布《关于进一步加强远程医疗网络能力建设的通知》，意在"推进'互联网+'在医疗健康领域的应用发展，增强基层卫生防疫能力"。可见，互联网医疗的发展既受国家战略、技术发展等因素的推动，也受时代特殊因素的驱使，其为疫情防控提供了助力。有数据显示，互联网医院已经由2018年底的百余家，发展到2021年的1600余家①。但是，为满足急迫需求的短期扩张难免伴生不稳定风险。因此，2022年2月8日，国家卫生健康委办公厅和国家中医药管理局办公室联合发布《互联网诊疗监管细则（试行）》，以规范互联网诊疗活动。根据国家卫生健康委对《互联网诊疗监管细则（试行）》的政策解读，国家肯定了疫情防控期间互联网诊疗、互联网医院的积极作用，但也指出，要"规范互联网诊疗活动，加强互联网诊疗监管体系建设，防范化解互联网诊疗安全风险，保障医疗服务安全和质量"。针对当前互联网诊疗监管中面临的突出问题进行规范和监管，包括对医疗机构监管要求、对开展互联网诊疗活动的医务人员的监管要求、互联网诊疗业务活动监管要求。

这一阶段，互联网医疗服务活动得到了法律法规的规范指引，监管机制也初步建立。但也需要注意，随着大数据、物联网、云计算、区块链及人工智能等新兴技术的发展，这些新兴技术的加入使得互联网医疗开始迈向技术与医疗深度"融合"的生态创新阶段，互联网医疗服务已经由一开始的提供网上挂号服务，延展为问诊、复诊、医保支付、送药到家等诸多环节的服务，互联网医疗服务不断催生新业态新模式。此外，当下虽然互联网医疗还

---

① 夏宾：《中国互联网医院发展"提速"，如何排除"路障"？》，中新网：http://backend. chinanews.com/cj/2021/09-09/9561642.shtml，最后访问日期：2021年9月9日。

不能初诊，但也有制度文件提及互联网医疗医保首诊制的试点想法①。如果这种试点想法转变为现实，结合医疗服务新业态，意味着互联网医疗活动的规范和监管制度也需要相应变革以回应现实需求。

三　中国互联网医疗法律规制的主要问题

虽然中国已经出台构建了初步的法律规制框架，但仍存在法律位阶偏低、互联网医疗主体法律地位不明确、个人信息保护规则不具体、监管职责不清和能力不足等问题。

（一）完善顶层设计问题：法律位阶整体偏低，多为规章和规范性文件

目前与互联网医疗相关的法律文件中，除《基本医疗卫生与健康促进法》《医师法》《传染病防治法》《医疗机构管理条例》《护士条例》等外，尚无针对互联网医疗领域专门的立法。现有的互联网医疗法规体系主要是国务院发布的政策文件和卫生监管部门发布的部门规章和规范性文件。相关文件位阶偏低，权威性较低、适用范围较窄。这种碎片化和孤岛式的立法，导致难以形成完整和系统的互联网医疗法律规制体系，立法空白和立法重复现象时有发生，复制式与竞争式立法比较突出，不仅不利于监管对象遵循，也有碍法律规制效能的实现。

在实践层面，互联网医疗属于医疗、互联网等多个领域的交叉融合产物，需要规制的内容繁多，不仅涉及医疗行业自身规制，还涉及数据、个人信息、市场秩序等规制。例如，集聚巨量数据以及形成高质量的数据集合需要耗费大量资源，大型网络平台可以依据其掌握的大量数据与完整的组织架构，实现数据垄断优势的自我强化，这可能引发资本无序扩张，威胁公平竞

---

① 《关于推进"上云用数赋智"行动　培育新经济发展实施方案》第三部分"（三）业态赋能：开展数字经济新业态培育行动"。

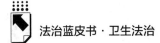

争秩序。但现有文件中有所回应的内容较少，协同性有所欠缺，在实践中容易暴露制度缺失、制度失灵、制度不健全等问题①。

（二）明晰主体责任问题：互联网医疗主体法律地位或有争议，主体责任存在模糊之处

在互联网医院模式中，实体医院缺位可能会导致主体性质争议问题。《关于促进"互联网+医疗健康"发展的指导意见》与《互联网医院管理办法（试行）》明确规定，互联网医院发展以实体医疗机构为依托。《医疗机构管理条例》要求申请设置医疗机构时应提交选址报告和建筑设计平面图，也强调了医疗机构的"实体性"。但在实践中，银川取消无法定依据的前置条件和规划布局，不指定办公场所选址和依托实体医院选择，企业可根据自身所需选取办公场所和签约实体医院②。此类互联网医院是否属于《医疗机构管理条例》所认为的"医疗机构"可能存在争议，进而可能影响责任认定和监管。

针对互联网医疗活动的责任问题，现阶段相关法律法规所聚焦的对象都在"医疗机构"上，相应的责任也多围绕医疗机构规制。《互联网诊疗监管细则（征求意见稿）》第 32 条规定，"取得《医疗机构执业许可证》并独立设置的互联网医院，独立作为法律责任主体；实体医疗机构以互联网医院作为第二名称时，实体医疗机构为法律责任主体。互联网医院合作各方按照合作协议书依法依规承担相应法律责任"。《远程医疗服务管理规范（试行）》规定，当发生医疗纠纷时，远程会诊由邀请方医疗机构承担相应法律责任，远程诊断由邀请方医疗机构和受邀方医疗机构共同承担相应法律责任；医疗机构与第三方机构合作开展远程医疗服务发生争议时，由邀请方医

---

① 王晨光：《疫情防控法律体系优化的逻辑及展开》，《中外法学》2020 年第 3 期，第 625～626 页。
② 《银川市用"放管服"思路打造全国"互联网+医疗健康"产业集群化发展新高地》，宁夏回族自治区发展改革委官网，https://fzggw.nx.gov.cn/yhyshj/202211/t20221116_3844417.html，最后访问日期：2023 年 11 月 10 日。

疗机构、受邀方医疗机构、第三方机构按照相关法律、法规和各方达成的协议承担相应的责任；依据《医师法》《医疗机构管理条例》《医疗事故处理条例》《护士条例》等法律、法规处理医疗机构和医务人员在开展远程医疗服务过程中的医疗纠纷。《互联网诊疗管理办法（试行）》和《互联网医院管理办法（试行）》并未对互联网诊疗服务提供者、互联网医院的医疗责任进行规定。在互联网诊疗模式中，特别是互联网企业参与其中时，多方主体间的法律关系需要进一步厘清。当提供互联网医疗服务的平台在服务过程中产生过错，应当承担一定责任，但究竟在多大范围和什么条件下承担怎样的责任，现有法律规则并不明确。某些情况下，平台为了自身利益，也会采取各种措施和借口逃避责任，如声称医生的行为与平台没有关系。医疗机构、互联网医疗平台、医生、患者之间的权责不清也会增加新型医疗纠纷的解决难度，影响产业的投入预期和用户的信任。在远程医疗模式中，邀请方和受邀方医疗机构经常以协议形式确定法律责任，这就导致协议约定的范围、内容等具有不确定性或者因不规范而流于形式，在发生损害时难以依约定进行责任判定①。

（三）平衡数据合规与利用问题：互联网医疗场景下的数据合规与数据要素规则不具体

随着《网络安全法》《数据安全法》《个人信息保护法》等法律出台，互联网医疗活动需要重视数据和个人信息保护。2021 年 9 月施行的《数据安全法》要求数据处理者履行采取相应的技术措施和其他必要措施保障数据安全、明确数据安全负责人和管理机构、加强风险监测和风险评估、以合法正当方式收集数据等义务。2021 年 11 月 1 日施行的《个人信息保护法》对公民的个人信息保护进行了全方位规定，明确了个人信息处理者的义务与责任，赋予了个人信息主体诸如查阅、复制、更正、删除、可携带等权益，

---

① 李君、马盼盼、杨敦干：《我国远程医疗领域中的法律问题及对策》，《中国医院管理》2020 年第 6 期，第 93 页。

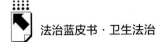

为个人信息处理行为划定了基本原则。这些规定使得患者的个人医疗信息保护有了部分法律根据。

但上述法律多为原则性规定，具体实施活动还是处于缺乏规范指引和监管的困境中。例如，《个人信息保护法》明确规定了医疗健康相关信息属于敏感个人信息的范畴，但由于医疗行业的复杂性，实践中医疗数据、个人信息的种类十分丰富，国家标准《信息安全技术　健康医疗数据安全指南》就列举了个人属性数据、健康状况数据、医疗应用数据、医疗支付数据、卫生资源数据和公共卫生数据①。不同类型的数据既可能落入敏感个人信息范畴，也可能落入非敏感个人信息范畴。这就导致实践中丰富的医疗数据类型和《个人信息保护法》抽象性规定之间存在一定张力。在这样的张力空间下，数据处理不合规现象就有了滋生空间，数据的泄露、滥用等问题随时可能被引爆。

但是，互联网医疗数据具有重要的利用价值，能够作为数据要素助力数字经济的发展，因此互联网医疗数据的合规流转与利用对中国的经济发展具有重要意义。习近平总书记指出："数据是新的生产要素，是基础性资源和战略性资源，也是重要生产力"，并强调"要构建以数据为关键要素的数字经济""做大做强数字经济，拓展经济发展新空间"②。数据是数字经济发展的基础要素，通过释放数据要素潜力，可以推动数字经济快速发展。"完善数字经济治理""释放数据要素潜力"成为促进中国创新驱动发展战略的核心要点③。在互联网医疗场景下，相关机构积累沉淀了大量的医疗数据，这些数据对于上下游数字产业发展具有重要意义，能充分展现数据要素使用价值。但是，目前相关数据控制者面临严重的数据合规难题，导致其不敢用、

---

① 参见《信息安全技术　健康医疗数据安全指南》（GB/T 39725-2020）"6.1 数据类别范围"。

② 《习近平主持召开中央全面深化改革委员会第二十六次会议强调　加快构建数据基础制度加强和改进行政区划工作》，央广网：http://china.cnr.cn/news/sz/20220623/t20220623_525878858.shtml，最后访问日期：2023 年 10 月 9 日。

③ 《2022 年政府工作报告》，中国政府网，http://www.gov.cn/premier/2022-03/12/content_5678750.htm，最后访问日期：2023 年 10 月 9 日。

不会用、不能用，极大阻碍了数据要素的流通利用。同时，患者个人的权利和利益如何落实也是一个问题。因此，亟须强化互联网医疗领域的数据和个人信息保护规则，充分考虑患者需求和医疗行业实践的复杂性，完善配套法规、政策、标准体系。

（四）完善监管职能问题：监管职责不清和能力不足

目前中国对互联网医疗的监管没有明确的法律规定和职责划分，除国家卫生健康委外，相关政府职能部门按照现有的职责分头监管，没有形成全流程的监管体系。这也间接造成远程医疗机构准入门槛低、从业人员资质审核不明、设备标准不统一、远程医疗服务定价标准缺失和医保基金监管困难等问题。例如，有的互联网医院利用医患不直接接触的线上诊疗特点，聘请高水平、高年资医生注册后，却安排其他人员代为接诊，欺骗患者；有的医师在进行身份认证后将账号转借或出售给他人，或者他人利用医师的相关资料冒名注册；有的互联网医疗平台的工作内容局限于开展健康咨询或提供其他单项医疗服务，却冠以"互联网医院"头衔；有的机构与个人故意虚构资质、隐瞒真相，打着"互联网医院"的幌子，谋取不当利益[1]。

互联网医疗的技术性较强，无论是数据量还是用户量都达到了较大级别，同时由于互联网的特性，各类活动的隐蔽性极强，数据流通往往呈现巨量化、数字化、碎片化的情况，涉及的参与方和环节众多，监管主体较多，法律关系也较为复杂。现行以人工监管为主的模式无法适应，缺少体现技术监管的法律规则。

四　中国互联网医疗法律规制的完善

如何在充分释放互联网医疗社会福利的同时，有效防范相关风险，是国

---

① 王晓波、李凡：《中国互联网医院发展的现状及规制》，《卫生经济研究》2020年第11期，第23~25页。

家制定政策、出台制度的重要考量。需要看到，科学、有效监管与互联网医疗的健康规范发展密切相关。未来，应充分考虑人们对互联网医疗日益增长的需求，以及互联网医疗产业发展对营商环境的需求，审慎评估，合理平衡保安全、定秩序、促发展、利民生等不同维度的价值考量，通过法律规制创新，提高治理的科学性、有效性和可操作性。

（一）总体层面：平衡合规与发展

1. 促进平台互联互通，减少患者成本

在线下医疗场景中，患者的个人信息、诊断信息等通常以纸质载体为主，其转移、提供和携带都必须通过实物载体的流转方可进行，且一旦丢失将永久丧失可用性。互联网医疗的一个突出优势即在于将患者的各类信息进行数字化，从而便于携带、存储、传输和共享。在此背景下，患者查阅、复制、转移本人的处方、病历、医疗影像检查信息也就具备了现实可能性。因此，通过将个人诊疗信息在不同互联网医疗平台进行移转，省去了传统纸质载体传递的实物流动不足，能够极大地降低人力物力费用以及时间成本，减少复杂的医疗手续，也更能保障信息的真实性、客观性和可用性。同时还为大数据分析、比对、挖掘等现代化医疗技术提供了基础，便于及时有效地诊治患者的疾病。在此方面，《个人信息保护法》已经提供了法律依据，其第45条、第46条赋予了个人查阅、复制、转移、更正、补充等权利。但是，当前互联网医疗领域各平台之间存在较大"壁垒"和"护城河"：一方面，互联网医疗平台出于降低风险和避免责任等方面的考虑，并不认可来自其他主体的医疗材料，患者需要重复检查、诊断等流程；另一方面，即使有些互联网医疗平台愿意接收其他主体的材料，但由于不同主体之间并没有统一的数据结构与标准，还需要花费大量人力物力进行数据清洗与治理。

因此，在实际监管中应允许建立健全医疗个人信息可携带规则，从便利患者医疗、节约社会成本、适用先进技术等角度推进相应系统或平台建设。同时，在实践中，出于避免纠纷考虑，许多医生并不认可其他医疗机构出具的诊断资料，往往要求患者在本医疗机构重新检测，这就造成了数据共享后

的数据互认同样存在较大障碍。因此，还应做好医疗个人信息可携带规则的上下游制度配套，如促进各平台在部分层面的互联互通，建立各平台对不同机构所出具的医疗信息的互信互认机制，建立电子病历相关标准及电子病历信息标准体系基本框架，保障医疗个人信息可携带规则真正落到实处。此外，从实践经验来看，还要科学合理地设计和优化医疗个人信息可携带规则的程序与内容，从实际情况出发，避免最终沦为"空中楼阁"，不仅没有起到简化程序和降低成本的作用，反而增加了患者的负担。

2. 推进技术监管，契合互联网发展趋势

随着互联网医疗的发展，其应用场景将不仅局限在诊疗服务、药品服务等"治病救人"阶段，还将向上向下延伸，拓展至预防、科普、保健等领域。丰富的场景将带来巨大的合规与监管成本。

互联网医疗的鲜明特征和巨大优势就在于以网络为载体、以数字技术为手段，通过数据交互代替线下的面对面交互，从而解决时空限制的难题。这一特性使得互联网医疗的所有过程和信息都能够以数据形式保存，做到全程留痕和可追溯。门诊病历、医护人员资质信息、诊疗过程中的图文对话和音视频等资料在保护得当的前提下能够永久无损保存，不仅方便了医疗信息的反复利用，更为监督管理提供了基础和条件，使得监管部门能够通过新兴技术高效率、低成本地追踪、查询、比对、校验、分析、留存医疗过程信息。

监管部门应充分发挥技术监管的优势与突出作用，通过大数据、人工智能、区块链、在线支付、电子实名认证等技术，推进精细化监管。例如，可探索医疗卫生机构处方信息与药品消费信息互联互通、实时共享，全链条追踪和监督药品的流转，促进药品网络销售和医疗物流配送等规范发展；建设全国统一标识的医疗卫生机构和人员的可信医学数字身份、电子实名认证、数据访问控制信息系统，创新监管机制，提升监管能力。同时，可探索建立监管平台。在具体思路上，可以借鉴当前金融领域和市场监管领域的穿透式监管经验，协调调动各地数据资源，通过区域信息平台建设实现居民基本健康信息和检查检验结果、用药记录等的医疗机构之间信息共享。形成区域内居民电子健康档案与电子病历的实时动态更新、省级人口健康信息平台与国

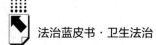

家人口健康数据中心的定时数据同步，实现动态、全面的数据交互，从形式监管向实质监管转变，切实规范产业发展并保障患者权益。

3. 探索新型数据信托模式，促进数据合规流转

2022 年 12 月，中共中央、国务院印发了《关于构建数据基础制度更好发挥数据要素作用的意见》（也称"数据二十条"），要求探索有利于数据安全保护、有效利用、合规流通的产权制度和市场体系，完善数据要素市场体制机制，在实践中完善，在探索中发展，遵循发展规律，创新制度安排①。其中，为推动个人信息权益保护和数据要素价值释放有机结合，破除当前数据要素市场化发展难题，"数据二十条"特别强调要建立健全个人数据确权授权机制，提出将探索由受托者代表个人利益，监督市场主体对个人信息数据进行采集、加工、使用的机制，尝试使用信托工具推动提升当前数据保护、利用及监督水平，为更好赋能数字经济发展提供了有效指引。新型数据信托模式正是基于"数据二十条"提出，要"健全个人数据确权授权""代表个人利益""监督市场主体"的定位而进行的探索与创新。

在该种模式下，数据受托者应作为不直接处理数据的第三方主体，在数据主体的授权下与数据处理者的需求进行匹配，并为数据主体维护合法权益以及包括货币性收益、优质服务在内的合理对价。保障处理活动的合规底线，拓展数据需求方获取数据的途径，降低因数据流动对数据主体带来的风险。同时，数据信托机构取得数据主体代理权，进行数据要素市场中的供需匹配与冲突争议的居中协调，利用其专业能力帮助数据主体在数据授权使用方面进行有效规划，让数据需求方便利地获得授权，从而推动数据流通利用，释放数据潜能。相较于一般数据处理活动中数据处理者与数据主体的二元结构，加入数据信托的受托者而形成的三元结构，更有利于扭转当前数据处理活动中数据主体与数据处理者地位不平衡的局面，保护数据主体的合法权益与数据要素市场的公共秩序，维护数据要素市场秩

---

① 《关于构建数据基础制度　更好发挥数据要素作用的意见》总体要求"（二）工作原则"。

序，给监管提供机制抓手，减轻监管压力，从而实现数据保护与利用的统筹协调。

作为第三方主体的数据信托受托者，能够统筹数据权益保护和数字经济发展，实现数据合规高效流通，其具备以下功能：第一，数据信托受托者需要承担数据处理的"监督者"角色，确保数据处理者坚守合规底线，监督数据处理活动合规；第二，数据信托受托者需要承担数据供需匹配的"撮合者"角色，促进数据快速高效流通，降低企业合法获取数据的成本，充分发挥海量数据的规模优势；第三，数据信托受托者需要承担数据主体权益的"保护者"角色，切实维护数据主体合法权益，确保数据主体数据提供行为获得应有回报，助力各方主体共享数字红利；第四，数据信托受托者需要承担数据主体"中介者"的角色，为数据处理合规进行中介担保，从而维系数据处理者与数据主体之间的信任，夯实数字经济发展的基石。

（二）具体层面：完善监管措施

1. 互联网诊疗：推进线上线下诊疗活动衔接

《互联网诊疗监管细则（征求意见稿）》第18条第1款规定，互联网诊疗"不得首诊，只能复诊"，具体条文为："患者就诊时应当提供具有明确诊断的病历资料，如门诊病历、住院病历、出院小结、诊断证明等，由接诊医师判断是否符合复诊条件，并采集证明患者已经确诊的纸质或电子凭证信息。"这一规定是在考虑了互联网诊疗具有非接触、非面对面的短板前提下，从安全保障角度出发，为避免通过互联网进行首诊容易产生误诊等情况，具有一定的必要性。但是，该规定在实践中可能难以执行，使得互联网诊疗无法落地开展。

基于实际情况，应进一步厘清线上线下逻辑衔接，充分考虑相应措施的必要性和可行性，对于线上不得首诊不宜一刀切。可在充分告知用户风险的前提下，对互联网诊疗的疾病施行分类管理，尊重用户在低风险场景中的自主选择权，对于高风险疾病就诊患者应按照要求审核其首诊资料，对于其他疾病可以通过由接诊医生询问、告知风险、获得同意，或者将患者与医师图文交互形式证明过往诊断情况纳入复诊凭证范围等方式进行灵活处置。

2. 远程医疗：压实平台责任，指导平台健全合规治理机制

根据《远程医疗服务管理规范（试行）》，远程医疗活动要求医疗机构或第三方机构搭建远程医疗服务平台，在平台内进行医疗需求对接和提供医疗服务活动，因此远程医疗服务平台的管理规范、责任明确，对于安全、有序推进远程医疗服务活动开展具有重要意义。

远程医疗服务平台内流转的医疗数据包含了丰富的生物识别信息、个人敏感信息等数据，通过对其清洗挖掘，能够轻而易举地获取大量关乎国家安全的信息，一旦管理不善，将给公民身体健康、社会稳定以及公共安全带来极大风险。近年来，全球各国不断发生医疗数据泄露事件，不法分子通过黑客攻击、植入病毒、与医疗机构合作等方式，利用权限便利、系统漏洞等条件大量非法获取、买卖医疗数据，严重威胁了人民群众的生命财产安全以及国家安全。因此，世界各国都在不断加强对医疗数据的保护与控制，中国的《个人信息保护法》《数据安全法》也规定了数据处理者的数据安全保障义务。

远程医疗服务的质量直接关系到人们的生命健康安全。因此，应进一步压实互联网医疗平台主体责任，指导平台通过应用合规科技等手段，健全合规治理机制，根据相关规定严格落实义务要求，如平台内用户实名制管理、信息内容管理、避免垄断和不正当竞争、个人信息保护、数据安全保护、规制算法、保护知识产权等。加强对互联网医疗从业人员资质、电子处方真实性等事项的监管，增强互联网医疗的安全性保障。此外，还可以探索建立医疗责任分担机制，推行在线知情同意告知，防范和化解医疗风险。

3. 互联网医院：完善主体准入制度

针对前文所述互联网医院的主体性质和责任问题，存在对《医疗机构管理条例》中医疗机构"实体性"要求的存废之争。不过，虽然实践中存在银川取消无法定依据的前置条件和规划布局，不指定办公场所选址和依托

实体医院选择，企业可根据自身所需选取办公场所和签约实体医院①。但是，银川只是降低了门槛，最终仍然核发营业执照、医疗机构执业许可证。因此，从最终结果来看，如果是凭医疗机构执业许可证来认定一个机构是否属于"医疗机构"，当前取得医疗机构执业许可证的互联网医院就可以被定性为"医疗机构"。那么，其实真正争议的问题是"医疗机构"认定的实质性要求，以及未满足这种实质性要求会不会否定后续的医疗机构执业许可证效力。

互联网医院的重要作用已经广为人知，接下来的问题是如何将这类"网络医院"在实质上和形式上都纳入国家医疗机构管理制度中，以实现规范化发展。这就需要修改《医疗机构管理条例》，回应医疗机构在互联网时代的发展需求。可考虑修改《医疗机构管理条例》关于医疗机构具体类型的范围，将审核合格并且符合法定条件的所谓"网络医院"认定为医疗机构，并颁发营业执照，可以参考美国 FDA 批准设立互联网医疗机构的经验，便于后续医师的注册执业和医疗责任的统一认定。

互联网医院自身的法律性质是一个问题，互联网医院中的医师资格则是另一个重要问题。互联网医疗与医师多点执业相辅相成，互联网医疗需要获得医师多点执业政策的支持，才能保证在线执业医师人力资源充足。同时，互联网医疗对于开拓医师多点执业新路径、整合核心医疗资源、开辟便捷医疗服务新模式也起到了重要推动作用②。医生多点执业的问题在中国已经得到了立法确认，2017 年出台的《医师执业注册管理办法》已经确立了医生多点执业的合法性与合理性，医生只需要在一家主要执业机构进行注册，其他拟执业的机构只需备案即可，执业地点的数量不受限制。但对于其多点执业能否适用于互联网医疗平台，需要得到立法和政策

① 《银川市用"放管服"思路打造全国"互联网+医疗健康"产业集群化发展新高地》，宁夏回族自治区发改委官网：https://fzggw.nx.gov.cn/yhyshj/202211/t20221116_3844417.html，最后访问日期：2023 年 11 月 10 日。
② 黄小龙、任俊方等：《互联网医疗推动医师多点执业的思考》，《中国卫生质量管理》2021年第 1 期，第 25~28 页。

的进一步确认。因而，应通过立法或政策进一步明确和统一医生线上诊疗多点执业的具体要求、资格认定、人事管理、执业权限和责任承担等核心问题①。

---

① 刘梦祺：《中国互联网医疗发展的现实困境及立法对策探析——兼评〈互联网诊疗管理办法（试行）〉等三份文件》，《西南大学学报》（社会科学版）2022 年第 2 期，第 45～46 页。

B.14
中医领域 AI 算法应用的法律监管

李 静*

摘　要：　AI 算法在中医领域有着广泛应用前景，中医与人工智能的结合
使得中医的发展迈向新时代。AI 算法在中医诊断辅助、个性化
治疗、药物研发等领域产生了众多新兴应用成果，这些新兴应用
面临诸多法律监管难题，在个人信息保护、监管主体确定、责任
承担等方面存在难点。这需要从法律监管层面明确 AI 算法在中
医领域应用的监管主体，确定其责任承担方式和内容，为 AI 算
法的不确定性预留监管空间。

关键词：　AI 算法　中医　人工智能应用　全生命周期法律监管

一　中医领域 AI 算法应用的发展现状

近年来，人工智能（Artificial Intelligence，AI）算法在中医领域的应用
取得了显著进展。中医领域 AI 算法应用主要集中在以下方面。

（一）中医领域 AI 算法应用概况

在世界范围内，将 AI 算法与医疗行业相结合的尝试始于 1960 年，学者
试图组建医疗知识、医疗案例的数据库来模拟医生的决策。在 1972 年，英
国研发出世界第一款医疗领域的人工智能软件，用于辅助医生对疾病的诊

---

* 李静，北京市炜衡律师事务所律师。

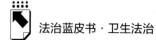

断。在此领域，中国也起步较早。1978 年，北京中医医院研发出中国最早的人工智能应用"关幼波肝病诊疗程序"①，将中医与 AI 算法相结合，将 AI 算法服务于中医诊疗。肝病专家关幼波医生带领团队在整理了大量中医治疗肝病案例、方剂等资料后，总结规律，将不同的肝病种类进行分型输入计算机系统，最终完成了计算机程序在中医领域的应用，可谓人工智能与医疗相结合的开端。

随着计算机技术的迅猛发展，中医与人工智能的结合不断出现新的应用。时至今日，中医与 AI 算法的应用共走过了四个阶段。第一阶段是 20 世纪 90 年代，以专家系统研究为主的 AI 算法中医研究起步阶段。随着"关幼波肝病诊疗程序"的大获成功，对疾病诊疗的专家系统研究如雨后春笋般出现。第二阶段为 21 世纪初，AI 算法在中医领域发展遇到了瓶颈，在中医领域的应用局限在整理中医案例数据库资料、建设数据工程等项目。第三阶段是在 2005 年后，随着神经网络技术的突破，AI 算法与中医的结合有了技术上的突破性进展，"望闻问切"等传统中医技术与人工智能的结合有了技术上的可能性。第四阶段为 2012 年后，随着机器学习等技术的进步，AI 算法得以分析大量的中医诊疗数据、临床数据，从而促使 AI 算法在辅助诊断、个体化治疗与中药研发上有了新的发展。

（二）AI 算法在中医领域的具体应用

AI 算法在中医领域的应用主要集中在中医诊疗辅助、个性化治疗方案以及药物研发等方面。中医领域的人工智能应用以中医辨证论治理论为核心、通过人工智能技术将中医诊疗决策内容信息化、智能化②。

1. 诊疗辅助

AI 算法在中医诊疗辅助的应用主要通过对中医案例进行研究、分类，

---

① 王俊文、叶壮志：《人工智能技术在中医诊断领域应用述评》，《世界科学技术—中医药现代化》2022 年第 2 期，第 810~814 页。

② 崔骥、许家佗：《人工智能背景下中医诊疗技术的应用与展望》，《第二军医大学学报》2018 年第 8 期，第 846~851 页，DOI：10.16781/j.0258-879x.2018.08.0846。

由此将患者的实际情况与所属中医疾病相对应。伴随着计算机视觉技术的进步，计算机可以更好地帮助诊疗者识别患者舌苔色彩等情况，以采集—预处理—图像识别—客观诊断为主线对疾病进行初步诊疗判断①，为专家提供辅助判断依据。AI 算法可以通过具体分析患者身体状况，诊断出疾病的严重程度，确定对应的治疗方案。在中医经络诊疗中，AI 算法还可以帮助医生定位具体的穴位，准确找出异常的经络方位。在医学影像方面，人工智能的应用更可以发挥其特有优势。比如，AI 算法可以准确识别糖尿病患者视网膜病变情况，对一些发病率较高的癌症疾病有比较精确或极高的诊断率，在某些特定疾病的诊疗上，甚至已经超过了专业医生。

在中医领域，AI 算法最广泛的应用在于中医诊疗的"望诊"阶段。"望诊"属于极具中医特色的诊疗方式，医生通过观察患者的面部容貌特征、脸部的具体形态、患者舌部的具体颜色齿痕等状态来判断患者的体质，从而针对不同体质的患者确定不同的诊疗方案。此领域商业市场上有众多的应用软件，通过影像辅助诊断技术来识别患者的特征。也正是在影像辅助和深度学习等 AI 算法技术出现以后，人工智能才在中医领域有了更多的应用场景。

2. 个性化治疗

基于患者的基因信息、病历数据等，AI 可以为每个患者制定个性化的中医治疗方案，这有助于提高治疗效果并降低不良反应的发生。而 AI 技术在医疗领域最为广泛也最为成功的应用当数手术机器人的应用。外科手术对医生治疗的精准度、灵活度要求极高，任何微小的失误都可能对患者的生命产生重大影响，而 AI 算法技术的发展使得人们可以控制机器从事高精度的工作，机器人也天然在外科手术领域有着人类难以匹敌的优势。AI 算法控制下的手术机器人可以获得更为清晰的手术视野，可以进行更为高精度的手术操作。

---

① 江智泉、周作建、鲍剑洋等：《人工智能背景下的中医舌诊客观化研究概述》，《计算机时代》2022 年第 1 期，第 1~4 页，DOI：10.16644/j.cnki.cn33-1094/tp.2022.01.001。

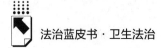

AI 算法在中医个性化治疗方面的应用，还通过把传统中医典籍、中医诊疗方式进行逻辑性梳理，将中医领域的专业术语转化成可以被 AI 算法识别的机器语言后，通过 AI 算法的机器学习能力对患者进行中医的"辨证论治"。基于患者对病情的描述，将患者具体病情与数据库中所记载的中医病症进行关联。AI 算法可以将古今中外的医疗典籍都收藏进诊疗数据库，这极大扩展了诊疗应用的知识储备，为患者提供更为个性化的中医诊疗意见也是 AI 算法在中医领域应用的新趋势。

3. 药物研发

AI 算法在中医领域的应用不仅局限在中医诊疗方面，也深入中药的选育、研发、制造方面，将"辨状论质"传统理论与人工智能技术有机整合[1]。中药作为中医整体环节中最为基础的部分，中药品质的好坏直接影响中医治疗的效果。在中药材的筛选方面，通过 AI 算法对中药化学成分进行分析，并通过图像识别技术，可以更为快速地判断中药品质的高低。在中医药方的涉及方面，AI 算法的应用也有着更为广阔的发展前景。传统中医方剂的调配大多是依据中医典籍，这是中国中医文化经过了历史检验后形成的智慧。然而，传统中医药方的调配需要耗费大量人工成本，AI 算法在这一领域的应用可以大大节省研发成本。AI 算法通过机器学习，在了解不同中药材的特性之后，可以计算出治疗相关疾病所需中药的配置方案，计算出最佳的中药药材搭配方式，极大程度降低中药研发周期和成本。

此外，通过 AI 算法与机器制造的结合，可推动建立现代化的中药生产工厂，使得人工智能贯穿中药的生产、研发、制造、运输、销售等各个环节发挥作用。

总之，中医有完整的理论体系，中医理论不局限于对疾病的治疗，更是一种健康生活方式的指引。而传统的中医典籍浩如烟海、晦涩难懂。AI 技术的发展可以将深奥的中医理论进行转化，删繁就简。将抽象、个体化的中

---

① 李佳园、魏晓嘉、万国慧等：《"辨状论质"的历史沿革与现代研究进展》，《中国实验方剂学杂志》2021 年第 6 期，第 189~196 页，DOI：10.13422/j.cnki.syfjx.20202046。

医理论转换为系统、有逻辑的知识，并通过各种软件、小程序等应用到实际生活中，AI 技术将深奥的中医知识转化为普通人能够看懂的健康生活方式指引。例如，市面上出现的 AI 中医健康管理体系软件，一方面通过人工智能技术可以智能化管理中药产品，为医生诊断提供辅助意见；另一方面可以更好地监测患者每日的具体情况，指引患者按照中医理论健康地生活。AI 在中医的应用使得中医治疗由单次诊治转化为长期的生活管理、监测，AI 使中医重新焕发了活力。

二 AI 算法中医领域应用的法律监管

AI 算法在中医领域的应用涉及多个领域的法律规范。作为应用在中医领域的人工智能软件，如涉及医疗、诊疗行为，应当符合医疗法律法规的要求；如 AI 算法与中医相结合的应用涉及医疗器械，亦应当遵守对医疗器械的管理规定；如涉及临床试验等内容，同样应遵守临床试验相关监管规定。此外，AI 算法在中医领域应用的过程中，常常会涉及患者、医疗机构的数据收集，更应遵守国家关于信息保护的监管规定。

（一）医疗行为的法律监管

人工智能医疗产品与传统医疗器械有较大差异，难以适应传统医疗器械的审批流程。基于此种特征，国外对应用 AI 算法进行医疗行为的监管采用"全生命周期监管"方式，在此类产品的生产、注册、上市全生命周期均设置相应的法律加以监管，并着重关注人工智能医疗产品的质量、准确性、用户隐私信息保护、临床试验过程可靠性、伦理审查等关键环节。在整个过程中，以医疗产品注册时提交的产品信息为基础，确保使用人工智能医疗产品的用户可以建立起规范化、常态化的使用制度，确保人工智能医疗产品发挥其应有的效果。

在产品审批环节，需要对此类产品的伦理性进行较为严格的审核。AI 算法在中医领域的应用具有较强的前沿性，人工智能技术的发展与传统中医的结合，拓展了中医的发展方向，但也具有很强的不确定性，应当对其进行伦理性审查，以免超出人类伦理范畴。

在产品注册环节，AI 算法在中医领域的应用与传统医疗措施、医学器材的管理重点有显著区别。AI 算法的迭代性较强，技术发展迅速，产品的更新换代亦十分迅速，这就决定了 AI 算法中医应用产品的注册需考虑产品的迭代升级。如果仅仅在产品注册阶段进行一次监管，会导致难以约束算法更迭之后的产品，造成产品快速发展超出监管范围。

在产品上市环节，AI 算法中医应用的产品会收集大量用户信息，这需要对算法的性能进行持续监督，并监督权利人在产品上市过程中对出现的各种问题及时进行调整修改，从而保证此类产品处于全生命周期的监管范围。

中国监管部门对此类产品的监管也借鉴了全生命周期监管理念。原国家卫生和计划生育委员会办公厅 2017 年发布了《人工智能辅助诊断技术管理规范》及《人工智能辅助治疗技术管理规范》，该规范对人工智能产品在医疗领域的应用列出了技术管理标准。国家药品监督管理局（以下简称"国家药监局"）也在 2018 年修订了《医疗器械分类目录》，对人工智能应用于医疗领域的产品进行了更加详细的分类。2019 年 7 月，国家药监局医疗器械技术审评中心发布了《深度学习辅助决策医疗器械软件审评要点》，该份评审要点明确，应当将风险意识作为医疗产品监管考量的基础，同时进一步规范了产品注册时申报材料的具体要求。值得关注的是，2022 年 3 月，国家药监局医疗器械技术审评中心发布《人工智能医疗器械注册审查指导原则》，该指导原则提出，可以通过第三方平台对人工智能应用的算法性能进行评估，但要求第三方数据库应当具有权威性，对算法性能的认定应当具有一致性，能够准确、有效地评估算法的性能。总体而言，中国在 AI 算法的中医应用方面采取了谨慎的监管态度，人工智能产品仅可用于辅助医生对疾病作出诊断，不能独立开具处方。根据《北京市互联网诊疗监管实施办法（试行）》，医疗机构在网络诊疗过程中应当加强药品监管，严禁使用人工智能软件生成处方，并严禁使用人工智能生成的处方给患者开具药品。

（二）个人信息隐私保护的法律监管

AI 算法在中医领域的应用产品，需要大量数据作为基础，提供给 AI 算法进行机器学习，提供的数据量越大，AI 中医产品的准确率越高。人工智能越智能，就越需要足够多的信息作为支撑①。这必然需要对中医人工智能产品在研发阶段使用的数据进行严格监管，避免个人信息泄露。在产品上市阶段，中医人工智能产品向社会公众发布进入使用时，常常需要用户填写相应个人信息，所收集信息更多是关于个人疾病相关的隐私信息，从此角度而言，也需要对人工智能产品的个人信息保护进行全面监管。

《医师法》《护士条例》《人口健康信息管理办法（试行）》等相关法律法规，都对医疗行业个人隐私保护提出了相应规范要求，但主要是控制接触医疗数据人员的范围、教育手段等。随着互联网和大数据时代的来临，此种监管方式难以适应时代的快速发展，也无法约束种类繁多的中医人工智能产品。近年来，随着《网络安全法》《数据安全法》《个人信息保护法》等法律法规陆续出台，国家对人工智能产品的个人信息保护监管不断完善，构建起个人信息保护安全网。

（三）临床试验的法律监管

AI 算法在中医领域的部分应用会涉及临床试验研究，临床试验的结果关系到医疗产品的实际效能。此种情况下相关产品的研发也应当符合临床试验的监管要求，需要遵守医疗器械相关法律监管与临床试验的相关法规。某些产品，如被列入《免于进行临床试验的医疗器械目录》或者属于 II 类医疗器械，无须进行临床试验研究。但如在此范围外，企业应当按照国家药监局对临床试验的具体要求完成临床研究。

在开展医疗器械临床试验过程中，企业还需严格遵守《医疗器械临床

---

① 郑志峰：《人工智能时代的隐私保护》，《法律科学》（西北政法大学学报）2019 年第 2 期，第 51~60 页，DOI：10.16290/j.cnki.1674-5205.2019.02.005。

试验质量管理规范》的要求。医疗产品的临床试验需获得临床机构的审批以及伦理委员会的同意。对于列入需进行临床试验审批的 III 类医疗器械，需获得国家药监局的批准，临床试验前，企业应到当地药监局进行备案。在招募临床试验受试者时，应明确告知受试者该实验可能存在的医疗风险，确保其完全了解该实验可能对健康产生的影响。

三　AI 算法中医领域应用的法律监管现状

从域外看，美国食品药品监督管理局已开始审批一些医疗 AI 产品，对此类产品进行了监管规范，欧洲等国家也制定了医疗器械监管法规。但因中医主要的应用区域在中国，而中国尚无全面的中医人工智能产品管理规范。目前，AI 算法在中医领域的应用处于快速发展阶段，大量的中医人工智能产品主要存在如下监管问题。

（一）个人数据被滥用，数据使用存在安全隐患

如上文所述，为提供更加精准的服务，或者针对不同患者提供针对性的诊疗，这就意味着要尽量收集患者的全部医疗数据，这无疑会涉及大量个人隐私，仅仅通过整理此类信息，就可以分析出患者的兴趣偏好、生活习惯，甚至更加敏感的信息。一旦此类敏感信息泄露，会对患者的生活产生极大影响。此外，AI 算法产品在中医领域收集的医疗数据也是难以被彻底销毁的。不同于实体的资料数据，中医人工智能产品在完成数据收集后，会上传服务器或者存储器，即使采取删除、销毁等措施处理后，也难以彻底清除隐私数据。一些技术人员可以通过专业技术手段恢复已销毁的数据，黑客也可以突破层层数据防护窃取隐私数据。

如果想避免个人隐私数据泄露，应从源头杜绝中医人工智能产品的使用，但这显然与大数据、人工智能的时代背景相违背，也会导致中医发展滞后。如何在个人隐私保护与中医人工智能发展中寻求平衡是 AI 算法中医领域应用需要考量的难题。

（二）AI 算法在中医领域应用的法律地位存疑、责任划分不明确

目前，AI 算法在中医领域应用产品的法律地位及责任划分尚不明确。随着 AI 算法技术的发展，中医人工智能产品已经深入疾病诊断、治疗、患者看护、健康生活方式管理等多方面，但此新兴产品的法律地位、法律责任承担，也为监管带来了新的挑战。

1. AI 算法在中医领域应用的法律地位问题

如何对 AI 算法中医领域应用产品进行分类界定面临困难，能否将中医人工智能软件作为医疗器械、适用医疗器械管理规定尚存在争议。人工智能产品的应用范围极广，既有在使用方式、使用用途等方面与医疗器械相类似的产品，也有超出医疗器械功能范畴的产品。如何对不同产品进行风险等级、核心功能等分类，以及适用何种法律规定，仍在讨论中。

中医人工智能产品在疾病诊疗方面已有众多应用，但目前还不被允许独立进行诊疗行为，只能作为医生诊疗的辅助参考。随着 AI 算法的逐步发展，中医人工智能产品也势必会深入中医诊疗的各阶段。那么，此类软件是作为一种医疗器械，还是以"医生"身份进入医疗领域，会产生不同的责任划分问题。在医疗器械与"医生"角色之间转换也需要明确标准，何种程度的中医人工智能产品可以进入临床应用也是重要的考量标准。同时，AI 算法本身具有不确定性，AI 算法在医疗领域的诊疗结果可能产生与医学事实相违背的诊断，加之本身的不确定性，可能存在误诊风险。而在面对中医人工智能应用所带来的损害时，AI 人工智能产品的生产者、医务人员或者医疗机构又应当如何划分责任，谁应当承担何种法律责任，也存在较大争议。

2. AI 算法在中医领域应用的责任划分问题

AI 算法中医应用产品主要涉及产品责任及侵权责任。AI 算法中医应用产品在导致损害发生之后，损害的产生如果是产品存在设计缺陷所致，此时，应承担产品责任问题。如果由生产者或是医疗机构来承担医疗损害侵权责任，也需具体分析。更进一步，何种程度的医疗事故应当由人工智能软件的生产者来承担责任、何种医疗事故应当由医疗机构来承担也是需要具体考量的问题。

（三）人工智能存在不确定性，可能对现有法律产生冲击

随着人工智能技术的快速更迭，数据算法在人工智能医疗产品发展中起着关键作用，同时，算法的安全性和有效性也成为此类产品的重要挑战。人工智能产品在实际应用过程中存在较大不确定性，中医人工智能产品应用效果优劣的关键在于数据库中输入的训练数据是否充足，输入的数据越多，所得出的结果越准确，但无论如何，数据库中的医疗数据并不能完全反映客观现实的医疗情况。如果提供的数据存在偏差或进行了某种特征的筛选，那么基于该种数据训练出来的中医人工智能产品所得出的医疗结论也必然存在偏差。因此，科学、有代表性地录入中医人工智能软件的训练数据是十分重要的。

"算法黑盒"问题也是中医人工智能应用软件面临的难题。AI 背后的"技术黑箱"和"自主学习"使得医疗 AI 临床应用存在巨大风险[①]。人工智能在发展过程中会进行深度学习，相关数据的提取往往是程序算法自主的选择，这种 AI 程序自主选择数据所产生的结果具有高度的不确定性。在中医人工智能领域，人工智能的深度学习会使得诊疗结果具有不确定性，此种深度学习使得诊疗方案的提出难以追踪到具体的因果关系，导致责任承担难题。面对这些难题，需要提升人工智能在医疗领域决策方面的透明度，使得每一种中医人工智能产品确定的中医诊疗方案都可以追溯到具体的决策过程。不同算法在医疗场景应用的情况和程度也不同，存在单独使用、组合使用等情况，划分界线不清晰，这些模糊性使得人工智能医疗产品的监管范围难以确定。

四　AI 算法中医领域应用的法律监管展望

AI 算法中医应用产品的发展势必需要完善配套的法律法规，全流程的

[①] 刘建利：《医疗人工智能临床应用的法律挑战及对应》，《东方法学》2019 年第 5 期，第 133~139 页。

法律法规监管有助于明确 AI 算法中医应用产品的法律地位，以及制定临床试验和隐私保护方面的具体规范。人工智能可分为强人工智能和弱人工智能，强人工智能远超人类智慧，短期内暂时难以达到；弱人工智能则在不久的将来会广泛应用于社会生活的方方面面。根据 AI 算法领域的发展，中医人工智能在短期内并不能完全取代医生的诊疗活动，主要是为医生提供辅助，发展中医人工智能的目标也是通过人工和机器的相互配合，提高对疾病的诊断率，这均需法规监管的不断完善。

（一）健全 AI 算法中医应用产品个人隐私保护的法律监管

中医临床诊疗信息是中医药大数据的根本来源，其采集必然涉及患者的个人敏感信息，在中医人工智能领域尚未形成完善的保护体系时，应当明确隐私数据的获取、存储、管理等各个环节的权责归属。通过把个人信息数据获取过程分成多个不同阶段，每一个阶段明确责任人的方法，可以在个人数据泄露后快速追责，促使每一个阶段的负责人更加注重个人信息保护。同时，也应当尽快建立完善的中医人工智能领域数据保护法律体系，要在个人信息保护与中医人工智能产品发展之间找到平衡，在法律护航下推动科技进步。

（二）明确 AI 算法在中医领域应用的法律地位及责任承担方式

厘清产品责任和医疗过失侵权责任的适用关系，以人类医生的医疗水平设定注意义务尤为重要[①]。即使未来人工智能医疗产品能够替代人类医生进行诊断治疗活动，但其仍旧属于医疗行为的辅助工具。AI 算法在中医领域的应用产品始终应当作为法律上的物，地位不能等同于人类的医生。在关乎人类生命健康的问题上，要始终保留人类医生的一席地位，人类不能将医疗的权力完全交由人工智能来掌控。将医学诊疗交由人工智能去完成，会丧失

---

① 李润生：《论医疗人工智能的法律规制——从近期方案到远期设想》，《行政法学研究》2020 年第 4 期，第 46~57 页。

新型诊疗方式的创新，人工智能对医学诊疗结果的诊断都是基于已有的医疗数据，如完全依靠人工智能，很可能导致每一种疾病的诊疗方案都是固定的，从而难以研发出新的疾病诊疗方案。

在 AI 算法中医领域应用的责任承担中，应当实现"善治"与"善智"的良性互构①。产品责任方面，应当根据损害结果的发生原因进行分类。首先应当判定损害结果的发生属于产品缺陷还是医生或者医疗机构的过错。在 AI 算法中医领域应用过程中，二者的责任交叉大致可以分为三种情形：一是中医人工智能产品存在明显的缺陷，正是因为此种缺陷才导致损害结果的发生，此时应当由中医人工智能产品的生产者承担相应责任；二是完全由于医生或医疗机构的操作失误导致损害结果的发生，此时应根据医疗过错来承担责任；三是损害结果由中医人工智能产品缺陷及医生诊疗错误共同导致的，此时应当根据具体情形，对二者责任进行划分。

在产品缺陷的认定过程中，也应当区分具体情形，确定明确的责任承担方式。AI 人工智能软件的研发分为多个不同的阶段，主要分为软件缺陷和硬件缺陷。软件方面的缺陷认定更为复杂，尤其是深度学习后的人工智能软件，存在"算法黑箱"，诊疗结果的得出本来就具有极大的风险性，而"算法黑箱"所导致的损害结果能否认定为产品的缺陷还需要具体分析。

医疗过失侵权责任认定的关键在于医疗过失的认定，即医生是否尽到了必要的注意义务。注意义务的一般判断标准是以具有相同专业背景的医生在相同条件下能否作出同样的诊疗方案。如果专业人士也会作出同样的诊疗方案，那么可认定该医生已经尽到了必要的注意义务，不能对医生的诊疗苛责。对"理性医生"的选择也应考虑地域性、代表性等特征，真正使"理性医生"的医疗决策更具有代表性。

（三）实现 AI 算法在中医领域应用的全生命周期法律监管

建立 AI 算法中医技术标准，可以对中医人工智能领域的新应用、新发

---

① 王轶晗、王竹：《医疗人工智能侵权责任法律问题研究》，《云南师范大学学报》（哲学社会科学版）2020 年第 3 期，第 102~110 页。

展进行动态评估。建立统一、体系化的评估机制，对中医人工智能的研发、设计、制造、上市等各个环节都有完善的监督管理制度。

全生命周期是指应当将监管贯穿中医人工智能产品的研发、生产、上市等全过程，每一个阶段都在法律的监管之下。人工智能医疗产品的监管需要根据其风险等级选择不同的监管级别，风险水平越高监管要求越严。可以将风险等级划分为轻度、中度、重度三个级别，同时也要结合医学人工智能的用途、使用场景、预期功能来确定其风险等级。在中医人工智能产品的应用过程中，应当具体考虑中国的实际情况，一些基层医疗机构可能欠缺使用人工智能软件的基础设备，在监管方面需对此提出相应的解决方案。

AI 算法在中医领域的应用范围极其广泛，更可以在多个国家、地区使用，对其监管必然需要加强各国监管部门的沟通与合作。各国、各地区在吸收借鉴国外关于中医人工智能的技术成果时，也应当考虑不同国家的具体国情差异，考虑中国医疗器械监管的特殊规定以及 AI 算法的更新换代速度，中医人工智能产品每一次升级都要进行一次审批的流程过于烦琐，应当对产品升级过程中未修改的部分予以承认。中医人工智能产品的法律研究也应当具有前瞻性，可以预见科技的发展趋势，提前对可能出现的法律问题制定相应的解决方案。

总体而言，中医人工智能产品的法律监管是一个不断演变完善的进程，需要政府、医疗机构、科研机构以及企业共同努力，缩小技术创新与法律监管的差距，促进中医人工智能产品的稳健发展。

医疗规范与医患关系

Medical Norms and Doctor-Patient Relationship

B.15
医药领域反腐现状、趋势与政策建议

支振锋　郑开心　姜超峰　宁国梁*

摘　要： 党中央高度重视医药事业的高质量发展，将保障人民健康放在优
先发展的战略位置，不断加强医药领域反腐工作，完善医药治理
体系建设，医药领域反腐工作取得空前社会效果，行业风气持续
向好。但同时，医药领域腐败问题依然存在，涉及药品耗材、医
院基建、医保资金等方方面面，是妨碍深化医改、实施健康中国
战略的顽疾之一。对此，本文从中国医药反腐的历史沿革出发，
针对现在医疗腐败存在的问题及背后原因，提出进一步治理医疗
腐败的发展趋势和政策建议，以期对提升医药治理体系与治理能
力、实施健康中国战略有所裨益。

关键词： 医药领域反腐　医药卫生体制改革　治理体系与治理能力　健康中国

---

* 支振锋，中国社会科学院法学研究所研究员、博士生导师；郑开心，中国社会科学院大学法
学院研究生；姜超峰，北京金诚同达律师事务所高级合伙人；宁国梁，北京广森律师事务所
律师。

引 言

医药领域是维护人民群众健康的主阵地，关系到广大人民群众最关心、最直接、最现实的健康权益。整治医药领域腐败问题是推动健康中国战略实施、净化医药行业生态、维护群众切身利益的必然要求。当前医药领域腐败案频发，不仅破坏行业风气，违背公立医院公益性质，加重"看病贵""看病难"等社会问题，而且侵蚀群众获得感、幸福感、安全感，是妨碍深化医改、实施健康中国战略的顽疾之一，必须严厉惩治。党的二十大报告强调，"以零容忍态度反腐惩恶"，"坚决整治群众身边的不正之风和腐败问题"。本文研究医药领域腐败的历史、现状和生成机理，对症下药提出政策建议，促进医药卫生事业高质量发展。

一 医药领域反腐的发展及现状

（一）党中央高度重视医药领域反腐工作

党中央高度重视医药领域反腐工作，不断完善医药治理体系建设，促进医药行业高质量发展。党的十八大以来，以习近平同志为核心的党中央坚持刀刃向内推进党的自我革命，全面从严治党、党风廉政建设和反腐败斗争取得历史性成就，医药领域行业风气持续向好。但同时党和国家也清醒认识到，医药反腐败斗争形势依然严峻复杂。国家卫生健康委在全国医药领域腐败问题集中整治工作有关问答中指出，当前医药领域腐败问题纠治难度不断加大，特别是近年来查处的一些"关键少数"、关键岗位人员，利用权力寻租、大肆收受回扣、行贿受贿等案件，严重稀释了医药事业改革发展红利，损害了人民群众权益，既掣肘医疗、医保、医药事业改革发展，又影响了行业形象，也危害了医药卫生领域绝大多数人的利益[①]。

[①] 中国政府网，http://www.nhc.gov.cn/ylyjs/pqt/202308/f39311862637470ab199f8fa2fef8449.shtml，最后访问日期：2023 年 11 月 13 日。

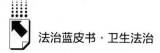
2023 年 9 月中共中央办公厅印发的《中央反腐败协调小组工作规划（2023~2027 年）》明确提出，要坚决清理和深化整治医药等重点领域的腐败，切实增强人民群众的获得感、幸福感、安全感。中央关于医药反腐的重大决策部署不断完善，这为运用法治观念、法治思维和法治手段推动医药领域治理，提供了思想指南和根本遵循。

（二）医药领域反腐历史沿革

1. 医药领域市场化改革

医药腐败本质是医药卫生体制改革的次生问题，要理解医药反腐的内在逻辑，必须回到中国医药卫生体制改革的历史脉络里。

20 世纪 80 年代伊始，医药领域市场化的帷幕也缓缓拉开。1985 年被誉为中国医改元年，国务院批转卫生部《关于卫生工作改革若干政策问题的报告》《关于开展卫生改革中需要划清的几条政策界限》，其核心思路是基本复制国有企业改革模式，放权让利，扩大医院自主权，允许医疗卫生单位在任务完成的情况下，通过扩大服务项目和范围，增加合理收益。这为医药卫生体制改革定下了基调——市场化。

1992 年 9 月国务院发布《关于深化卫生医疗体制改革的几点意见》，卫生部积极响应，提出"建设靠国家，吃饭靠自己"，鼓励"创收"，支持兴办医疗卫生延伸服务的工副业或其他产业，"以工助医、以副补主"。2000 年，国务院转发了国务院体改办等部门《关于城镇医药卫生体制改革的指导意见》，明确指出医药卫生体制改革的主攻方向是建立适应社会主义市场经济要求的医药卫生体制与服务体系，这极大推进了医疗体系"市场化"程度。追求经济利益导向在医疗领域不断蔓延，"以药养医""大处方""以械养医"等一系列医药腐败乱象不断涌现。

医药领域市场化极大刺激了医疗机构创收的热情，解决了计划经济时期医疗机构赤字的难题。医务人员的能力与效率也大幅提高。但同时市场化也对公立医院的公益性造成了影响，带来了严重的医药领域腐败问题。

2. 中国医药反腐回顾

为解决医药领域市场化带来的腐败等问题，我国开启了医药领域反腐历程，其中最具代表性的三次反腐风暴分别为"2006 年郑筱萸案""2013 年葛兰素史克商业贿赂案""2023 年医药领域反腐风暴"。

（1）2006 年郑筱萸案

2006 年，国家食品药品监督管理局原局长郑筱萸因贪腐被中纪委"双规"，第二年 5 月被北京市第一中级人民法院判处死刑。失范的监管，让群众用药风险陡增。郑筱萸在任职的十年期间直接或通过家属收受贿赂 600 多万元人民币，从 2001 年到 2003 年更是擅自降低审批药品标准，导致六种假药通过审核流向市场，导致齐二药亮菌甲素事件和"欣弗"注射液事件悲剧的产生。

郑筱萸事件前后，一场反腐风暴在中国药监系统迅速卷起。2005 年 8 月，中央部署开展治理商业贿赂专项工作，之后《关于开展治理商业贿赂专项工作的意见》出台，对医药购销等六个重点领域治理工作作出了总体部署。2006 年 3 月的全国卫生系统治理医药购销领域商业贿赂专项工作会议部署了医药反腐败的总体要求、指导要求和总体安排。2006 年 9 月起，国家食品药品监管局对已换发的药品批准文号开始全面清理。2007 年 1 月，《人民日报》刊载的文章《反腐倡廉写新篇——写在中央纪委第七次全体会议召开之际》称，2006 年以来，2535 个涉及医药腐败领域的案件被查办，六亿多元涉案钱款被处理，其中仅上交的"回扣""红包"就高达两亿多元[①]。

（2）2013 年葛兰素史克商业贿赂案

2013 年 7 月，葛兰素史克（GSK）中国行贿事件曝出。葛兰素史克（GSK）中国为抢占市场，采用贿赂等违法手段腐化医务人员，数额巨大。涉案的葛兰素史克（GSK）中国高管涉嫌职务侵占、非国家工作人员受贿等

---

① 中国政府网，https://www.gov.cn/govweb/jrzg/2007-01/07/content_489142.htm，最后访问日期：2023 年 11 月 13 日。

经济犯罪。相关工作人员则涉嫌行贿并协助上述高管职务侵占。

葛兰素史克商业贿赂案直接掀起了针对企业合规的反腐调查，医药反腐风暴再次到来。2013 年 12 月 26 日，国家卫生计生委、国家中医药管理局制定《加强医疗卫生行风建设"九不准"》。随后，医药反腐逐渐从监管部门行动上升到法律层面。从 2017 年到 2020 年，中国颁布或修订了《医药代表备案管理办法（试行）》《监察法》《药品管理法》《反不正当竞争法》。2018 年 3 月，国家医疗保障局成立。之前认为难以实施的方案如取消药品、高值耗材加成，两票制、带量采购，药代备案制等在全国开展。医疗、医药、医保行业发展出现了一系列大变局。

（3）2023 年医药领域反腐风暴

2023 年，医药领域纠风行动再次大规模启动。2023 年 5 月，14 个部门联合发布《2023 年纠正医药购销领域和医疗服务中不正之风工作要点》，明确提出要重点整治医药领域不正之风问题。2023 年 7 月，国家卫生健康委等 10 部门联合部署开展为期 1 年的全国医药领域腐败问题集中整治。2023 年 7 月底，中央纪委国家监委召开动员会部署纪检监察机关配合开展全国医药领域腐败问题集中整治，强调"深入开展医药行业全领域、全链条、全覆盖的系统治理"①。多地医药领域反腐风暴得到了纪检监察部门的配合，贵州、天津、西藏、山东、陕西、山西、云南、黑龙江、湖北等地纪检监察部门均已对外发布消息，将配合开展医药领域腐败问题集中整治②。2023 年 8 月 15 日，国家卫生健康委官网发布《全国医药领域腐败问题集中整治工作有关问答》。截至 2023 年 8 月 17 日，本年度至少已有上百位医院院长、书记被查，落马院长、书记所在医院涉及全国 24 个省份③。

---

① 中央纪委国家监委网，https：//www.ccdi.gov.cn/toutiaon/202307/t20230728_278985.html，最后访问日期：2023 年 11 月 13 日。
② 澎湃新闻，https：//www.thepaper.cn/newsDetail_forward_24184433，最后访问日期：2023 年 11 月 13 日。
③ 中国新闻网，https：//mp.weixin.qq.com/s/rQrQXiVDorgo6x4eOy1w6w，最后访问日期：2023 年 11 月 13 日。

3. 以三项反腐制度设计为例，检视中国常态化医药反腐之路

发展至今，中国在医药反腐实践中逐渐建立了基本药物制度、药品耗材器械集中采购制度、药品流通"两票制"等制度，从药品使用、医药耗材招标采购、药品流通规范等方面整治医药领域腐败行为。

（1）基本药物制度

2009 年，《关于建立国家基本药物制度的实施意见》由卫生部联合国家发展改革委等 9 部门共同发布，标志着中国基本药物制度正式建立。2018 年，国务院办公厅出台了《关于完善国家基本药物制度的意见》，明确基本药物的功能定位，健全基本药物供应保障体系。2019 年，国家卫生健康委发布《关于公立医疗机构基本药物配备使用管理的通知》，设置了公立医疗机构的基本药物管理和使用规范，以及对使用情况的监测评价。

基本药物制度是指为满足基本医疗需求，国民可以公平获得，收录到基本药物目录中的药品，且剂量和型号适宜，价格合理，供应充足。基本药物制度的设计正是出于压缩医疗机构在药品采购、使用过程中收取回扣的空间，减少了过度用药的机会，采取了对基本药物实行零加成销售的设计。该制度实施之后，基本药物价格降低了 30%，门诊病人次均药费每年降低 5.9%，出院病人人均药费每年降低 3.1%，药品收入占医疗机构收入比例下降①。

（2）药品、医用耗材和医疗器械集中采购制度

自 2007 年下发《关于进一步加强医疗器械集中采购管理的通知》后，2008 年卫生部办公厅继续下发了《关于开展高值医用耗材集中采购工作的通知》，到 2013 年，卫生部等 5 部门印发了《高值医用耗材集中采购工作规范》，我国医疗机构医疗器械与医用耗材集中采购制度逐步启动实施。2015 年，国务院办公厅在总结前期基本药物采购经验的基础上制定《关于完善公立医院药品集中采购工作的指导意见》，指出要破除以药补医机制，坚持以省（自治区、直辖市）为单位的网上药品集中采购方向，预防和遏

---

① 王延中、高波等：《深化医改中推进卫生领域反腐倡廉建设的进展与思考》，《卫生经济研究》2014 年第 1 期，第 8~13 页。

制药品购销领域腐败行为。2019 年 1 月，国务院办公厅印发实施《关于国家组织药品集中采购和使用试点方案的通知》，提出为规范用药、降低药价，减少流通成本，探索以联盟地区公立医疗机构为集中采购主体，实施跨区域集中带量采购政策，甚至高值医用耗材也被同年 7 月出台的《治理高值医用耗材改革方案》纳入覆盖范围。

集中采购制度一方面在招标采购时引入政府卫生行政部门决策者，增强政府职能监管；另一方面促进供应企业销售，为企业降低价格提供灵活空间，进而减少供应企业与医疗机构之间的腐败机会。首批国家集中带量采购涉及的 25 种药品价格平均下降了 52%，以心脏血管支架为例，其价格从1.3 万元均价下跌到 700 元均价，下降了 90%以上[①]。

（3）药品流通"两票制"

2016 年 12 月，国务院医改办等 8 个部门颁布《关于在公立医疗机构药品采购中推行"两票制"的实施意见（试行）》，要求公立医疗机构药品采购中采用"两票制"。不同于原来存在多层代理的"多票制"，所谓"两票制"是指药品从生产企业到流通企业，再从流通企业到医疗卫生机构各开一次发票。

"两票制"减少了患者与生产商之间的流通环节，一方面避免了"层层加价"带来的高价格，另一方面明晰了药品从生产到用于患者这个过程的利润流向，促进了药品流通规范，缩减了医药腐败的灰色空间。

（三）现有规制医药腐败的法律体系梳理

中国是以国家行政机构监督为主，以行业监督、内部监督为辅对医药领域进行监管，规制医药腐败的法律法规主要有《民法典》《刑法》《医师法》《药品管理法》《反垄断法》《反不正当竞争法》《处方管理办法》等。这些法规相互交织，初步形成关于医药反腐的民法、刑法、行政法等领域的法律之网，

---

① 夏金彪：《国家药品采购成为"三医"联动改革突破口》，《中国经济时报》2019 年 12 月 2 日，第 8 版。

在威慑和规范医疗机构和医务人员行贿受贿等方面发挥了巨大作用。

1. 民法

以"红包""回扣"为代表的腐败行为，不仅有违职业道德，且也违反了《民法典》第7条诚实信用原则。根据《民法典》合同编和侵权责任编的相关规定，患者有权要求医疗机构和医务人员对其在配药、用药中的欺诈等违法行为承担违约赔偿责任或侵权赔偿责任。

2. 刑法

对于没有履行应当履行监督职责的相关人员，《刑法》第163条、第164条、第385条、第390条分别规定了国家机关工作人员或非国家机关工作人员行贿受贿需要承担的法律责任。对于存在滥用职权或者玩忽职守、徇私舞弊行为的国家机关工作人员，同样可以按照《刑法》有关规定实行数罪并罚。此外，2023年7月初次审议的《刑法修正案（十二）（草案）》加大了对行贿犯罪的惩治力度，在《刑法》第390条增加了在"食品药品、教育医疗等领域行贿的……"从重处罚的规定。

3. 行政法

目前，对于医疗机构和医师腐败行为的规制，当前我国行政法领域的法律规定主要如下。其一，《医师法》规定，医师不得利用职务之便，索要、非法收受财物或者牟取其他不正当利益；不得对患者实施不必要的检查、治疗。其二，《药品管理法》规定，禁止医疗机构的负责人、药品采购人员、医师、药师等有关人员以任何名义收受药品上市许可持有人、药品生产企业、药品经营企业或者代理人给予的财物或者其他不正当利益及其处罚规则。其三，原卫生部颁布的《处方管理办法》规定，医疗机构应当对出现超常处方医师提出警告，限制甚至取消处方权。

4. 党内法规

党内法规是中国特色法治体系的重要组成部分，对国家机关工作人员中的党员干部可以按照党内法规进行党纪处分。《中国共产党纪律处分条例》第85条、第86条规定，对具有职权或职务的党员干部受贿行为，根据严重程度，给予警告、严重警告、撤销党内职务、留党察看处分、开除党籍处分；第121条规定了对党员在工作中不负责任或者疏于管理，贯彻执行、检查督促落实上级决策部署不力的处罚规则；第126条、第127条规定了对党员领导干部违反有关规定干预和插手市场经济活动、司法活动、执纪执法活动的处罚规则。

二　当前医药领域面临的突出腐败问题

近年来，政府打击医药腐败的措施，不乏声势浩大、重刑追责，但拿回扣、收红包、骗医保、招标腐败等现象仍难以根治。

（一）在医药、医用耗材、医疗器械上"拿回扣"

与一般商业回扣惯例不同，本文所指的违法回扣是在购销药品、医用耗材和医疗器械等过程中，由卖方暗中从账外返还给相关人员的财物，通过非法手段来促进各类医用品在医院的采购，而医院相关人员利用掌握的购买权或使用权甚至是数据统计的便利来谋取自身利益。

从使用到决策，"拿回扣"充斥在药品、医用耗材和医疗器械发生腐败的三大环节。第一，在申请环节，医务人员凭借自身地位和经验，实际享有根据一线需要，对医药的品种和数量提出申请的权力。第二，在采购环节，药剂科、后勤科等具体负责采购部门在数量调剂、供应商审核等方面掌管巨大话语权。第三，在决策环节，医疗机构的领导和管理层因其决策影响力，在决定采购的环节发挥着举足轻重的作用。处于以上三个环节"关键岗位""关键少数"的人员，成为当下不法商人拉拢、围猎的对象，导致权力寻租、大肆收受回扣、行贿受贿等现象不断滋生。

（二）在医疗过程中"收红包"

与一般生活红包习俗不同，本报告所指的红包是指医务人员在实施医疗服务中直接收受患者或间接从患者家属处收受的财产性利益，如现金、购物卡等。无论红包的目的是纯粹表达谢意，还是为了谋取床位等特权，都不应该影响以救死扶伤为天职的医务人员的行为。然而，现实生活中收取患者红包较为常见，并且大有愈演愈烈之势。医疗"红包"的出现严重干扰了正常的医疗活动，成为一些医务人员开展诊疗活动的衡量标准，侵犯了公众平等就医的权利，腐蚀了医药行业的风气[①]。

（三）在医疗支付中"骗医保"

骗医保一般是指医疗机构和患者通过欺诈的方式，获得医保基金或待遇的行为，在现实生活中具体表现为冒名顶替住院、伪造病历、向医保部门传输虚假数据、虚开住院票据等手段[②]。在"公地悲剧"效应下，患者和医务人员极易达成共识，侵蚀医保基金，为个人牟私。骗医保损公肥私，严重违背了医保"一方有难，八方支援"的初心，恶化了社会风气，是对国家法律的严重践踏。

（四）在医疗监管中"送好处"

为得到准入资质、减轻或逃避处罚，部分医药企业选择采用不正当手段给政府工作人员"送好处"，以获得本企业药品、器械的审批认证、检验稽查等环节的便利。比如，医药企业通过"送好处"拉拢腐蚀政府监管人员，使自己绕开法定程序成为医保定点单位或使自己的产品进入医保目录，进而获得巨额利润。轰动一时的"郑筱萸事件"正是黑心企业通过贿赂政府高官获得药品审批便利的一大例证。

三　医药腐败乱象的生成机理

市场化改革为医药腐败提供了温床，付出与收入的不平衡为医药腐败提

---

① 孙一洪：《我国公立医院医疗腐败成因及防治研究》，云南财经大学硕士学位论文，2023。
② 张小玲：《我国医疗腐败研究》，山西大学硕士学位论文，2012。

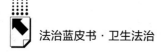

供心理补偿动力，信息不对称成为医药腐败的暗箱，缺乏制衡的权力导致医药腐败。

（一）医药领域逐利导向依旧存在

市场化改革导致医药领域商业化倾向严重，逐利风气引发医药领域价值观异化。1985 年国务院《关于卫生工作改革若干政策问题的报告》的出台奠定了医疗卫生体制改革市场化的基调，基本做法是让公立医院自负盈亏，"只给政策不给钱"，医疗运转支出的财政支持大幅下降，大量医院失去了稳定的资金来源，出现经营困难。这迫使医院为了生存而转变策略，不断强调经济效益、强调创收，医院的逐利性不断增强而公益性不断弱化。为刺激医院收入增长，"大处方""大检查"等过度医疗行为不断涌现；为刺激医务人员创收的热情，收受医疗"红包"、收取药品与耗材回扣等行为屡见不鲜。在逐利风气侵蚀下，医药领域的价值观出现异化，职业道德遭受冲击，甚至有些医务人员认为医药腐败是理所当然，拿红包、收回扣等不良风气蔓延，逐渐形成了一种不言自明的"潜规则"。

（二）医药领域补偿机制不完善

医疗服务收入与价值不匹配。公立医院及其医务人员在我国医药市场占据主导地位，但没有在收入分配中充分体现出来。2009 年国务院发布的《关于深化医药卫生体制改革的意见》强调，"坚持非营利性医疗机构为主体、营利性医疗机构为补充，公立医疗机构为主导、非公立医疗机构共同发展的办医原则"，实质上明确了公立医院的主体地位。《中国卫生健康统计年鉴 2022》显示，全国公立医院诊疗次数为 271243.6 万人次，民营医院诊疗次数为 37120.5 万人次，公立医院占比约 88%，占据绝对优势地位。大量社会资源在公立医院聚拢，但由于医疗服务价格受到公益属性的严格限制，目前的医疗服务价格难以与技术劳务价值相匹配，医务人员薪酬偏低。谢金亮等在研究中指出，96.74% 的受访者认为改革后的医疗服务价格不太合理，医疗行为对收费水平的影响占比仅为 13.33%，而定价政策占比高达 25.40%①。不合理的医疗服务价格难以对公立医院及医务人员进行有效补偿，致使公立医院及医务人员出现心理失衡，面临"道德风险"，导致医药腐败蔓延。

（三）医药领域存在信息不对称难题

医药领域信息严重不对称。从本质上讲，医药市场属于一种特殊的商品或服务市场，其特殊之处在于医药市场中患者、医方、政府三大主体普遍存在信息不对称。

以药品的生产和使用为例，在药品生产环节，一方面，药品具有一般商品的普遍属性，其价格由价值决定并受供求影响；另一方面，药品作为直接关系人民生命健康安全的特殊商品，受消费者的偏好影响小，受政府管控影响大。在国内，药品价格的确定分为政府定价、政府指导价和企业自主定价三种方式，然而由于信息壁垒的存在，药品的生产技艺、原材料等信息难以被政府准确获取，医药企业提供的成本核算报告成为定价的决定性依据。出于盈利的需求，医药企业存在隐瞒信息、虚构成本、提高药价的动力和可能性，这为医药领域"吃回扣"现象提供了前提条件。

在药品使用环节，由于专业壁垒和对治疗的刚性需求，患者处于心理和知识的双重弱势地位，药品的使用权牢牢掌握在医方手中，此时存在部分医生出于创收目的，隐瞒或虚构信息诱骗患者的可能性，诱发"道德风险"，导致"大处方"、过度医疗乱象的滋生。与此同时，处于被动地位的患者还会为获取更优质的医疗服务，出现向医生"塞红包"等行为。

（四）医药领域权力制衡机制不健全

医药领域缺乏有效的权力制衡机制，存在政府难以监督、同事不敢监

---

① 参见谢金亮、许蓝滢、肖建军等《城市公立医院补偿机制改革效果的调查与思考》，《卫生经济研究》2019 年第 12 期，第 18~20 页。

督、社会监督乏力等问题。一是目前公立医院的管理体制为党委领导下的院长负责制，其优势在于集约高效，可以充分利用资源发展医药事业，但其弊端在于权力过于集中，"一把手"权力较大。根据"权力寻租理论"与"博弈论"，权力越集中，权力寻租的收益就越高，当寻租的收益高于一般市场收益时，因"囚徒效应"，市场主体会争先恐后向权力"寻租"以获得垄断地位和高额利润。二是在科层制管理体系下，公立医院缺少有效的监督制衡机制。客观上纪检监察、财务等部门自下往上的监督乏力，职代会等民主监督手段也多是软弱无力。三是在信息不对称和医药领域多头管理、不同监管部门推诿扯皮的情况下，问责追责机制常常流于表面，而运动式整治又缺乏长效机制，政府难以监督。四是由于医药领域信息不透明和缺乏监督渠道，民众的监督权利难以得到落实。

四　医药领域反腐趋势与参考建议

（一）反腐趋势

几轮的医药领域反腐整治工作积累了较为成熟的经验，呈现新的趋势。

医药领域反腐法治化，追责问责力度不断加强。2008 年 11 月 20 日"两高"发布的《关于办理商业贿赂刑事案件适用法律若干问题的意见》对医药采购受贿作出明确规定，2023 年 12 月 29 日的《刑法修正案（十二）》规定，对在食品药品、医疗等领域行贿等情形从重处罚。医疗反腐逐渐从监管部门行动上升到法律层面，法治体系不断完善，对医药腐败的依法处罚力度也不断加强。

医药领域反腐系统化，趋向全链条、全领域、全覆盖。医药反腐未来要处理好重点攻坚和系统治理的关系，必须坚持系统观念。2023 年的医药反腐风暴覆盖生产、流通、销售、使用、报销等环节，涉及医疗机构、医保基金、医药企业和政府部门等主体，是以系统化思维治理医药领域腐败，拔草又除根，从而实现从重点整治到系统治理的重大转变。

医药领域反腐综合化，医药治理工作持续时间延长、参与部门增多。比较 2022 年、2023 年国家卫生健康委发布的《关于调整纠正医药购销领域和医疗服务中不正之风部际联席工作机制成员单位及职责分工的通知》发现，纠风部际工作机制成员单位由 9 个部门增加到 14 个部门，新增教育部、审计署、国务院国资委、国家疾控局、国家药监局等部门。更多部门联合执法，协同共进，势必助力密织反腐之网。同时，2023 年医药反腐集中整治工作由国家卫生健康委会同公安部、审计署、国家医保局等 9 部门共同开展，为期长达 1 年，反腐工作更加深入持久。

医药领域反腐高效化，突出"关键少数"，增质提效。2023 年医药反腐风暴抓住主要矛盾和矛盾的主要方面，特别针对医药腐败的"关键少数"和关键岗位等突出问题，着重处理"带金销售"等不法行为，以重点突破带动全局工作提升。

（二）参考建议

新趋势下的医药反腐形势更加严峻复杂。它不仅关涉经济问题，更涉及社会、法治、文化等方方面面。为保障人民的健康权益，维护社会公平正义，必须系统治理医药腐败，构建医药领域不能腐、不想腐、不敢腐机制，营造一个风清气正的医药环境。

1.完善补偿机制，培育职业道德，构建不想腐的长效机制

（1）完善补偿机制，回归公益初心

公立医院兼具经济属性和公益属性。面对商业化倾向严重的挑战，国家应该完善补偿机制，加大财政资金投入，提高卫生支出占财政总支出的比重，增强公立医院的公益属性，合理抑制"逐利风气"。同时，要发挥医保基金的补助作用，完善医保支付水平和方式，推动医院建立成本管理机制，减少"骗医保"现象的发生。此外，应当建立动态医疗服务价格调整机制，逐步完善手术、诊疗等方面的价格项目，充分肯定医务人员的技术价值，合理提高公立医院医务人员薪酬水平，避免"心理补偿机制"的发生。

（2）培育职业道德，建设反腐文化

医药领域反腐败是一项系统性大工程，需要久久为功，高度重视职业伦理的内在约束力量。一方面，要加强反腐倡廉文化建设。行为腐败源于思想腐败，要增强医德伦理教育，树立新时代廉洁医风，增强医药领域人员的使命感和荣誉感，激发内心反腐自律，预防腐败行为的发生。另一方面，要加强反腐倡廉教育。增强反腐倡廉教育趣味性和实操性，避免反腐倡廉教育流于形式，要融入日常工作，潜移默化地影响医务人员的观念，促使医务人员廉洁行医。

2.压缩灰色空间，增强信息透明度，构建不能腐的阻却机制

（1）压缩灰色空间，斩断利益链条

聚焦高利润空间的采购环节，挤压暗箱操作空间。药品、医疗器械和耗材采购环节涉及较大数额交易，向来是腐败滋生的重灾区。在《关于建立医药价格和招采信用评价制度的指导意见》答记者问中，国家医疗保障局价格招采司有关负责人指出，超过50%的全国百强药企在2016～2019年被查实存在提供回扣行为①。对此，一是要扩大集中带量采购范围，建立对购销价格的智能监控，压实虚高的价格，特别是高净值耗材和设备的价格，从而挤压医药腐败的灰色空间，斩断医药企业与医院的不当利益勾结。二是要坚持执行"两票制"，避免流通环节"层层加价"带来的高价格。三是要解除公立医院高层对一线医务人员的绩效控制，避免青年医生成为科室主任的"私兵"，从而减少医院高层对一线事务的干涉。

（2）增强信息透明度，塑造阳光医药

提高医药信息透明度，用阳光穿透"暗箱"是阻却腐败的良药。一是通过立法强制要求医药行业除法定不公开情况外实行全面信息公开，特别是享受财政拨款的公立医院，其财务状况以及药品、耗材、设备、基建项目招标采购情况应当全部公开，倒逼医药行业提高内部管理水平。二是设立吹哨

---

① 中国政府网，https://www.gov.cn/zhengce/2020-09/16/content_5562327.htm，最后访问日期：2023年11月13日。

人制度，对勇于揭露腐败的内部人士予以保护，从内部分化腐败分子，跨越信息不对称鸿沟。三是加强行业协会自律机制，通过"门清"的行业内人员自律自纠自查，突破信息不对称的阻碍，同时减少监管成本。四是加强网络舆论监督，重视网络检举渠道建设，通过发挥全社会各界人士的力量，织密医药反腐"监督网"，增加医药腐败的风险与机会成本。

3.健全法治体系，加强权力制约，构建不敢腐的制衡机制

（1）健全法治体系，增强执法刚性

权力失控是反腐的根源，而法治是控制权力的最有效方式之一。无数事实证明，法治是强力的"防腐剂"，健全法治体系，就是在打造反腐的铁笼。一是要理顺现有的法律法规体系，特别是要处理好法律与党内法规的关系。法律与党内法规既不能相互冲突，也不能简单相互代替。二是要加强党规国法的执行刚度，坚持法律面前人人平等，没有人可以享有法律特权，对医药腐败零容忍，"苍蝇"与"老虎"都要打。三是要加强医药机构内部章程建设。章程是机构内部的"法律"，鼓励医药机构发挥主观积极性，完善内部章程，促使内部开展的各项工作更有规范性，减少腐败发生。

（2）加强权力制约，减少权力集中

必须把"权力"关进制度的铁笼，构建不敢腐的权力制衡机制。一是要减少权力集中。完善权力运行内控机制，特别是要注意监督管理层人、财、物权力的行使，对"一把手"进行分权制约。二是要聚焦"关键少数"，防范小蝇巨贪。厘清关键岗位权力清单，压缩权力寻租空间。逐一对每个关键职位进行审查，清除不合法、不必要的权力；不断优化各项权力运行流程，推动权力运行"可视化"，压缩权力寻租的空间。三是要加强审计、纪检部门的独立性，通过专业审查技术从侧面监测腐败案件。四是为避免政府各部门多头领导、监管混乱的不利后果，可以尝试建立一支独立、专业的医药卫生反腐执法队伍，增强政府监管实效。

B.16
医疗损害责任纠纷案件数据
分析报告（2020~2022）
——以余姚市为样本

浙江省余姚市人民法院课题组*

摘　要： 对浙江省余姚市人民法院近三年医疗损害责任纠纷案件为样本的分析显示，该类案件呈现以下三个特点：一是被告多以公立医疗机构为主，与医院等级成反比；二是患者诉求普遍较高，与最终判决结果偏离较大；三是新类型情况不断出现，给审判工作提出新要求。紧张的医患关系造成当前医疗损害责任纠纷案件矛盾尖锐化、审理周期长、事实认定困难等问题。为此，需完善医疗机构内部管理，规范医疗行为，切实履行医务人员的人文关怀义务，加强对医务人员的医疗法律培训，减少诉讼风险。在纠纷化解端，应充分发挥诉源治理功能，推进医疗损害责任纠纷多元化解；建立专业化审判工作机制，统一涉医疗纠纷案件裁判标准；依法有效规范医疗损害鉴定程序；全方位开展医疗普法宣传教育。

关键词： 医疗损害责任　医患矛盾　人文关怀　诉源治理　专业化审判

---

* 课题组负责人：杜健，浙江省余姚市人民法院党组成员、副院长。课题组成员：马艳华，浙江省宁波市中级人民法院研究室一级法官助理；姚建林，浙江省余姚市人民法院民一庭庭长；邵银银，浙江省余姚市人民法院一级法官；李姣萍，浙江省余姚市人民法院法官助理。课题执笔人：邵银银。

随着广大群众维权法律意识的提升，在医疗技术的专业性与复杂性导致医患信息不对称的背景下，医疗纠纷案件的发生频率不断上升，引发社会广泛关注。本报告以浙江省余姚市人民法院（以下简称"余姚法院"）2020~2022年度受理的医疗损害责任纠纷案件为统计样本进行梳理与分析，探寻医疗纠纷症结所在，并对医疗纠纷存在的问题和制度建设提出对策与建议，以期为和谐医患关系构建提供强有力的司法服务和保障。

一　医疗损害责任纠纷案件的基本情况

（一）医疗损害责任纠纷案件收结案情况

2020~2022年，余姚法院合计受理医疗损害责任纠纷案件55件，其中2020年度收案18件，2021年度收案14件，2022年度收案23件。以上收案中，已经审结的案件合计为38件，未审结案件合计为17件（尚在鉴定中）。已经审结的38件中，2020年审结13件，2021年审结11件，2022年审结12件（见图1），2023年审结2件。

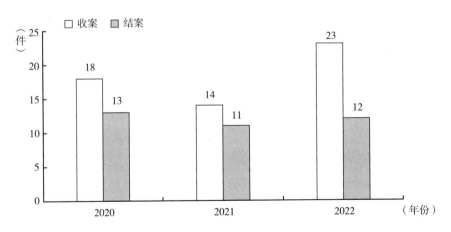

图1　2020~2022年收案及结案情况

2020~2022 年收案且已审结的 38 件案件中，判决方式结案 7 件，调解方式结案 23 件（其中诉前调解 10 件），撤诉方式结案 8 件（见图 2）。近三年医疗损害责任纠纷诉讼案件的平均调撤率为 75%（不含诉前调解案件）。

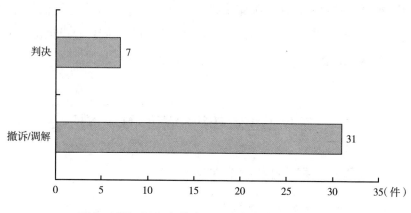

图 2 2020~2022 年收案且已结案件的结案方式

（二）被告多以公立医疗机构为主，与医院等级成反比

2020~2022 年收案的 55 件案件（以下简称"样本案例"）中，以余姚市人民医院为被告的案件 28 件，占案件总数的 51%。以余姚市妇幼保健院为被告的案件 8 件，以余姚市乡镇卫生院为被告的案件 4 件，以余姚市中医医院为被告的案件 4 件，以余姚市第四人民医院为被告的案件 1 件，以余姚市急救站为被告的案件 1 件，以民营医院、诊所为被告的案件 6 件，以护理院为被告的案件 3 件。其中涉及公立医疗机构的 46 件，涉及民营医疗机构的 9 件（见图 3）。涉诉案件中，涉及的诊疗科目较为普遍，包括妇产科、儿科、骨科、脑科、内科、急诊科、牙科、耳鼻咽喉科、内分泌科等，其中以内科、外科、妇产科、急诊科居多，其中内科 13 件、外科 10 件、妇产科 7 件、急诊科 7 件。

（三）患者诉求普遍较高，与最终判决结果偏离较大

样本案例中，起诉标的额在 100 万元及以上的案件 10 件，最高标的额

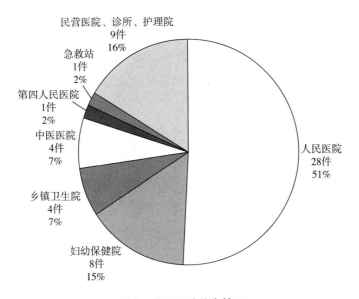

民营医院、诊所、护理院
9件
16%

急救站
1件
2%

第四人民医院
1件
2%

中医医院
4件
7%

乡镇卫生院
4件
7%

妇幼保健院
8件
15%

人民医院
28件
51%

图 3　涉诉医院分布情况

为 3724438.45 元；起诉标的额 30 万~100 万元的案件 11 件；起诉标的额 5 万~30 万元的案件 23 件；起诉标的额在 5 万元以下的案件 11 件（见图 4）。尽管患者的胜诉率较高，但法院最终支持的金额与当事人诉请金额仍存在较大差距。近三年审结案件中，28.6% 的案件判决支持金额不足起诉金额的 20%。这一方面说明院方责任以轻微为主，另一方面反映了部分患者的心理预期过高。同时，由于法院判决结果与当事人期待结果相差较大，导致一审判决的上诉率高，服判息诉率低，近三年判决案件的上诉率为 28.6%。

（四）新类型情况不断出现，对审判工作提出新要求

随着医学技术的细化发展，疾病病情的不断变化，在医疗损害责任纠纷案件中，诉请内容不断拓展，不仅局限于传统的医疗事故，也渐渐延伸到医疗侵权领域，诸如患者的隐私权、知情同意权等逐渐进入司法视野，给审判工作提出了新要求。

医疗损害责任纠纷案件的审理具有行业性、专业性等特点，对法官审理

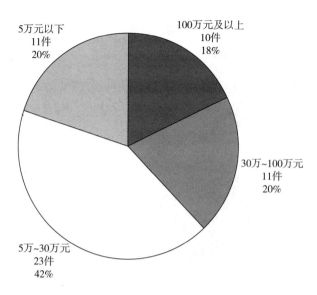

图4　起诉标的额分布情况

中的相关知识积累和针对案件情况的了解以及事实把握要求相对较高，案件审理难度较一般社会普遍性问题所引起的纠纷更高。为确定院方责任，一般需要通过鉴定程序。一个完整的医疗事故鉴定程序包括两部分：一是损害后果与治疗行为之间的因果关系鉴定，二是损害后果的鉴定。而且，由于医疗纠纷往往造成患者身体受损、本人及家属经济状况恶化，导致医患关系紧张，即使法院作出判决，双方都有可能提起上诉，故案件周期一般较长。

二　医疗损害责任纠纷案件暴露的院方问题

近年来，医患关系有所改善，医疗行为规范化程度也有所提高。但从样本案例情况来看，仍有一些问题亟须反思、改进。统计样本案例显示，判决结案的共7件，其中院方胜诉2件，败诉5件。败诉案件中有2件院方承担主要责任，1件承担同等责任，2件承担轻微责任。可见，院方诊疗过程中确实存在明显的问题。对此，本报告就院方责任进行了分析和归类，其存在的问题主要如下。

（一）未尽诊疗义务，存在误诊误治情形

《民法典》第 1221 条规定：医务人员在诊疗活动中未尽到与当时的医疗水平相应的诊疗义务，造成患者损害的，医疗机构应当承担赔偿责任。"诊疗义务"指院方在法律上的注意义务，即医务人员在医疗活动中应尽到高度注意义务，审慎行医。实践中，院方未尽到相应义务往往会被鉴定机构及法院判定承担主要法律责任。样本案例中 2022 年审结的王某鑫诉余姚某医院案，王某鑫因哭闹不止至余姚某医院急诊治疗，该院诊断结果为急性喉炎。后王某鑫转院至浙江省某儿童医院，该院诊断为支气管异物并对其实施了相应手术。经鉴定，院方存在误诊误治，延误最佳抢救时间，造成患儿存在缺氧缺血性脑病，同时认定初诊院方的医疗过错在造成患儿损害后果中的原因力大小为主要原因。法院据此判决余姚某医院承担 70% 的赔偿责任，合计为 3467626 元。

（二）诊疗过程的管理不到位

医务人员在诊疗过程中应当增强责任意识和风险意识，全面规范诊疗活动。医务人员忽视诊疗过程中的任一环节均有可能对患者及其家属造成严重损害，严重者甚至可能导致致命后果。样本案例中 2021 年审结的张某悍诉余姚某医院案，张某悍母亲通过试管受孕方式孕有双活胎，孕期发生状况入院治疗。因院方在检查时未发现胎心变化等原因，致两胎儿宫内窘迫，一胎儿死亡，张某悍遗留脑损害等后果，要求院方进行赔偿。经鉴定，院方对患儿母亲入院后的胎心监测及管理不到位，未见持续性胎心监护，由此认定院方在医疗过程中存在过错，造成患儿损害后果中的原因力大小为轻微原因。此案法院根据实际情况判决院方对患儿损害承担 35% 的责任。

（三）未尽到全面告知义务

《民法典》第 1219 条规定：医务人员在诊疗活动中应当向患者说明病情和医疗措施。医务人员的告知义务是法定义务。该义务在《医疗事故处

理条例》第11条、《医疗机构管理条例》第32条以及《医疗机构管理条例实施细则》第62条、第88条中均有规定。医务人员未尽前款义务，造成患者损害的，医疗机构应当承担赔偿责任。样本案例中谢某芬等诉余姚某医院案，应某强因腹部不适多次到余姚某医院就诊，该院两次诊断结论分别为胃溃疡和浅表性胃炎，但应某强去浙江省某医院就诊，该院诊断结论为胃癌。后应某强因癌症去世。应某强家属谢某芬等因此主张余姚某医院在诊疗过程中存在误诊误治行为，导致应某强治疗不及时去世。经鉴定，应某强去世主要原因是身患胃癌晚期导致全身衰竭，认为死亡主要原因是胃癌疾病本身，但初诊院方在对应某强诊疗过程中存在对已经发现的胃镜所见及活检病理和腹部CT异常表现（疑癌征象）未尽高度注意义务，对已经发现的病情和诊断疑点没有完全尽到告知义务，侵犯了患者的知情权，据此认定其存在医疗过失行为。法院遂判决余姚某医院对死者家属的损失承担30%的赔偿责任。

（四）提供的病历资料不真实

《民法典》第1225条规定：医疗机构及其医务人员应当按照规定填写并妥善保管住院志、医嘱单、检验报告、手术及麻醉记录、病理资料、护理记录等病历资料，即院方负有病历资料的正确书写和保管义务。司法实践中，因病历资料记载不实导致事实难以查清的，院方会因此承担相应的不利后果。例如，宁波地区某法院审理的黄某诉宁波某医院案，患者在医院手术后，T2以下截瘫。患者认为手术主刀医生是B，不是病历记载的A，医院病历记载不真实，主张院方承担赔偿责任。一审法院认为，实际主刀医生B系脊柱外科副主任医师，具备涉案手术资格，且经鉴定手术操作未见违规，患者发生脂肪栓塞部分非手术部分，手术操作本身不会直接造成脂肪栓塞综合征，故手术主刀医生的更换与患者目前的损害后果亦无因果关系，并未因此判决院方承担责任。但二审法院认为，一审法院根据患者申请委托浙江省医学会的手术记录作为鉴定依据，但该手术记录单记载手术者是A，而本案已经查明患者手术期间，A还在门诊坐诊，未实际担任患者手术主刀医生，因此该手术记录单记载内容不实，依法不应作为鉴定依据。因此，二审法院致函浙江省医学会，要求其根据除去手术记录的鉴定材料出具司法鉴定意见书。浙江省医学会回函称，缺少手术记录无法完成鉴定。二审法院认为，因院方手术记录不真实致使医院以及医务人员的过错、医疗行为与损害后果之间的因果关系无法认定，院方依法应承担相应的不利后果。但患者目前损害后果与可能出现的术后并发症的发生发展也有一定关系，因此二审法院酌情确定院方对患者的损害后果承担60%的赔偿责任。

当然，医务人员在诊疗护理工作中严重不负责任，造成病人严重损害身体健康或死亡时，还将因此承担医疗事故罪的刑事责任。虽然近几年来没有医务人员因此入刑的情形发生，但医疗机构及医务人员均应对此引起重视，以避免严重医疗事故的发生。

三 医疗损害责任纠纷案件暴露的患方问题

医疗纠纷的发生，一方面源于院方在制度管理及医务人员职业技能与道德素质建设方面的缺失，另一方面也与一些患者自身或其家属存在的问题息息相关。结合样本案例，本报告认为患者或其家属存在的以下问题也是引发或者加剧医疗纠纷发生的重要因素。

（一）信息不对称、沟通不畅引起患者或其家属评判产生偏差

北京大学医学部曾有统计，80%的医疗纠纷与医患沟通不到位有关，只有不到20%的案例与医疗技术有关。美国联邦政府对美国大部分医院的一项医疗服务评估报告结果也支持了上述结论。由于患者及其家属医疗知识储备不足，其在医疗方案、护理工作等方面高度依赖院方。但因院方忽视医患沟通、交代患者或其家属愈后不够客观，以及同行间随意评价他人的诊疗行为，患方对院方工作产生极度的不信任甚至反感。由此导致无论是院方还是法院，只要对院方工作进行合理性解释的，都很难得到患者或

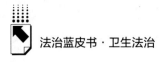

其家属的认同，进而导致调解或者和解工作推进困难，往往只能通过判决一判了之。

（二）因身体受损加剧不满情绪的积累，患者易提出不合理诉求

患者本身即因病入院寻求救治，但在救治过程中不仅没有减轻疾病所带来的痛苦，反而因不当医疗行为增加或者新增痛苦。病痛的持续性伴随，很明显会给患者的思维与判断造成负面影响，有些患者甚至因为身患绝症而产生极端心理，所提出的诉求可能过高甚至极不合理。

（三）患者普遍存在的不信任心理增加了纠纷解决的难度

法院在与患者或其家属交流过程中发现，多数患者或其家属往往对作为被告的院方失去信任，进而归咎到整个行业，认为医疗行业普遍存在院方管理不到位、制度缺失，以及医护人员技术能力不足、缺乏职业道德等问题。从心理学角度讲，人在信息获取时是有偏好的，当纠纷发生后其在获取院方信息时往往对正面的、肯定的信息视而不见，但对负面的、否定的信息主观性地予以认同。但不可否认的是，此种不信任心理显然不利于纠纷的真正彻底解决。

（四）患者或其家属不配合治疗导致损害结果扩大

在样本案例中，存在一些患者或其家属在医务人员诊疗护理过程中，不如实向医务人员陈述病情、症状、病史，或者不遵守医嘱服药，不接受必要的检查治疗等情况，使得医务人员在病人发生意外情况时无法顺利找到真实病因，以至于延误治疗或者抢救时机，给患者自身造成不良后果。例如，鲁某某、赵某某、方某某诉余姚某医院案中，患者在入院治疗时未告知精神病史，后在治疗过程中患者跳楼自杀，家属因此将院方诉诸法院。本案中，不论院方在治疗与管理中有无过失，患者或其家属的隐瞒显然对死亡结果的发生有不可推卸的责任。

（五）社会舆论对弱者的倾斜或个别患者的恶意索赔导致纠纷难以解决

客观上，无论在立法上，还是司法实践中，倾向于弱势群体与普通民众已是普遍共识。但社会对弱者一方的倾向尺度把握往往过于宽泛乃至利益过于失衡，而个别患者也在此弱者思维主导下要挟院方或法院。在张某捍案中，家属告知法院其有同学在知名媒体工作，并且已将此纠纷告诉媒体，媒体对此也颇感兴趣。因此，在调解中就会提出极不合理的要价，试图通过舆论压力来迫使院方屈服，或者法院作出对其有利的判决。虽然法院在处理时能坚决保持中立，维护各方利益平衡，但在工作中的表态会更加谨慎，在调解中试图拉近双方时的方案更为保守，以免受到舆论不必要的牵绊，实际上对调解工作是相当不利的。

四 当前医疗损害责任纠纷案审理中的疑难问题

（一）案件矛盾尖锐化，医患矛盾难以及时化解

短期内，医患矛盾依旧较为突出，难以化解。该类案件不仅调解难度大，也深埋着社会隐患。一方面，由于医疗案件的专业性强，一般患者难以理解所有诊疗知识，对医疗上的判断诊疗存在一定认识误区，导致医患双方矛盾大，增加了审理难度；另一方面，院方与患者沟通不够，社会信任度低，导致多数案件的首轮调解成功率低，判决案件审结后存在信访风险，法律效果和社会效果不能完全统一。

（二）案件审理周期长，维权成本高

由于诊疗过程具有专业性、复杂性、技术性，诊疗过错和损害后果的因果关系认定需要依赖专业的鉴定方能完成。而鉴定流程烦琐、期限较长，由此导致医疗纠纷案件的审理期限过长。实践中，绝大多数医纠案件的鉴

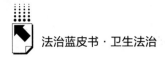

定期限少则一年，多则两三年，甚至出现三年以上情形，此类案件从受理到审结需要较长周期，鉴定流程各个环节均需要患方与医方共同参与，由此大大增加了当事人的维权成本。

（三）患者不规范的就医行为，不利于案件的顺利推进

部分患者认识上存在误区，患者将就医行为简单理解为商品买卖行为，无视医疗工作中存在的高风险和不确定性因素；有些患者对医疗期望过高，认为花钱看病就应该治愈；有些患者不听医生关于病情变化发展的解释，对于正常出现的症状缺乏心理准备进而应对不当导致病情恶化；当然也有个别的无理取闹之人，尤其是近年来出现的"职业医闹"，专门寻求医患纠纷，帮助患者将事态扩大，寻求经济回报。以上种种情形给医疗损害责任纠纷案件的审理带来了不同程度的困难。另外，患者就医过程中不配合、对风险认识不充分、自管病历常丢失等，导致案件事实难以全面还原，也给医疗损害责任纠纷案件的审理带来了相当的困扰。

五 化解医疗损害责任纠纷的关键举措

关注社会民生是法院发挥司法审判职能作用的重要方面。医疗损害责任纠纷案件，特别是重大医疗事故引发的医疗损害责任纠纷，事关基本民生问题，如何妥善化解此类纠纷，不仅关系到医患矛盾有效化解的短期目标，还关涉规范就医诊疗行为、共促人民健康的长远目标，因而是司法审判的一项重大课题和重要使命。对此，余姚法院针对涉医疗纠纷案件的实际情况，将推出并深化以下举措。

（一）发挥诉源治理功能，推进医疗损害责任纠纷多元化解

充分发挥非诉调解功能，利用好先行调解机制，确保及时化解争议较小的医疗纠纷案件；建立多层次、全方位的诉讼调解体系，切实将法院调解工作贯穿医疗纠纷诉讼过程始终；充分发挥民间调解组织力量，倡导以柔性方

式化解医疗纠纷，减少医患对抗；在医患协商、行政调解、民事诉讼之外，实践和探索医疗纠纷第三方调解机制和运行模式，动员更多社会力量积极参与此类案件的多元化解决纠纷机制建设，进一步形成医患纠纷案件的调处化解合力。余姚法院民一庭牵头，将设立医疗纠纷源头治理共享法庭，通过共享法庭建立常态化信息沟通机制，形成定期例会制度，讨论调解工作中的疑难问题，研究优化调解工作方案和流程，做好案件情况跟踪，为医疗纠纷的有效化解提供强有力的司法保障。

（二）推动专业化审判工作机制，统一涉医疗纠纷案件裁判基准

一是推行归口审判，发挥专业审判优势，提升案件审理水平。将涉医疗纠纷案件归口余姚法院繁案组。二是加强与上级法院的沟通，宁波中院于2023年1月4日出台《关于充分发挥职能 加强疫情防控新阶段各类矛盾纠纷防范化解的十条措施》，要求法院在认定医疗机构对病患救治义务、告知义务、诊疗行为是否妥当的判断时，综合考虑院方救治能力、患者个体差异等，审慎合理认定院方的责任。对此，余姚法院民一庭每周均向上级法院反馈涉医疗纠纷案件的审理情况及存在问题，确保与上级法院裁判理念的统一，提升案件审判质量。三是依托专业法官会议等平台，研究讨论和会商医疗纠纷中的疑难问题，在专业化审判的基础上促进审判精细化。四是创新审判方式。针对病历资料认证难的问题，邀请医学专家提前介入帮助认证；针对书面答疑周期长、针对性不强的问题，主审法官列席医学会鉴定听证会。五是强化心理疏导和情绪管控。在案件审理过程中充分关注和评测患者及其家属的心理状态，引导患者及其家属在法律框架下理性维权，避免医患矛盾扩大。

（三）依法有效规范医疗损害鉴定程序

鉴定程序在医疗损害责任纠纷案件审理中的重要性不言而喻。鉴定程序规范、高效不但为公正裁判提供了权威的证据支撑，也能有效降低患者或其家属维权的时间成本，有利于医患矛盾的及早解决。对此，余姚法院一方面

建立长效沟通协调机制，加强与鉴定机构的交流。实务中，主审法官一般会以问题为导向，开展定期与不定期会商，协调解决医疗鉴定委托与受理、鉴定人出庭作证等司法实践中的突出问题，进一步助力医疗鉴定机构规范化建设。另一方面加强对鉴定的审查。在形式上，对鉴定流程和鉴定材料是否合规等进行严格审查和评判；在实体上，从逻辑、法律、经验等角度对鉴定意见是否符合逻辑规律、经验法则等进行合理性与合法性审查。确保因此作出的裁判精准有据，切实维护医患双方的合法权益。

（四）全方位开展医疗普法宣传教育

余姚法院有针对性地向余姚某医院等涉诉的各医疗机构、卫生行政主管部门提供普法宣传服务，增强广大医务人员的医疗法律知识，引导医务人员依法依规提供诊疗服务；多载体创新普法方式，通过"线上+线下"相结合方式，向社会大众发布典型医疗损害责任纠纷案例，加强法律释明，引导社会大众增强风险意识，规范就医行为，依法行权，理性维权，减少医患矛盾；多角度拓展普法内容，既要针对患者维权进行宣传，又要针对院方风险防范进行宣传，既要对实体权利义务进行宣传，又要对举证规则、举证责任分配等程序性规定进行宣传，为医患关系的良性、健康发展贡献司法力量。

良好医疗秩序的形成和维护，需要法院发挥好事后定分止争职能。对此，余姚法院将继续依托司法审判职能，不断提升医疗纠纷案件的执法办案水平，切实维护患者和医疗机构的合法权益。下一步，余姚法院将进一步探索构建多维度的联动机制，更好地服务基层社会治理。同时，良好医疗秩序的形成和维护，也需要社会各界在事前的共同营造和维护。有关各方应在广泛了解司法审判工作的基础上，达成共识，各司其职，各尽所能，共同促进更为和谐、良性、积极的医患关系，共同营造和维护更为健康、安全、有序的医疗环境。

就医患矛盾与医疗纠纷而言，从长远来看，当然可以通过社会系统化的制度建设并随着经济发展和社会福利保障制度不断完善来化解；但就目前而言，直接从源头上有的放矢、对症下药，是消除医患矛盾、减少医疗纠纷的有效途径。

（五）完善医疗机构内部管理，规范医疗行为

规范医疗行为是源头预防医疗损害责任纠纷的基础。严格的医疗行为规范能够有效控制人为风险，最大限度地减少医疗损害事故的发生。实践中，院方承担医疗损害责任的主要情形多为院方存在各种不规范医疗行为，故医疗机构应当有针对性地加强内部医疗管理，切实规范医务人员的医疗行为，强化诊疗流程规范。在医疗过程中，严格遵守医疗卫生管理法律、行政法规、部门规章和诊疗护理规范、常规，恪守医疗服务职业道德。同时，医疗机构还应设置医疗服务质量监控部门或者配备专（兼）职人员，具体负责监督本医疗机构医务人员的医疗服务工作，检查医务人员职业情况，接受患者对医疗服务的投诉，向其提供咨询服务。

医务人员要树立职业责任感，同时要增强三方面意识。一是责任意识。对于检查、治疗、用药等，医务人员要认真遵循诊疗操作规范，积极提高医疗能力和水平，避免误诊误治情形发生。二是自我保护意识。对于病历资料，医务人员要严格按照规定的格式、内容、流程制作、修改和保管。三是沟通意识。医务人员要加强与患者沟通，及时全面告知重要信息，特别是具体治疗方案，应与患者及家属充分协商，使患者和家属在充分知晓风险后果后再行作出决定，避免矛盾的产生。

（六）切实履行医务人员的人文关怀义务

《医疗纠纷预防和处理条例》第9条规定：医疗机构及其医务人员在诊疗活动中应当以患者为中心，加强人文关怀，严格遵守医疗卫生法律、法规、规章和诊疗相关规范、常规，恪守职业道德。条例要求，医务人员在医疗服务过程中应当做到以患者为中心，加强人文关怀。医患矛盾难以调和说明医患之间存在信任度低的问题。鉴于院方态度冷漠等情形可能成为院方责任的"呈堂证供"，因此，院方在医疗行为中应提升服务意识，始终保持良好的服务态度和人文关怀，建立与患者及其家属的信任感，减少不必要的医患矛盾。

（七）加强对医务人员的医疗法律培训，减少诉讼风险

医务人员除掌握复杂的医疗技术外，还要了解和掌握纷繁复杂的医疗法律规范，因为医疗行为是否符合法律规范也将可能成为鉴定机构或法院认定院方过错或加大过错比例的依据之一。医疗机构应当对医务人员进行医疗卫生管理法律、行政法规、部门规章和诊疗护理规范、常规的培训和医疗服务职业道德教育。广大医务人员自身也要进一步提高法律知识水平，增强法治纪律意识，除掌握"诊疗技术性规范"之外，还要学习"诊疗法律性规范"，以更好地防范风险。《民法典》以及《医疗纠纷预防和处理条例》等法律法规对此均作出相应规定，亦提到了病历资料的书写和保管问题。实践中，病历资料不齐全、书写不规范等问题导致医疗机构在诉讼中处于被动地位的情形时有发生。建议医疗机构高度重视病历资料质量，对病历内容记载需清晰和准确，避免直接套用模板，对具体病情及治疗方案进行详细说明；同时医疗机构作为病历资料保管一方，负有提供病历资料的举证义务，故医疗机构应当重视病历资料的保管，避免由保管不善导致在诉讼中处于被动地位；另外，医疗机构应配合患者复制与病历有关的"全部资料"，便于事实的准确认定和纠纷的及时化解。

Abstract

Under the background of building a healthy China in an all-round way, *Annual Report on Rule of Law on Health in China No. 3 (2023)* focuses on the hotspots of the rule of law from the aspects of health security, drugs, health industry, system and mechanism, and sorts out the exploration and experience of China's construction of rule of law on health.

Based on the whole country, the general report sorts out the rule of law reform in the fields of medical and health reform, related government services and law enforcement supervision, public health, anti-corruption on health, etc., points out the problems in legislation, supervision, service, justice, etc., and looks forward to promoting the completion of the legal norm system on health in the future, promoting the construction of the public health system through the protection of the rule of law, and promoting the effective and powerful supervision of health law enforcement.

The blue book has launched a national-level research report on the legal system of medical security, public health emergency management, traditional Chinese medicine, health industrialization and other fields. It is suggested to further improve the legal system of children's health, promote the sustainable development of Internet medical health, participate more actively in the development of international health rules, promote medical anti-corruption on the track of the rule of law, and conduct special discussions on the implementation of the functions of health supervision institutions and off-label drug use.

Keywords: Rule of Law on Health; Health Security; Health Industry; Chinese Medicine Law

Contents

I General Report

Abstract: In 2023, China has insisted on protecting people's health in a strategic position of priority development. The basic medical and health legal system has been gradually improved, the reform of the medical and health system has been deepened, the medical and administrative services and health supervision have been continuously optimized and improved, the level of medical security has been continuously improved, the capacity of public health services has been significantly enhanced, and the overall development of national health undertakings has been coordinated. In the future, we shall uphold the concept of health priority to promote the formulation and revision of relevant laws such as health and medical security, strengthen supporting legislation, optimize the level of government services, improve the health and medical insurance law enforcement supervision system, promote the rule of law and standardization at the rule level, operation level and dispute resolution level, and protect people's health in an all-round and full-cycle manner.

Keywords: Rule of Law on Health; Healthy China; Health Services; Comprehensive Supervision; Medical Security

II Construction of the System and Mechanism for Health Security

B . 2 The Generation Logic, Realistic Demand and Construction

Path of the Rule of Law System on Medical Security

Yang Liu, Zhao Ruonan and Li Guangde / 022

Abstract: Adopting the rule of law to regulate medical security services is the inevitable requirement of building a country under the rule of law. The establishment and improvement of the rule of law system of medical security has its own theoretical foundation, historical laws and value pursuit. It is an important way to improve the normative structure of basic rights such as the right to health, stabilize social order and promote the process of building a healthy China. In the process of constructing the legal system of medical security, there are practical difficulties such as the absence of legal norms, the disorder of administrative law enforcement system and the unclear path of judicial relief, which seriously hinder the effectiveness of the rule of law system of medical security. In order to effectively

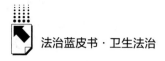

break through the above-mentioned institutional and practical difficulties, we shall adhere to the value guidance of safeguarding people's health, take the right to health as the theoretical cornerstone, and complete the institutionalized, standardized and systematic construction of the rule of law system of medical security in the legislative, law enforcement and judicial links with a view to promoting the modernization of the national governance system and governance capacity.

Keywords: Rule of Law System of Medical Security; Legislation of Medical Security; Law Enforcement of Medical Security; Rule of Law on Public Health; the Right of Health

B. 3 Current Situation and Prospect of the Implementation of the Functions of Health Supervision Institutions under the Background of Healthy China   *Cao Yanlin, Zhang Ke* / 040

Abstract: In order to understand the current situation of the performance of health supervision institutions under the background of healthy China, analyze the existing problems and put forward targeted suggestions, the questionnaire survey method, statistical analysis method and stratified cluster random sampling method were adopted to conduct a questionnaire survey on the staff of health administrative institutions, health supervision institutions, disease prevention and control institutions and medical institutions in seven provinces and cities of Beijing, Zhejiang, Hunan, Guizhou, Guangdong, Shaanxi and Liaoning. The results of the questionnaire were statistically analyzed. The analysis results show that the functions of health supervision institutions are not clear and the functions are not accurately positioned. The regulatory capacity and regulatory means need to be improved, and the supervision needs to be strengthened. The regulatory capacity and regulatory means need to be improved, and the supervision needs to be strengthened. The functions of health supervision institutions have not been implemented, the role has not been effectively played, and the awareness of administration according to law is weak. Health supervision still stays on the traditional health supervision, and does not realize the transformation of sanitary supervision to "health supervision", which leads to the role of health supervision not being well played. In this regard, it is recommended to accelerate the transformation of the concept of the health supervision and clarify the scope of functions, establish a functional coordination mechanism to promote the formation of a diversified comprehensive supervision system, innovate regulatory means and strengthen health supervision and law enforcement, maintain the stability of the team and improve the administrative quality of the law enforcement team according to law to solve the problems such as unclear scope of responsibilities, unclear functional positioning, and insufficient regulatory capacity, regulatory means and regulatory strength.

Keywords: Health Supervision Institution; Multiple Comprehensive Supervision System; Implementation of Functions; Team Building

B.4   Research on the Relationship between Central and
       Local Governments in Public Health Emergencies

Guo Shu, Gong Yu / 057

Abstract: The relationship between central and local governments is an important part of the national governance system. The rational allocation of central and local powers can play an important role in the governance of public health emergencies. The power in China's public health emergencies. The power in China's public health emergencies involves the circulation and disclosure of epidemic information, the delineation and blockade of epidemic areas, administrative coercive measures and supervision and management. The authority is relatively concentrated, and it will be temporarily adjusted under the leadership of the central government with the specific development of the incident. However, the power in public health emergencies is relatively concentrated, which is not

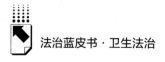

enough to deal with emergencies. At the same time, localism has also emerged, and the overall division of powers has certain defects. In this regard, it is recommended to delegate some decision-making power, including early warning power, to regulate localism in public health emergencies, and to improve the central-local authority distribution model.

Keywords: Public Health Emergencies; Relationship between Central and Local Governments; Prevention and Treatment of Infectious Diseases; Right of Affairs

B.5 Development Trends of International Health Rules and China's Participation   *He Tiantian* / 067

Abstract: The international health rules are in the process of revision, improvement and governance reform. *The International Health Regulations (2005)* are being revised, and the World Health Organization (WHO) member states have proposed more than 300 amendments to the Regulations, covering a wide range of public health prevention and response issues. At the same time, WHO established an intergovernmental negotiating body to draft and negotiate for the "Pandemic Convention", which involves the provisions of international organizations and countries in pandemic prevention and response. Revising the Regulations and drafting the "Pandemic Convention" are two parallel processes, and the relationship between the two needs to be further clarified. As a conscientious implementer of the "Regulations" obligations and an active advocate of its global implementation, China is participating in the deliberations and discussions of the relevant processes of international health rules.

Keywords: International Health Regulations; Pandemic Convention; World Health Organization; Public Health; Foreign Rule of Law

Ⅲ Heath Security for Specific Groups

Abstract: Children's health is an important cornerstone of national prosperity and sustainable development. In order to ensure the healthy growth of children, China has continuously strengthened the construction of the rule of law on children's health, and is committed to building a healthy environment for children with perfect laws and regulations, sound security mechanisms and social care. Through policy documents, planning and technological innovation, the state has provided strong legal support and service guarantee for the overall health and well-being of children. In the future, we shall also promote the full realization of children's health from the aspects of improving the legal system of children's health, digital empowerment, improving the service network, strengthening health science popularization, and improving health standards.

Keywords: Children's Health; Rule of Law on Children's Health; Children's Health Services; Children's Rights

Abstract: In recent years, the problem of adolescent smoking has become a prominent problem in the fields of public health, adolescent health and education.

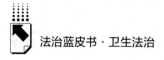

Compared with adults' prevention and control of smoking, adolescents have the features of high smoking rate, diverse ways and types, and being difficult to control effectively. Taking active measures to prevent and control adolescent smoking is of great significance to the long-term development of the country, the improvement of public health and the improvement of physical and psychological quality of adolescents. After analyzing the current situation and existing problems of adolescent smoking and the urgency of adolescent smoking control, it is suggested to start from three levels of legislation, law enforcement and justice, give full play to the responsibilities of various systems and departments, form a normalized and long-term supervision mode, protect the healthy growth of adolescents, and show the image of a responsible power.

Keywords: Adolescent Smoking; E-cigarette; Risk Prevention; Long-Term Supervision

B.8   Analysis of Policy and Legal Issues in the Development of
Hospice Care under the Background of Aging

Wang Yue, Wang Yu / 119

Abstract: With the promulgation of *Guidelines for Hospice Care Practice* (*Trial*) and *Basic Standards and Management Standards for Hospice Care Centers* (*Trial*) by the National Health Commission in 2017, and the subsequent batch promotion of pilot work, China's hospice care industry has entered the fast lane. This coincides with China's entry into an aging society, and the consensus of social needs has gradually formed. However, in the practice of hospice care, there are still some bottlenecks such as weak policy operability and prominent legal obstacles, which hinder its healthy and rapid development. In the future, it is necessary to start from the pertinence, coordination and systematicness of the policy, create a legislative environment and improve the legal system.

Keywords: Aging of Population; Hospice Care; Policies and Laws

Ⅳ Legal Issues of Pharmacy Administration

B . 9 Major Legal Issues in Clinical Trials of Drugs in China

Sun Jiajia , Zhang Xulu , Gu Jiarui , Song Aiwu and Yang Guoqing / 134

Abstract: The pharmaceutic industry is a strategic industry related to the national economy and people's livelihood, economic development and national security. It is an important foundation for the construction of healthy China. With the rapid development and industrialization of China's pharmaceutical innovation and urgent clinical need for major disease treatment drugs, the number of clinical trials of drugs has risen sharply under the strong national encouragement of new drug research and development, and relevant laws and regulations have been continuously revised and improved, but the legal problems in practice have also increased significantly. From the perspective of the legal normative system of clinical trials of drugs, this paper summarizes the basic concepts, processes and participants of clinical trials of drugs, sorts out the corresponding legal norm system, examines the legal issues arising in practice, including the lack of standardization of informed consent, the damage of investigators' dereliction of duty to the rights and interests of subjects, and the compliance of clinical trial data of drugs, and explores the causes of the problems. It is suggested that legislation shall clarify the responsibility of all parties in clinical trials of drugs, strengthen the regulatory status of the Health Commission in clinical trials of drugs, and establish a compliance management system for clinical trials, so as to further improve the legal system for clinical trials of drugs in the future.

Keywords: Clinical Trials of Drugs; Medical Innovation; Informed Consent; Responsibility of the Investigator; Data Compliance

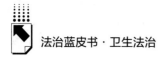
法治蓝皮书·卫生法治

B.10 Legislative Development and Improvement of China's Pharmaceutical Patent Linkage System

Zhang Haoran, *Fu Anzhi* / 154

Abstract: After years of exploration, the fourth revision of the *Patent Law* in 2021 formally introduced the drug patent linkage system, and established the basic framework of the drug patent linkage system by referring to the international legislative practice. The system is currently in the stage of exploration and operation. The specific links of system operation need to be explored in practice, and the supporting system needs to be further improved. In particular, in view of the possible abuse of the drug patent linkage system, the existing legislation has not made sufficient estimates and regulations. Starting from the policy needs of encouraging the competition between generic drugs and innovative drugs, the drug patent information publicity system, patent challenge system and the first generic drug exclusive period system need to be further improved in the future.

Keywords: Drug Innovation; Intellectual Property Rights; Drug Patent Linkage; Public Health

B.11 Legal Issues of Off-Label Drug Use *Zheng Xueqian* / 170

Abstract: Before the introduction of *Medical Practitioners Law of the People's Republic of China*, the Chinese law did not clearly stipulate the off-label drug use. From the perspective of relevant laws and regulations, the physician medication shall follow the drug instructions, which have legal status. *Medical Practitioners Law of the People's Republic of China* implemented in March 2022 has included the off-label drug use into the law for the first time, but there are still some problems in clinical practice, such as the use of names, the first case of off-label drug use in evidence-based medicine, the untimely modification of instructions by drug manufacturers, the connection between drug instructions and medical insurance reimbursement, clinical experimental treatment-related issues, and issues related to compassionate drug use. On this basis, the paper puts forward some suggestions on the practical guarantee of off-label drug use, including the policy and legal guarantee of relevant national departments, the revision system guarantee of drug instructions, the implementation procedure guarantee of medical institutions and multi-supervision guarantee of rational drug use.

Keywords: Off-Label Drug; Drug Instructions; Clinical Medication

V Legal Regulation of Medical Digitization

B . 12 Survey Report on Internet Medical Development in China

Wang Shengjie, He Tingting, Guo Wenli and Zhao Yuerong / 185

Abstract: The normative documents for the development of Internet medical care in China are basically complete. There are mainly three types of Internet medical care: single hospital type, medical institution cooperation type and the third-party medical service platform type. At present, the scope and depth of domestic Internet medical services are still insufficient, and there are still shortcomings in institutional norms. There are still many legal risks in the protection of personal information, the safety and standardization of medical services, medical disputes, drug management and so on. We shall promote the establishment of a medical and health system that meets the needs of Internet medical care, accelerate the establishment of a unified and authoritative national health information platform, optimize the supporting management system, strengthen top-level construction and supervision, build a medical data management system to balance data sharing and personal information protection, innovate multiple online diagnosis and treatment modes to mobilize the enthusiasm of doctors and patients for online diagnosis and treatment, and accelerate the digital reform of medical insurance system.

Keywords: Internet Medical Care; Internet Hospital; Personal Information Protection

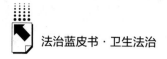

B.13 Legal Governance of Internet Medical Care in China: Progress,

Problems and Improvement

Zhou Hui, Cui Qian, Yan Wenguang and Qin Ruihan / 200

Abstract: After years of development, the integration of medical care and the Internet has spawned various forms of the Internet medical care industry, such as telemedicine, Internet hospitals and Internet diagnosis and treatment. With the development of the industrial form, China's Internet medical legal system has experienced the exploration period, the development period and the normative period, forming the framework of China's Internet medical legal regulation at the present stage. At this stage, due to the continuous formation of new formats, China's Internet medical legal regulation still has problems such as improving top-level design, clarifying main responsibilities, balancing data compliance and utilization, and improving regulatory functions. In order to ensure the safety and high-quality development of Internet medical care, it is necessary for all parties to participate in improving the legal regulation system. At the macro level, we can balance the compliance and development of the Internet medical car industry by promoting platform interconnection, promoting technical supervision, and exploring new data trust models. At the micro level, we can optimize the details of the Internet medical legal system by promoting convergence of online and offline activities of Internet diagnosis and treatment, compacting the responsibility of telemedicine platform, and improving the access system of Internet hospitals, so as to realize the healthy development of each joint of the Internet medical care industry.

Keywords: Internet Medical Care; Internet Diagnosis and Treatment; Telemedicine; Internet Hospital; Legal Governance; Data Compliance

Abstract: AI algorithm has a wide application prospect in the field of traditional Chinese medicine. The combination of tradition Chinese medicine and AI makes the development of traditional Chinese medicine move towards a new era. AI algorithm has produced many new application results in the fields of TCM diagnosis assistance, personalized treatment, drug research and development. These emerging applications face many legal regulatory problems, and there are difficulties in personal information protection, determination of regulatory subjects and responsibility. It is necessary to clarify the regulatory subject of AI algorithm in the field of TCM at the level of legal supervision, determine the way and content of its responsibility, and reserve supervision space for the uncertainty of AI algorithm.

Keywords: AI Algorithm; Traditional Chinese Medicine; AI Applications; Legal Supervision of Full Life Cycle

Ⅵ　Medical Norms and Doctor-Patient Relationship

Abstract: The higher the degree of human civilization, the higher the degree of our attention to health. The health is the first need of human beings. The Party Central Committee attaches great importance to the high-quality development of the pharmaceutical industry, puts protecting people's health in the strategic position of priority development, continuously strengthens the anti-corruption work in the pharmaceutical field, and improves the construction of the pharmaceutical governance system. Anti-corruption work in the pharmaceutical field has achieved unprecedented social effects, and the industry atmosphere has continued to improve. But at the same time, the problem of corruption still exists in the pharmaceutical field, involving drug consumables, hospital infrastructure, medical insurance funds and other aspects, which is one of the persistent diseases that hinder the deepening of medical reform and the implementation of the healthy China strategy. In this regard, this paper intends to start from the historical evolution of China' medical anti-corruption, aiming at the existing problems of medical corruption and the reasons behind it, and puts forward the development trend and policy recommendations for further governance of medical anti-corruption, in order to improve the medical governance system and governance capacity, and implement the healthy China strategy.

Keywords: Anti-corruption in the Medical Field; Reform of Health System; Governance System and Governance Capacity; Healthy China

B.16   Data Analysis Report of Medical Damage Liability

Dispute Cases in Yuyao (2020-2022)

Yuyao People's Court Research Group, Zhejiang Province / 254

Abstract: In recent years, medical disputes have occurred frequently. Through the analysis of the medical damage liability dispute cases of Yuyao People's Court in Zhejiang Province in the past three years, the cases show the following three features: First, the defendants are mostly public medical institutions, which is inversely proportional to the hospital level; second, the patient's appeal is generally high, which deviates greatly from the final judgment result; third, new types of situations continue to emerge, putting forward new requirements for trial work. During the litigation process, the problems of the hospital has been found, such as misdiagnosis and mistreatment, inadequate management of the diagnosis and treatment process, failure to fully inform the obligation, and providing untrue medical records. Because of information asymmetry and poor communication, the patients have problems such as deviation of judgment on the work of the hospital, unreasonable appeals, conflict and dispute resolution, expansion of damage results, and use of public opinion pressure, which is not conducive to the resolution of contradictions and disputes. The tense doctor-patient relationship has caused problems such as sharp contradictions in current medical damage liability disputes, long trial cycles, and difficulties in fact-finding. Therefore, it is necessary to improve the internal management of medical institutions, standardize medical behavior, earnestly fulfill the humanistic care obligations of medical staff, strengthen the medical legal training obligations of medical staff, and reduce the risk of litigation. At the end of dispute resolution, we shall give full play to the function of litigation source governance and promote diversified resolution of medical damage liability disputes, establish a professional trial working mechanism and unify the judgment standards of medical dispute cases, effectively regulate the medical damage identification procedures according to law, and carry out the all-round medical law publicity and education.

Keywords: Medical Damage Liability; Doctor-Patient Contradiction; Humanistic Care; Source Governance; Professional Trial

皮 书

智库成果出版与传播平台

❖ 皮书定义 ❖

皮书是对中国与世界发展状况和热点问题进行年度监测,以专业的角度、专家的视野和实证研究方法,针对某一领域或区域现状与发展态势展开分析和预测,具备前沿性、原创性、实证性、连续性、时效性等特点的公开出版物,由一系列权威研究报告组成。

❖ 皮书作者 ❖

皮书系列报告作者以国内外一流研究机构、知名高校等重点智库的研究人员为主,多为相关领域一流专家学者,他们的观点代表了当下学界对中国与世界的现实和未来最高水平的解读与分析。

❖ 皮书荣誉 ❖

皮书作为中国社会科学院基础理论研究与应用对策研究融合发展的代表性成果,不仅是哲学社会科学工作者服务中国特色社会主义现代化建设的重要成果,更是助力中国特色新型智库建设、构建中国特色哲学社会科学"三大体系"的重要平台。皮书系列先后被列入"十二五""十三五""十四五"时期国家重点出版物出版专项规划项目;自2013年起,重点皮书被列入中国社会科学院国家哲学社会科学创新工程项目。

皮书网

（网址：www.pishu.cn）

发布皮书研创资讯，传播皮书精彩内容
引领皮书出版潮流，打造皮书服务平台

栏目设置

◆关于皮书

何谓皮书、皮书分类、皮书大事记、
皮书荣誉、皮书出版第一人、皮书编辑部

◆最新资讯

通知公告、新闻动态、媒体聚焦、
网站专题、视频直播、下载专区

◆皮书研创

皮书规范、皮书出版、
皮书研究、研创团队

◆皮书评奖评价

指标体系、皮书评价、皮书评奖

所获荣誉

◆2008年、2011年、2014年，皮书网均
在全国新闻出版业网站荣誉评选中获得
"最具商业价值网站"称号；
◆2012年，获得"出版业网站百强"称号。

网库合一

2014年，皮书网与皮书数据库端口合
一，实现资源共享，搭建智库成果融合创
新平台。

皮书网

"皮书说"
微信公众号

权威报告·连续出版·独家资源

皮书数据库
ANNUAL REPORT(YEARBOOK)
DATABASE

分析解读当下中国发展变迁的高端智库平台

所获荣誉

- 2022年，入选技术赋能"新闻+"推荐案例
- 2020年，入选全国新闻出版深度融合发展创新案例
- 2019年，入选国家新闻出版署数字出版精品遴选推荐计划
- 2016年，入选"十三五"国家重点电子出版物出版规划骨干工程
- 2013年，荣获"中国出版政府奖·网络出版物奖"提名奖

皮书数据库

"社科数托邦"
微信公众号

成为用户

　　登录网址www.pishu.com.cn访问皮书数据库网站或下载皮书数据库APP，通过手机号码验证或邮箱验证即可成为皮书数据库用户。

用户福利

- 已注册用户购书后可免费获赠100元皮书数据库充值卡。刮开充值卡涂层获取充值密码，登录并进入"会员中心"—"在线充值"—"充值卡充值"，充值成功即可购买和查看数据库内容。
- 用户福利最终解释权归社会科学文献出版社所有。

社会科学文献出版社 皮书系列
SOCIAL SCIENCES ACADEMIC PRESS (CHINA)

卡号：551399395134
密码：

数据库服务热线：010-59367265
数据库服务QQ：2475522410
数据库服务邮箱：database@ssap.cn
图书销售热线：010-59367070/7028
图书服务QQ：1265056568
图书服务邮箱：duzhe@ssap.cn

S 基本子库
SUB DATABASE

中国社会发展数据库（下设 12 个专题子库）

紧扣人口、政治、外交、法律、教育、医疗卫生、资源环境等 12 个社会发展领域的前沿和热点，全面整合专业著作、智库报告、学术资讯、调研数据等类型资源，帮助用户追踪中国社会发展动态、研究社会发展战略与政策、了解社会热点问题、分析社会发展趋势。

中国经济发展数据库（下设 12 专题子库）

内容涵盖宏观经济、产业经济、工业经济、农业经济、财政金融、房地产经济、城市经济、商业贸易等 12 个重点经济领域，为把握经济运行态势、洞察经济发展规律、研判经济发展趋势、进行经济调控决策提供参考和依据。

中国行业发展数据库（下设 17 个专题子库）

以中国国民经济行业分类为依据，覆盖金融业、旅游业、交通运输业、能源矿产业、制造业等 100 多个行业，跟踪分析国民经济相关行业市场运行状况和政策导向，汇集行业发展前沿资讯，为投资、从业及各种经济决策提供理论支撑和实践指导。

中国区域发展数据库（下设 4 个专题子库）

对中国特定区域内的经济、社会、文化等领域现状与发展情况进行深度分析和预测，涉及省级行政区、城市群、城市、农村等不同维度，研究层级至县及县以下行政区，为学者研究地方经济社会宏观态势、经验模式、发展案例提供支撑，为地方政府决策提供参考。

中国文化传媒数据库（下设 18 个专题子库）

内容覆盖文化产业、新闻传播、电影娱乐、文学艺术、群众文化、图书情报等 18 个重点研究领域，聚焦文化传媒领域发展前沿、热点话题、行业实践，服务用户的教学科研、文化投资、企业规划等需要。

世界经济与国际关系数据库（下设 6 个专题子库）

整合世界经济、国际政治、世界文化与科技、全球性问题、国际组织与国际法、区域研究 6 大领域研究成果，对世界经济形势、国际形势进行连续性深度分析，对年度热点问题进行专题解读，为研判全球发展趋势提供事实和数据支持。

法律声明